高等职业教育"十四五"规划旅游大类精品教材
专家指导委员会、编委会

高等职业教育"十四五"规划旅游大类精品教材

总顾问 ◎ 王昆欣

旅 游 概 论

Introduction to tourism

主 编◎李 淼

副主编◎陈玲玲 关 旭

陈思 陈岑

华中科技大学出版社
http://press.hust.edu.cn
中国·武汉

内 容 简 介

《旅游概论》一书围绕旅游活动涉及的三要素,重点讲解了旅游活动的主体(旅游者)、旅游活动的客体(旅游资源和旅游产品),以及旅游活动的媒介(旅游业)的性质、特征及运行规律;同时将历史视角下的旅游作为前序,将旅游活动产生的影响与旅游发展保障作为后延,全面地介绍了旅游学科多年来积淀的自有概念及理论体系,希望能够让读者透过纷繁复杂的旅游现象把握旅游活动的内在规律,从更专业的角度重新认识旅游。本书主要面向的读者群体是高等职业院校旅游管理相关专业的学生,本书还可为旅游相关企事业单位的专业人员提供借鉴参考。

图书在版编目(CIP)数据

旅游概论 / 李淼主编 . -- 武汉 : 华中科技大学出版社,2024.8. --(高等职业教育"十四五"规划旅游大类精品教材). -- ISBN 978-7-5772-0979-1

Ⅰ. F590

中国国家版本馆 CIP 数据核字第 2024A2G509 号

旅游概论
Lüyou Gailun

李 淼 主编

总 策 划:李 欢
策划编辑:王 乾
责任编辑:贺翠翠 洪美员
封面设计:原色设计
责任校对:刘小雨
责任监印:周治超
出版发行:华中科技大学出版社(中国·武汉)　　　电话:(027)81321913
　　　　　武汉市东湖新技术开发区华工科技园　　　邮编:430223
录　　排:孙雅丽
印　　刷:武汉科源印刷设计有限公司
开　　本:787mm×1092mm　1/16
印　　张:14.5
字　　数:298千字
版　　次:2024年8月第1版第1次印刷
定　　价:49.80元

总　序　▶

习近平总书记在党的二十大报告中深刻指出,要"统筹职业教育、高等教育、继续教育协同创新,推进职普融通、产教融合、科教融汇,优化职业教育类型定位""实施科教兴国战略,强化现代化建设人才支撑""要坚持教育优先发展、科技自立自强、人才引领驱动""开辟发展新领域新赛道,不断塑造发展新动能新优势""坚持以文塑旅、以旅彰文,推进文化和旅游深度融合发展",这为职业教育发展提供了根本指引,也有力地提振了旅游职业教育发展的信念。

2021年,教育部立足增强职业教育适应性,体现职业教育人才培养定位,发布了《职业教育专业目录(2021年)》,2022年,又颁布了新版《职业教育专业简介》,全面更新了职业面向、拓展了能力要求、优化了课程体系。因此,出版一套以旅游职业教育立德树人为导向、融入党的二十大精神、匹配核心课程和职业能力进阶要求的高水准教材成为我国旅游职业教育和人才培养的迫切需要。

基于此,在全国有关旅游职业院校的大力支持和指导下,教育部直属大学出版社——华中科技大学出版社,在党的二十大精神的指引下,主动创新出版理念、改进方式方法,汇聚一大批国内高水平旅游院校的国家教学名师、全国旅游职业教育教学指导委员会委员、全国餐饮职业教育教学指导委员会委员、资深教授及中青年旅游学科带头人,编撰出版"高等职业教育'十四五'规划旅游大类精品教材"。本套教材具有以下特点:

一、全面融入党的二十大精神,落实立德树人根本任务

党的二十大报告中强调:"坚持和加强党的全面领导。"坚持党的领导是中国特色职业教育最本质的特征,是新时代中国特色社会主义教育事业高质量发展的根本保证。因此,本套教材在编写过程中注重提高政治站位,全面贯彻党的教育方针,"润物细无声"地融入中华优秀传统文化和现代化发展新成就,将正确的政治方向和价值导向作为本套教材的顶层设计并贯彻到具体项目任务和教学资源中,不仅仅培养学生的专业素养,更注重引导学生坚定理想信念、厚植爱国情怀、加强品德修养,以期落实"立德树人"这一教育的根本任务。

二、基于新版专业简介和专业标准编写,权威性与时代适应性兼具

教育部2022年颁布新版《职业教育专业简介》后,华中科技大学出版社特邀我担任总顾问,同时邀请了全国近百所职业院校知名教授、学科带头人和一线骨干教师,以及旅游行业专家成立编委会,对标新版专业简介,面向专业数字化转型要求,对教材书目进行科学全面的梳理。例如,邀请职业教育国家级专业教学资源库建设单位课程负责人担任主编,编写《景区服务与管理》《中国传统建筑文化》及《旅游商品创意》(活页式);《旅游概论》《旅游规划实务》等教材为教育部授予的职业教育国家在线精品课程的配套教材;《旅游大数据分析与应用》等教材则获批省级规划教材。经过各位编委的努力,最终形成"高等职业教育'十四五'规划旅游大类精品教材"。

三、完整的配套教学资源,打造立体化互动教材

华中科技大学出版社为本套教材建设了内容全面的线上课程资源服务平台:在横向资源配套上,提供全系列教学计划书、教学课件、习题库、案例库、参考答案、教学视频等配套教学资源;在纵向资源开发上,构建了覆盖课程开发、习题管理、学生评论、班级管理等集开发、使用、管理、评价于一体的教学生态链,打造了线上线下、课内课外的新形态立体化互动教材。

本套教材既可以作为职业教育旅游大类相关专业教学用书,也可以作为职业本科旅游类专业教育的参考用书,同时,可以作为工具书供从事旅游类相关工作的企事业单位人员借鉴与参考。

在旅游职业教育发展的新时代,主编出版一套高质量的规划教材是一项重要的教学质量工程,更是一份重要的责任。本套教材在组织策划及编写出版过程中,得到了全国广大院校旅游教育教学专家教授、企业精英,以及华中科技大学出版社的大力支持,在此一并致谢!

衷心希望本套教材能够为全国职业院校的旅游学界、业界和对旅游知识充满渴望的社会大众带来真正的精神和知识营养,为我国旅游教育教材建设贡献力量。也希望并诚挚邀请更多旅游院校的学者加入我们的编者和读者队伍,为进一步促进旅游职业教育发展贡献力量。

王昆欣

世界旅游联盟(WTA)研究院首席研究员

高等职业教育"十四五"规划旅游大类精品教材总顾问

前　言 ▶

　　党的二十大报告强调了文化自信的重要性,并提出了"坚持以文塑旅、以旅彰文,推进文化和旅游深度融合发展"的要求,进一步指导旅游行业应更加注重文化内涵的挖掘和传播,通过旅游活动展示中国文化的独特魅力,同时也利用文化资源提升旅游产品的附加值。"旅游概论"是旅游管理专业学生的一门必修基础课程,也是旅游课程体系中的一门先导和入门课程。本课程能够帮助初学者掌握旅游学的基本理论框架和基础理论知识,对于激发他们学习旅游专业知识的兴趣、提升对旅游现象的认识深度,以及后续进一步深入学习旅游管理专业相关课程都具有重要意义,有助于培养具有专业素养和实践能力的旅游行业人才。

　　本教材遵循高职阶段学生认知规律以及学科知识内在逻辑,采用了专题＋模块的组织架构进行编写。全书以旅游活动涉及的三大要素为主线,旅游发展历史为前序,旅游影响及发展保障为后延,串联起旅游学的主要知识脉络,分七个专题进行详细讲解。这七个专题分别是:"历史视角初识旅游""专业视角重识旅游""认识旅游活动的主体:旅游者""认识旅游活动的客体:旅游资源和旅游产品""认识旅游活动的媒介:旅游业""审视旅游影响"和"旅游发展保障"。每个专题下设若干个知识模块,每个模块由专题概要、学习目标、知识导图、专题要点、案例导入、专题小结、专题训练等部分构成,正文中穿插知识关联、专家剖析、行业咨讯等板块,以启发读者思考、拓展知识面,对接发展前沿。此外,教材配套的"旅游概论"在线课程获评2022年职业教育国家在线精品课程,配套在线课程资源可扫描前言中的二维码获取。

　　在本教材的编写过程中,如何贯彻高等职业教育的改革要求,切实做到"基础适度够用、加强实践环节、突出技能培养",紧密对接行业实践,充分体现职业教育特色,成为教材编写团队面临的一大挑战。为此,编写团队力图将抽象的理论具象化,尝试采用高职同学易于接受的语言风格及呈现方式,借助大量实践案例让高大上的理论知识变得通俗化、亲切化,以期做到理论适度、内容丰富、逻辑清晰、简明易懂。我们始终坚信,只有打下良好的理论基础,建立起系统的旅游理论框架,才能透过纷繁复杂的旅游现象,把握住各种表象背后的本质特征和内在规律,从而形成解决问题的正确思路。

本书由上海旅游高等专科学校旅游概论课程教学团队成员编写完成。课程负责人李淼担任主编,负责整体内容架构的搭建、各专题内容的整合以及专题三和专题四的编写工作。陈思、关旭、陈玲玲、陈岑担任副主编,分别负责编写专题一、专题二、专题五和专题七以及审稿工作。课程特邀顾问——上海金滨海文旅投资控股集团有限公司旗下上海逗伴旅行社有限公司总经理蔡一君先生参与了内容架构设计以及专题六的编写。课程团队其他任课教师刘荣、张萍、王朋薇、向微、陈享尔结合历年教学实践对书稿提出了修改意见。

本教材在编写过程中得到了华中科技大学出版社的大力支持,在此要特别感谢华中科技大学出版社李欢和王乾两位老师!他们积极推动教材编写工作,搭建平台组织全国旅游领域专家针对教材编写进行深入研讨,会上的思想交流和碰撞为本书的编写工作理清了思路、破除了障碍。此外,还要感谢众多旅游研究成果和媒体报道为本教材提供的养分,没有这些成果和资料,教材就是无源之水、无本之木。最后,还要感谢上海旅游高等专科学校多年来对旅游概论这门课程的重视和支持,以及历届同学对课程教学的反馈和建议,是同学们对知识的渴求和对未来的憧憬给了我们砥砺前行的动力。

虽然编写团队希望该教材能够尽可能完美地呈现在读者面前,但是我们深知由于学养和经验存在不足,书中难免有疏漏不当之处,诚恳地希望各位读者能够批评指正,以便日后查补勘正。

智慧树"旅游概论"在线课程

李　淼

目　录 ▶

专题一　历史视角初识旅游

专题概要

　　本专题通过对旅游的历史回顾，帮助学生认识什么是旅游，学习内容包括古代旅游和旅游的产生、近代旅游和旅游业的开端，以及现代旅游的发展。

学习目标

● 知识目标

1.认识原始社会的迁徙、奴隶社会和封建社会的旅行行为之间的差异。

2.了解人类外出形式发展变化背后的社会经济原因。

3.认识近代旅游和旅游业的开端。

4.从"推力"和"拉力"两方面了解现代旅游的发展变化。

5.掌握现代旅游的特征和趋势。

● 能力目标

1.能够沿着历史的发展轨迹，以重大社会经济变革为节点，构建19世纪以前人们外出活动的发展脉络。

2.通过对迁徙、旅行到旅游的发展认知，看清旅游产生和发展背后的规律与重要推动因素。

3.可以结合现代旅游的特征和趋势，针对具体的旅游目的地，找出当地制约旅游发展的短板，提出发展建议。

◉ **素养目标**

1. 能够对人们的外出行为准确归类。

2. 能够识别对旅游发展有重要作用的社会因素。

3. 培养总结事物发展规律并应用于发现和解决旅游行业现实问题的习惯。

知识导图

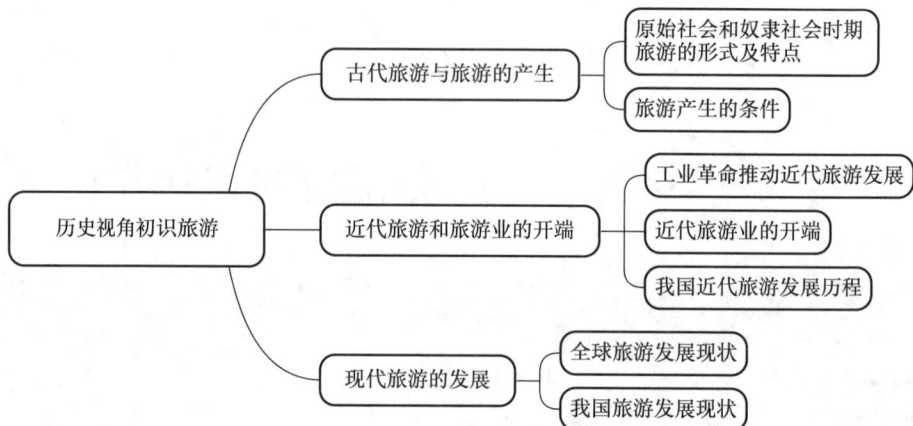

专题要点

迁徙　旅行　托马斯·库克　近代旅游　现代旅游

案例导入

2024年首份《世界旅游业晴雨表》

2024年1月,总部设在西班牙首都马德里的世界旅游组织发布了2024年首份《世界旅游业晴雨表》。

《世界旅游业晴雨表》指出,据初步估计,2023年国际旅游业收入达1.4万亿美元。2023年国际旅游业(包括客运)出口总收入预计为1.6万亿美元。按旅游业对GDP的直接贡献计算,2023年旅游业对全球经济的贡献初步估计为3.3万亿美元,占全球GDP的3%。

从区域上看,中东和欧洲等地的旅游业表现最为强劲。《世界旅游业晴雨表》显示,中东地区入境人数增长22%,增长率领跑全球,欧洲是接收全球游客最多的地区。此外,几个大型客源市场在2023年也报告了强劲的出境游需求,其中许多已超过2019年的水平。

世界旅游组织秘书长波洛利卡什维利表示,"旅游业的反弹已经极大促进了世界各地的经济及就业机会的增长。这些数字还提醒我们,推进旅游业可持续、包容性的增长是一项关键任务。"

展望2024年,世界旅游组织做出乐观预期,称考虑到亚洲旅游业复苏将加快,现有经济和地缘政治风险呈减弱趋势,预计2024年国际旅游业将保持增长态势。

最新"旅游信心指数"调查也显示,67%的旅游专业人士表示,与2023年相比,2024年的前景将会更好。其主要理由包括:亚洲各地仍有很大复苏空间,如签证便利化和航空运力的提高;2024年巴黎奥运会等将推动欧洲旅游业取得成果。

其中,中国最新推出的对法国、德国、意大利等国公民实施的免签入境政策,也被视为将在2024年加速中国出入境游客增长的重要利好因素。

有6%的人预计2024年国际旅游业的表现会不如2023年。其考虑因素包括持续通胀、高利率、油价波动和贸易中断会在2024年继续影响运输和住宿成本,在此背景下,预计游客将越来越多地追求性价比高的旅游项目或选择短途旅游。巴以冲突可能会阻碍中东地区的旅游业发展。乌克兰危机的持续以及其他日益加剧的地缘政治局势所带来的不确定性将影响游客的信心。

(资料来源:中国新闻网。)

▌案例分析

模块一 古代旅游与旅游的产生

一、原始社会和奴隶社会时期旅游的形式及特点

(一)原始社会人类的迁徙与旅行活动

在人类历史的早期阶段,旅游活动的主观和客观条件都有待成熟。而原始社会的外出活动主要为迁徙与旅行活动,都主要围绕着生存和生产的需要展开。在旧石器时代,人们依靠简陋的天然工具在生活地附近进行采集和渔猎活动。由于生产力低下,食物短缺成为当时生存最大的挑战,人们不得不为了获取足够的食物而迁徙,尤其是面临如地震、洪水、争斗等天灾人祸时。随着新石器时代的到来以及磨制石器的出现和使用,人们开始渴望定居,希望获得更丰厚的农业和畜牧业收益。农史学界对原始农业的界定尚未统一,但对"新石器时代的农业发展水平处于原始农业阶段"这一说法达成了共识,伴随原始农业产生的还有原始的畜牧业。农业和畜牧业的划分完成了人类社会的第一次大分工。春播秋收,牲畜繁衍,作物及牲畜都有着再生的节奏和规律,而农耕灌溉、牲畜养殖都需要多年的经营才能获得相对较好

的收益。新石器时代,为了获得农业和畜牧业较好的生产效益,人们不宜频繁地迁徙,人们的生活方式越发趋于定居状态,生产生活主要集中在以其所属的部落为中心的一定范围内。

在原始农业的形成过程中,地域特征逐渐显现,农业的发展在不同区域中呈现出不平衡的状态。面对无法改变的生活环境,原始人类在不断探索中迁徙至相对宜居的环境。《汉书·食货志》中载有"辟土殖谷曰农"。"辟土"是指选择宜农之地开垦土地。早在远古时代,人类就养成了依据气候和季节的变化寻找自然条件优良、水草肥美、食物丰富的地方作为栖息地的习性。除了被迫性的迁徙,寻找更宜农或宜居的环境也是人们探索和迁徙的积极诱因,但这种积极的探索和迁徙往往包含了他们对原有生活区域的不满。因此,人们相信通过迁徙,走得更远,就可以获得更优质的生存、生产和生活环境。

原始社会的人类对自然的认知有限,远行会对陌生区域充满未知和恐惧,意味着外出工具、道路、住宿都缺失的重重困难,但迁徙活动仍然产生了。食物短缺、气候变化、疫病天灾以及战争等自然与人为因素的威胁,迫使人们不得不离开原有的居住地。然而,这些迁徙活动充满了被迫性和求生色彩并伴随着居住地的改变,与现今的旅游活动有着本质的区别。现代社会中仍然存在许多典型的迁徙案例,如传统的游牧民族随水草而居、难民逃避区域性战乱、政策移民、因大型工程项目而迁离故土等,这些迁徙活动都符合前文所提及的迁徙目的与特征。

此外,值得一提的是,原始社会末期,人类开始有意识地和自愿地外出旅行。这一变化主要得益于第二次社会大分工,即手工业同农业和畜牧业的分离。生产工具的进步,尤其是金属工具的出现,使得人们的生产能力和生存条件得到提高与改善。人们无法自我消耗全部手工业产品,因此产生了产品交换和产品商品化的需求。随着第三次社会大分工的到来,商业从手工业、农业和畜牧业中分离出来,进一步推动了旅行活动的发展。社会分工使生产更加专业化,提高了生产效率,也为人们的迁徙和旅行提供了更多的可能性。

劳动剩余产品的丰富化促使商人们通过货物交易来寻求更高收益。他们不仅深入了解自身可获取的产品,还洞察其他地区的生产需求。因此,商人们驾驭马车,远离熟悉的土地,向更广阔的地域拓展。这种旅行与前面提到的迁徙截然不同,它是一场有目的、有意识的探索。虽然主要出于经济利益,但这场旅行也蕴含着无限的机遇与可能。

因此,围绕着生存和生产的需要开展迁徙与旅行活动是原始社会人们外出活动的显著特点。

归纳来说,迁徙活动是人类出于谋生的目的,或者出于自然原因(如气候、天灾等对人类生存环境造成破坏,人类开始寻找更宜农宜居的环境),或者出于人为原因(如战争,见图1-1)而被迫离开其定居地,在新的地方定居下来,不再回到原来定居点的行为。迁徙活动这一概念具体包括以下特征。

图1-1 战争也是产生迁徙的因素之一
(陈思 供图)

（1）迁徙的目的是谋生，而不是消遣游玩。

（2）迁徙的特征是长久离开原来居住地而不是暂时。

（3）迁徙并非真正意义上的旅行或旅游活动。由于社会经济条件的限制，在原始社会早期，人类不仅在客观上没有开展旅行的物质基础，而且在主观上也难有自愿外出旅行的愿望。

原始社会的迁徙和旅行活动是为获取经济收益，与现代旅游的休闲性相去甚远。前者既有很长的时间周期，而且存在很大的风险，带给旅行者的满足往往并非审美娱乐的精神享受，更多的是与生存品质息息相关的经济收益。

微课

旅行

（二）奴隶社会时期的旅行与旅游活动

在奴隶社会时期，人类的旅行活动获得了显著的发展。很多旅游学学者的研究中均有对此时期旅行活动的详尽描述。夏、商、西周时期的奴隶主及其附庸阶级在物质财富的支撑下，娱乐方式日益丰富，旅行逐渐成为一种流行的享乐方式。在西方，罗马帝国的游历活动达到了古代西方的顶峰。

对于旅行的起源，学者们持有不同的观点。有的学者认为，真正意义上的旅游活动是随着阶级的产生而产生的；而另一些学者则将奴隶社会时期的外出行为统称为旅行活动。尽管学术界对于这一时期的外出活动是否应被定义为"旅游"存在分歧，但不可否认的是，这一时期人们的外出目的变得丰富多样，旅行规模和范围也在不断扩大，这在旅游史上具有重要的地位。

"旅游"或"旅行"，都是社会生产力发展到一定阶段的产物。奴隶社会"旅行"的发展与金属工具的出现大幅提升了生产效率息息相关。生产技术的发展促进了脑力劳动与体力劳动的分工，社会剩余产品逐渐增多。随着阶级的形成，社会财富开始向奴隶主阶级集中，这进一步推动了多样化、广泛的外出交流活动的兴起。同时，为了巩固统治，奴隶社会时期的统治者还建设了道路和驿站系统，为旅行活动提供了便捷的条件。因此,在古埃及、古巴比伦、古印度、中国、古希腊和古罗马等早期文明国家中,人类的旅行活动逐渐兴起并蓬勃发展。

中国奴隶社会时期的交通条件达到了新的高度,已完成道路交通的开辟与交通制度的建立,形成了陆路交通网。秦国曾修筑褒斜道,齐鲁曾建设黄淮交通网络。《周礼》记载,春秋时期各国已设有管理道路的官吏,名为野庐氏。这说明当时道路的兴建与维修已被纳入国家制度化的政事管理中。至于水陆交通,此时期不仅利用自然河道,还开凿人工运河。商代的水上交通曾享有"邦畿千里""通于四方"之美誉,无疑是对这一成就的极高赞扬。

道路修建与运河发展既是政治势力扩张的必要手段,更是为了推动经济的发展。在中国奴隶社会时期,商贸旅行兴盛,诸多活跃在各诸侯国之间的政客以及多彩的思想家们纷纷踏上了传播政治理念和教育的旅行之路。孔子是一位杰出的教育家,他14年的周游列国之旅堪称典范,为后世树立了榜样。在奴隶社会,"旅行"与"观光"虽然仅是服务于社会等级制度的一种形式,但是它们所包含的"时"与"义"的大道理在当时却不容忽视。旅行活动不仅仅是完善人格、丰富人生、培养"君子"的过程,更承载着一种文化意义——通过不断精进修持,趋于道德君子的追求。这种伦理意识形态在中国古代文化中流传深远,如同"读万卷书,行万里路"所追求的经世致用的目的远高于对自我愉悦的追求。这个阶段的外出活动开始有了旅行的本质,即通过外出对生活、对世界进行探索和感知,是自我成长和提升的有益方式。

在西方,公元前476年至公元前30年被认为是古罗马旅行的全盛时期。古罗马于公元前1世纪前后疆域规模达到鼎盛,地跨欧、亚、非三洲。其辽阔的疆域以罗马为中心,北到欧洲中部的莱茵河、多瑙河一带,西到大西洋沿岸的高卢地区(现今的法国)、西班牙,南抵非洲北部的埃及和苏丹北部,东达西亚两河流域。罗马帝国为了管理广阔的疆域,建立了行之有效的行省管辖制度,并修建了大量道路,"条条大道通罗马"是其真实写照。

这些大道也为疆域内不同地区的资源汇聚到罗马提供了便利。同时,伴随道路的修建,还有航运的发展、沿途驿站的建设。在那个时代,旅行者主要由政府公务人员和商人组成,公务差旅和商旅是旅行的主要形式,同时存在少量的奴隶主贵族和自由民、宗教信徒的旅行,其出行目的与现代意义的旅游相比差异明显。当时的旅行者更多的是为了利益或宗教原因而出行,他们并未将自己出行中伴随产生的放松愉悦视作理应存在的生活组成。而且,当时的旅行以短途旅行为主,长途旅行较少发生。自由民、宗教信徒的旅行个体重复外出的频次也很低。

现代旅游已经发展出许多新的形式和活动,如消遣活动、社交活动和审美活动等。这些活动不仅丰富了人们的日常生活,也成为人们追求幸福和放松的重要途径。相比之下,在疆土辽阔、资源各异、道路通达、驿站棋布的古罗马时期,旅行更多的是为了完成某种任务或使命,而非为了享受旅行本身所带来的愉悦和放松。尽管古罗马时期的旅行形式和目的与现代旅游有着明显的差异,但我们必须承认,旅行在人类历史中一直扮演着重要的角色。无论是出于利益还是宗教原因的旅行，它们都被文化交流和经济发展所推动，又反向拉动了文化交流和经济发展。

二、旅游产生的条件

（一）中国封建社会时期的旅行与旅游

中国封建社会时期，手工业产品如丝绸、瓷器等，在世界范围内享有盛誉。西汉汉武帝派遣张骞出使西域，开辟了以长安（今西安）为起点，途经甘肃、新疆，到达中亚、西亚，并连接地中海各国的陆上商业通道。丝绸之路是一条具有历史意义的国际通道，以丝绸为代表的中国手工业产品被商人跨越国界贩卖至欧洲。同时，欧洲的象牙、犀角等商品也被带到了中国。

国际贸易的巨大利益是丝绸之路繁荣的基础，同时穿梭在各国的使者和商人将古老的中国文化与印度文化、希腊文化、罗马文化连接起来。道路网作为行政管理、物资运输的基础，关系着封建王朝的统治与国力。为了提供交通保障，秦统一六国后规定了"车同轨"，并对道路进行了改造和扩充。汉代国力强盛，相继修筑了回中道、褒斜道、子午道等，并最终形成了以京城长安为中心向四面辐射的交通网。汉代不断开拓对外交通，向西有著名的丝绸之路，向南有灵关道。

水路交通"漕运"也成为重要的交通方式。大运河的开凿是隋唐水上交通发展的一大标志，它是当时南北物资交流的"大动脉"，是商人游客往来的要道。"海上丝绸之路"也于隋唐时期达到繁盛。图1-2所示为古运河沿岸新貌。

图1-2　古运河沿岸新貌

（陈思　供图）

中国封建社会的驿站制度形成了当时具有特色的接待体系。自周朝已形成邮传与驿站设施机构相结合的邮驿系统，通常由政府管理，主要为政治、军事服务，承担着传递文书、接待使客以及转运物资的任务。秦始皇统一六国后，建立了以国都咸阳为中心的驿站网。

总的来说，我国整个封建社会时期建立了完善的交通体系和驿站体系，为旅行的丰富发展和旅游的呼之欲出提供了通达性、保障性、安全性等基础。在这一时期，我国的旅行形式丰富多彩，其中"帝王巡游"的代表人物包括秦始皇、汉武帝、隋炀帝、唐玄宗和乾隆等封建帝王。同时，出于政治目的的"公务旅行"也越来越多，如汉代张骞通西域和明代郑和下西洋。封建社会的士大夫将"旅"视为修身之法，他们不断外出求学、勘察、宣讲，内容涉及文史、医药、地理科考等。著名的例子，如司马迁为撰写《史记》而进行的艰苦而长期的文史考察；徐霞客探索名山大川、考察地理风貌，写出旅游地理科考巨著《徐霞客游记》；李时珍踏遍大江南北进行科学考察，研究药物，写出了药物学巨著《本草纲目》。文学家的旅行方式则更为多样化，如李白、杜甫、苏东坡等，他们读书、行路，漫游大江南北，留下了大量脍炙人口的诗文名篇。此外，唐代还出现了玄奘和鉴真的"宗教旅行"，这是宗教传播的一种重要方式。可以说，旅行的形式和种类随着时代的变迁和社会经济状况的变化而变化。图1-3所示的雕像描绘的是与诗酒相伴的士人漫游。

图1-3　与诗酒相伴的士人漫游
（陈思　供图）

（二）西方封建社会时期的旅行与旅游

同一时期，旅行在欧洲的发展经历了低谷与高峰，这些转变已然与社会经济的发展密切相关。

古罗马帝国衰亡后，战乱和社会秩序的动荡使欧洲旅行进入了一段低谷。直到13世纪，西欧社会经济才逐渐步入快速发展时期。此时，农业技术革新，荒地利用率提升,城市兴起,工商业繁荣,旅行活动才开始复苏并发展起来。进入16世纪中叶,旅行活动在欧洲迎来了新的篇章。温泉旅行热潮和以教育、社会考察为目的的"大游学"旅行活动蓬勃发展。这个时期的观念中,"游"与"学"相辅相成,"游"包含了语言学习、艺术熏陶、科学探索等多重含义。

"大游学"旅行活动在16世纪于欧洲兴起,并在18世纪达到高潮,这是一场以求知和教育为目的的旅行活动。在纯粹以愉悦为追求的旅游出现之前,"大游学"旅行形式延续了数个世纪,影响广泛,参与者不仅有学生,还包括艺术家、商人等。

旅行自孕育之初,就是人类认识现实社会、增长阅历、积累经验的有效途径,它超越了简单地追求愉悦的层面,对国民素质和健康产生了深远影响。

(三)封建社会时期旅行与旅游的特点

封建社会时期的个别旅行现象已明显具备了旅游活动的特质,同时,旅行活动的发展与社会、政治、经济状况息息相关的内在联系更加凸显。

在政治安定、经济繁荣的统一时期,旅行活动得以扩大规模;反之,则可能停滞不前甚至出现倒退现象。同时,非经济目的的休闲旅行活动虽有发展,但商务旅行在规模上始终占据主导地位。这受封建社会经济、人口特征、农业劳动的特点及人们生活方式的影响。社会主体的乡村居民普遍缺乏对外出旅行的需求。至于非经济目的的旅行活动,参与者多为统治阶级及其附庸阶层,他们在总人口中所占比例极小。因此,他们的消遣性旅行活动的开展并不具有普遍的社会意义。

总的来说,旅行活动的发展与旅游活动的初见端倪都与社会环境、经济状况、人口特征、生活方式等因素密切相关,而非随机的社会突变。在封建社会经济繁荣的促使下,商务旅行已成为当时社会中不可或缺的一部分,其规模和频次随着经济的发展而扩大或增加,经济、社会和环境影响不容小觑。同时,由于社会经济的繁荣发展,非经济目的的旅行活动也在特定群体中优先成形,其影响力虽然较小,但也标志着人们休闲审美、娱乐需求的又一次提升。

模块二 近代旅游和旅游业的开端

一、工业革命推动近代旅游发展

(一)工业革命对近代旅游发展的推动

在18世纪60年代,英国掀起了第一次产业革命,其本质是蒸汽机的广泛应用带来的革命。这不仅是一场能源与机械生产的革命,更是一次深刻的社会变革。工业革命为政治、经济、社会、文化等各个领域带来了时代性的跨越。工业革命对近代旅游发展的影响主要体现在以下几个方面。

第一，工业革命极大地加速了城市化进程，改变了人们的生活方式。随着工厂制度的建立，工人的工作时间和休闲时间得以明确划分。随着生产力的提高和后期工人阶级的不懈斗争，带薪假期也随之出现，人们渴求的更适应城市化生产与闲暇模式的休闲消遣出现了。与乡村生活相比，城市化生活除了生活节奏越发紧张、生产与闲暇时间划分清晰，自然环境的阻隔也在加大。

第二，工业革命推动了旅游需要的产生。在近代工厂生产组织下，科学管理理论指导生产，工作分工使工人的工作内容单一、重复、标准化，降低了工作成就感。机械化生产使工人更加渴求利用闲暇短暂逃离工作环境，以获得工作的间歇和释放压力。

第三，随着生产力的提高，家庭可自由支配收入增加，社会化的近代旅游成为可能。工业革命带来了社会财富尤其是个人收入的增加。以工业革命前后的英国为例，人均收入大幅增长，人们终于在20世纪初拥有了真正意义的"可自由支配收入"。收入水平的普遍提高是近代旅游产生的基本原因。

第四，工业革命带来的科技进步也加快了城市化进程，包括道路、照明系统和供水系统在内的基础设施得到了改善。公共基础设施尤其是公路、铁路、水路交通得到改善，道路安全性提高，为人们的外出度假旅游创造了便利条件。科技的进步显然为远距离的旅行提供了可能。蒸汽动力在交通运输中的应用激发了新型交通工具的产生。蒸汽轮船和火车的使用，使较大规模、较远距离的旅行成为可能。

第五，新观念、新伦理的形成也推动了旅游需要的产生。工业革命是一场全方位的社会变革，对人本主义、新教伦理、唯理主义等思想观念产生了巨大的影响。人们追求旅游的目的从传统的宗教祭祀转向了求知和社交，这为人类自由的跨文化探索打开了通道。同时，近代教育在欧洲社会迅速发展，促进了人们文化水平的提高和对科学的理性追求。现代文明休闲娱乐方式正在代替各种宗教或野蛮娱乐活动，这也在一定程度上降低了人类外出的心理阈值。

近代旅游的产生是多种社会经济因素综合作用的结果。其中，人们生活水平的提高、经济收入的增加是根本原因。生产和生活方式的改变、交通运输的发展、人们教育文化水平的提高对近代旅游产生的推动作用也不容忽视。在这些因素的共同作用下，近代旅游活动的出现也就不足为奇了。它具有显著的休闲性目的，同时质变前充分的量变积累使得近代旅游活动带有大众化特点。

(二)托马斯·库克与第一次近代团体旅游

托马斯·库克是近代旅游业的先驱者，被誉为"近代旅游业之父"。他开创了近代团队旅游的先河，更引领了世界首例环球旅游团的诞生。他编纂的《利物浦之行手册》，堪称世界上第一本旅游指南，其创新推出的旅游代金券被视作旅行支票的雏形。他经营的旅游业务开创了旅游业、旅行社产业经营模式的先河。托马斯·库克开设的旅行社在其后的 178 年经历过销售、重组,几经沉浮,伴随着旅游的发展,在 21 世纪初成为一个运营多元旅游业务的旅行服务商企业品牌。托马斯·库克公司虽然在 2019 年倒闭,但也曾展示了旅游活动需求的不断丰富和巨大社会经济影响。图 1-4 所示的航空客运也曾是托马斯·库克公司运营的分支之一。

图 1-4　托马斯·库克航空公司的飞机

(图片来源：Jono Hirst on Unsplash)

接下来,将分别介绍他的几项开创性活动和近代旅游的开端。

很多社会行为的产生都并非偶然,而是社会经济发展的必然产物,而历史长河中总会出现那些恰逢其会的开创者,托马斯·库克便是如此。他巧妙地把握住了时机,推动了近代旅游的诞生。

1841 年 7 月 5 日,托马斯·库克借助火车运载交通系统这一当时先进的科技手段,成功地组织了历史上的第一次大规模、大众性的团体旅游。这次旅游虽然并非以商业经营为目的,也并非单纯的休闲度假,但它成功地揭示了普通大众对于旅游的渴望,展示了庞大的潜在旅游市场。这次活动中,托马斯·库克包租了一列火车,将多达 570 人的游行者从莱斯特送往拉夫堡参加禁酒大会。往返行程 12 英里(约 19 千米),团体收费每人 1 先令(相当于 3 英镑),除了车票,还包括免费提供的午餐。这次活动被公认为世界上第一次团体旅游活动,也被视为近代旅游活动的开端。其先进性主要体现在以下几个方面。

首先,参加者的公众性。不同阶层、不同职业、不同年龄的人因出游集聚在一起,活动后又四散而去,这种公众性为旅游注入了新的活力。

其次,组织工作的周密性。从交通的提供到票务服务和餐饮的提供都经过了专门的预先计划和组织实施,这体现了托马斯·库克的深思熟虑和执行力。

最后,团队规模之大前所未有。如此惊人的团队规模,无疑彰显了当时社会大众对旅游的需求,以及初期旅游者对于能够提供有组织、有规划、有保障旅游活动企业的需求。

二、近代旅游业的开端

（一）第一次商业团体旅游与旅游业的开端

1845年，托马斯·库克组织了首次商业性团体消遣旅游，这是一次从莱斯特至利物浦的旅游。这次旅游中，托马斯·库克不仅预先安排了游览路线，确定了观光景点和住宿地点，还发行了世界上第一本旅游指南《利物浦之行手册》。这种周密的安排使得这次托马斯·库克组织的团体出游取得了巨大的成功。同年，他创办了世界上第一家旅行社——托马斯·库克旅行社，专门办理出游业务，标志着近代旅游业的诞生。与1841年的旅游活动相比，1845年的旅游活动更接近于现代的团体报价旅游形式。这次团体旅游的主要特点是，它是一次出于纯商业性的营利目的而组织的旅游，涵盖了旅行社所有基本业务：提供旅游的组织和交通、多日游的行程安排、在外过夜的住宿、领队陪同和地陪讲解的协作服务，以及编印了世界上第一本旅游指南。

而在1855年，他组织的莱斯特到巴黎的旅游，采用了包价形式，其中包括住宿和往返旅费，共在巴黎停留4天。这次旅游的目的是参加巴黎世界博览会，因此这次旅游也被认为是会议旅游的开端。1856年，托马斯·库克第一次组织了去往欧洲大陆的旅游。在此之后，他推出并使用了旅游代金券，开创了旅行金融业务的先河。1872—1873年，他和他的儿子为英国旅游者组织了首次环球旅游活动，其中一站便是中国的上海。

【知识关联】

近代旅游鼻祖破产，伤及中国集团

2019年9月22日，开创了"跟团游"先河的英国老牌旅游公司——托马斯·库克集团（Thomas Cook Group PLC.）正式宣布破产。该集团与银行就一周内筹集2亿英镑承销资金未能达成一致，谈判破裂，而英国政府表示不会出面救市。

而这个老牌企业的倒闭事件最吸引国人眼球的是，"受伤"的却是著名的中国多元化经营的民营企业复星集团。2018年，复星集团拆分其旗下复星旅文。同年，复星旅文在港交所独立上市。在此次事件中，复星集团和下属的公司复星旅文，两家公司所拥有托马斯·库克集团股份总和占18%左右，已经成为托马斯·库克集团的最大单一股东。

（资料来源：新浪财经。）

（二）旅行社最初的基本模式

从托马斯·库克组织的旅游活动中可以看出，19世纪的旅游活动已具有现代旅游的雏形。那时，英国的旅游者不再局限于国内游，而是将目光投向了更远的地方，甚至走向了世界。这一转变的出现，中产阶级的积极参与无疑是推动力量之一。旅游的目的和方式也发生了变化，以休闲为目的的观光或度假游逐渐取代了传统的商务旅行，火车和轮船等交通工具的普及使得出行更为便捷。这些规范化、有组织的旅游活动吸引了越来越多的人，旅游的休闲功能也逐渐显现。在这样的背景下，旅游服务行业作为一个独立的经济部门逐渐崭露头角。

1845年，商业性团体消遣旅游的重要贡献是开创了组团旅行社业务的基本模式。在旅游出发前，旅行社需要勘测线路、编写旅游指南、组织旅游团、拟定接待计划等。在旅游过程中，旅行社提供领队陪同、地陪讲解等服务，并推出包括交通、住宿、导游服务等在内的包价产品。获取报酬的途径也颇为丰富，除了向旅游者收取费用，旅行社还从交通、住宿等下游企业批量购买产品，获得折扣后再提供给旅游者，从而赚取差价。随着竞争的加剧，现代旅行社需要不断创新，提供更多元化、个性化的服务，以满足游客的需求。未来的旅游市场将是一个机遇与挑战并存的世界。

三、我国近代旅游发展历程

1923年8月，中国第一家旅行代理机构——上海商业储蓄银行旅行部，在上海诞生。它的诞生标志着中国近代旅游业的兴起。自此，中国旅游步入了一个新的阶段，从传统的个体化分散旅游向有组织、团体型的近代旅游转化。而中国第一家旅行代理机构在上海诞生，这与上海独特的自然条件、历史地位密不可分。

第一次世界大战期间，欧美国家忙于战争，一些国家暂时放松了对中国的经济侵略，同时各种战略物资需求的增加为中国民族资本主义发展提供了一个有利的契机，中国经济获得了相当的发展。社会经济的发展呈上升趋势，为商贸旅行的兴起提供了物质基础。以当时的工业发展为例，据西方学者张约翰的研究，1912年至1949年中国经济的平均增长率为5.6％，而1912年至1920年中国工业的平均增长率达到了13.4％。

在当时经济稳步发展的背景下，上海的旅游业迎来了自己的机遇和挑战。作为近代中国的工业中心，上海优势独特，优越的自然地理条件使其在铁路、公路及航运上都占据了良好的枢纽位置。加上当时上海租界的存在，为工业发展提供了一个相对稳定的外部环境。许多原本承受大城市成本压力而需要迁往原料产地的工厂在上海设立了总部。

促进中国近代旅游业在上海优先萌发的原因还包括以下几点。

第一,这一时期我国对外贸易取得了显著增长,刺激了商贸旅行需求的迅猛增长。对外贸易的口岸主要分布在东南沿海和长江沿岸,而上海作为全国对外贸易中心,其比重多数年份保持在50%以上。长期以来,各地的出产货物主要通过上海输往国外,而外国货物也大部分经由上海输入我国。这一时期,不仅对外贸易繁荣,埠际贸易也得到了发展,各种物品交易所如雨后春笋。自1918年夏我国第一家证券交易所——北平证券交易所正式成立后,上海、汉口、天津、南京、苏州、宁波等地都相继成立了交易所,其中上海的交易所达到了140余家。在这个时期,一批专门从事采购、调运、储存和销售的商务旅行者队伍应运而生,他们进行着频繁的、有规律的贸易交往。

第二,近代交通工具与近代旅馆业的发展,为旅游业的兴起提供了强大的动力与必备的条件。铁路运输方面,自1895年至1913年,中国经历了一次铁路建设的高潮,初步奠定了中国近代铁路的基本布局。即使在第一次世界大战爆发后,中国在铁路网的建设上仍有所进展,至1919年,全国筑路里程达到11142.64千米。在公路建设方面,至1921年,中国总计修建了超过1184千米的公路。在轮运方面,至1923年,国内已出现28家外资轮船公司和25家资本逾万元的华商轮船公司。它们在江河航运中发挥着重要作用,也参与外海航行。外国轮船也频繁地往来于各通商口岸。上海俨然成为当时国际商贸和各种文化交汇的枢纽。

然而,健全的运输业必须以旅行者目的地的充足住宿设施作为补充。随着交通运输的发展,中国旅馆业也发生了突破性的变化,新的旅游设施如新式旅馆开始在中国出现。西式旅馆、中西式旅馆等一批不同于传统旅店的现代旅馆相继开业。这些饭店如北京的六国饭店、上海的汇中饭店等,成为中国最早的新式旅馆,其规模宏大、装饰华丽,内部设施齐全,客房、餐厅、酒吧、舞池、球房、电梯、理发室、会客室等俱全,客房内还有电话、暖气,卫生间有热水。中国传统旅店也开始了新的变革。其食宿服务更加精细,出现了不同等级的客房,除了房费,客人还会支付被褥费、茶费、水费、饭费、菜费、灯火费等费用。

第三,文化观念的近代化为旅游业发展提供了内在动力。旅游的增长和发展,不仅依赖于生活水平的提高,更取决于生活方式的改变。城市化的加剧带来了旅游需求的普遍增长。同时,伴随西方国家在中国各大城市创办报刊,大量价值观念、行为方式、道德准则等被输入中国。新式学堂也大量出现,冲击和改变着旧的政治教育体制,也改变着人们固有的观念。随着中西文化交流的频繁,中国人的观念意识日益开化。文化观念的近代化不仅改变了人们的生活方式,也深刻地影响了旅游业的发展。旅游业的发展带动了人们生活水平的提高,也开阔了人们的眼界,使他们能够更好地欣赏和理解不同的文化与习俗。

模块三 现代旅游的发展

一、全球旅游发展现状

（一）现代旅游快速发展的原因

现代旅游是指第二次世界大战结束以后，特别是20世纪60年代以来，迅速普及于世界各地的社会化旅游活动。旅游的主体是旅游者，随着其旅游动力的增强，他们与旅游对象产生联系的可能性也会随之增加。同样，当旅游客体，即旅游者拜访的对象魅力提升时，旅游主体的旅游动机也会被激发。因此，旅游的发展深受"推动"与"拉动"两方面因素影响。

1. 现代社会"推动"旅游发展的主要原因

第一，自第二次世界大战后，世界人口基数的增长和旅游市场的扩大为现代旅游的发展奠定了基础。战争无疑是人口增长的天敌，在此之前，各国人口因战争而增长缓慢。战争结束，战士返乡，东西方社会迎来了人口的大增长时期。人口基数的增长无疑扩大了旅游市场的规模。

第二，世界居民收入的增加刺激了旅游需求的增长。只有国内生产总值和人均国民收入达到一定水平，居民才具有一定数额的可自由支配收入，才有可能外出旅游。伴随第二次世界大战后经济的复苏与迅速发展，科学技术成为资本与劳动力之外的第三大生产要素，推动了社会的繁荣。居民可自由支配收入的增加，刺激了旅游的发展。

第三，现代交通运输方式的进步，降低了人们的购买成本，也破除了外出的壁垒。现代交通运载能力的提高，使交通成本下降成为可能。生产自动化程度的提高，使带薪假期得以实现和增加。在科技和经济落后的时代，人们必须靠消耗劳动时间来换取维持一定的生产力水平和生活水平的社会产品。而在当代，随着科技和社会的发展，生产自动化程度不断提高，劳动生产率大大提高，人们可以更有效地利用工作时间，从而获得足够的收入来维持生活并有一定的盈余。此时，人们才有更多的空闲和业余时间可以自由支配。如图1-5所示，互联网、电脑、数据库、自动化正在改变我们的生活模式。自20世纪80年代以来，随着西方科技的飞速发展和经济的全面复苏，工人们的工作时间逐渐减少，每周只需工作五天，每天工作八小时。此外，每年都有带薪假期，这使得更多的人加入了旅游者的行列。

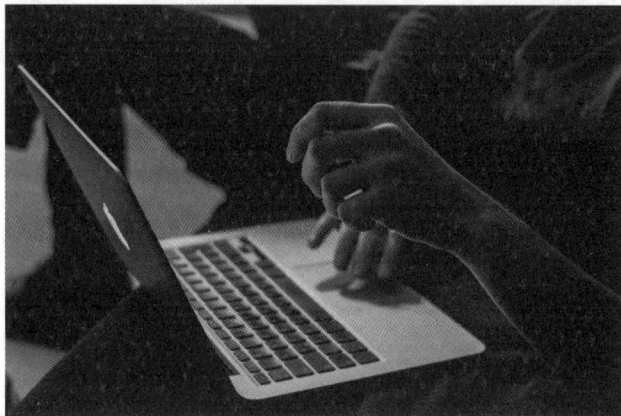

图1-5 科技改变着旅游与旅游者

（图片来源：Sergey Zolkin on Unsplash）

第四，教育事业的发展和大众文化水平的提高为旅游业的发展注入了强大的动力。现代社会的城市化进程带来了诸多问题，如工作和身心压力的增加。然而，这些问题并没有阻止人们追求幸福生活的脚步。现代教育开阔了人们的视野，使人们对外界充满了好奇。高等教育的普及使得大众审美水平达到了前所未有的高度，人们更加重视对个体认知和幸福感的追求。教育减少了外出的壁垒和恐慌，增强了人们外出探索的欲望。这些都为旅游业的蓬勃发展提供了源源不断的动力。

2. 现代社会"拉动"旅游发展的主要原因

旅游产业的深度发展创造了更富有吸引力的旅游产品及旅游目的地。科技投入给许多旅游产品注入了生机和活力，丰富了其文化内涵，延长了其生命周期。目的地当地政府的支持和旅游设施供应能力的提高，也促进了旅游动机向旅游行为的转化。旅游业能带来大量的就业机会和较高的旅游收益，其突出的产业优势能极大地拉动社会经济的增长。因此，很多目的地主打旅游政策，期望通过适宜的旅游政策促进旅游业的发展，为旅游产业趋利避害。这些政策包括加强基础设施建设、简化旅游者出入境手续、支持先进旅游项目的开发、鼓励旅游教育的发展等，大大降低了人们旅游出行的难度。

总的来说，无论是"推动"还是"拉动"，都是为了满足人们日益增长的旅游需求，提升人们的旅行体验和生活品质。而这一切的实现，离不开科技的进步、经济的发展、社会的繁荣以及人们对于美好生活的追求和向往。

【慎思笃行】

全国高铁网络进一步完善
带动"小城""乡镇"旅游驶入高质量发展快车道

千年前，李白的诗句"千里江陵一日还"仍在耳边回响。千年后，高铁的开通和网络的进一步完善，正助力越来越多的城乡加快进入全国休闲度假康养旅游目的地的市场构建之中,历史与现实在此交汇,"千里江陵一日还"的国民旅游愿景正悄然成为现实。

以安徽池州市为例,这个孕育过无数佳作的历史名城,迎来了池黄高铁的正式开通。

安徽省池州市,被誉为"千载诗人地",历史上陶渊明、李白、杜牧、苏轼、岳飞等人都曾在这里留下了宝贵的足迹和文化瑰宝。李白更是三上九华、五游秋浦,写下了数十首赞美池州山水的不朽诗篇。与李白同期的杜牧曾在池州任职两年,杜牧不仅在政事之余踏遍了池州的山山水水,还留下了多篇寄情秋浦山水的瑰丽诗篇。他的《清明》中的"借问酒家何处有,牧童遥指杏花村"这句诗,将池州杏花村的美好印刻在了多少中国人的心中。

池黄高铁的开通,结束了黄山、池州两地连接无铁路的历史,让池州到黄山最快30分钟可达。池州市已精心设计推出"大黄山"自由行、"大九华"观光游、"大池州"康养游三款高铁游产品线路,为乘坐高铁来池的游客提供更多玩法选择。池黄高铁串联起皖南"两山一湖"及众多核心景点,组成黄金旅游线路,池州展现出了"高品质""高颜值"并存的特点,同时也在"高质量""高发展"的道路上稳步前行。如今,池黄高铁的开通,将为池州的旅游业带来新的机遇。在这条黄金旅游线路的引领下,池州能够焕发出新的生机与活力,展现出一个更加美好的未来。

如何最大化发挥这条黄金旅游线路的作用,成为池州旅游行业亟待解决的问题。唯有不断创新,古城名镇才能吸引更多的游客,在同类旅游目的地中脱颖而出,带动当地经济发展。池黄高铁的开通,给旅游行业带来了市场机遇,也带来了挑战。

（资料来源：中华网,https://life.china.com/2024-05/09/content_314229.html,内容有删改。）

知行合一

（二）现代旅游的特征和趋势

1.普及性

现代旅游的普及性主要体现在以下三个方面。

（1）大众旅游。大众旅游既可以看作大众化旅游,亦可以视作大众型旅游。前者指旅游活动参加者的范围已扩展至普通劳动大众,后者则是指以有组织的团体包价旅游为代表的旅游活动。

（2）奖励旅游。奖励旅游是公认的工作福利的重要组成部分,为保障就业人群外出旅游的可能性和权利发挥了重要作用。

（3）社会旅游。社会旅游又称社会补贴性旅游,指在政府、雇主、工会或有关社会团体的补贴和援助下,低收入的贫困家庭实现的外出旅游活动。此举保障了低收入的贫困者同样享有旅游的权利。

2. 增长趋势的持续性

从增长趋势的持续性来看,尽管全球范围内存在局部地区受战乱、经济危机或疫情等影响,出现旅游发展停滞不前甚至倒退的情况,但这种情况持续时间相对较短,并不能改变和影响世界旅游持续增长的总趋势。此外,一些地区游客数量的减少会被其他地区游客数量的增加所弥补,国际旅游人次的下降也可能会被国内旅游人次的上升所代替。自20世纪50年代以来,全球旅游经济快速发展,保持着较高的增长率。

3. 地理集中性

现代旅游阶段,旅游者的足迹遍布世界各地,但旅游活动的数量在空间分布上具有地理集中性。地理集中性有助于旅游企业选择经营地点,有助于相关部门选择旅游设施建设地址,有助于目的地更好地规划旅游工作,避免过于集中而造成旅游接待量超过当地旅游承载能力,从而实现可持续旅游发展。

4. 季节性

季节性主要是指旅游客流在时间维度上的变化与波动,是人们外出旅游活动在时间分布上的不均衡特点。旅游企业认识到这一特点,有助于其认清季节性对旅游业经营的影响,建设和宣传适合全年来访的旅游目的地,以及在淡季时策划和开发具有卖点的产品。同时,这也意味着旅游业有着光明的发展前景,只要不发生全球性经济倒退,全球旅游活动的增长一般会继续下去。

这些特点意味着现代旅游的发展面临着新的挑战和机遇。只有充分理解和掌握这些特点,我们才能更好地推动旅游业的发展,实现可持续的旅游发展。

(三) 疫情后现代旅游业的新发展

2023年5月,"2023世界旅游城市联合会长沙香山旅游峰会"在长沙举行。此次峰会上发布了《世界旅游经济趋势报告(2023)》。报告指出,2022年全球旅游总人次高达95.7亿人次,全球旅游总收入达到4.6万亿美元。即使受疫情限制,旅游业仍在困难中迅猛复苏。

2022年全球旅游总收入相当于GDP的比例恢复至4.8%,比2021年(占比3.8%)增长了1个百分点。这表明全球旅游经济复苏的势头强劲,对全球经济复苏起到了积极的推动作用。国内旅游恢复程度好于国际旅游,国际旅游收入增速远高于全球贸易增速,发达经济体的旅游恢复表现好于新兴经济体。这些都反映出在全球各国疫情防控措施逐渐放开以及出台多项促进旅游复苏的政策措施等努力下,世界旅游经济发展呈现出新趋势和新格局。

然而疫情后,如何创造和把握机遇,推动世界经济和旅游业进一步发展,营造更具活力的全球旅游生态,成为当前的重要议题。2023年的国际旅行数量超过12.6

亿人次,相当于 2019 年需求的 86%。这将超过疫情前三年(2017—2019 年)的历史需求量。休闲旅游的复苏强于商务或其他旅游,目前约占所有旅游行程的 60%。2023 年的休闲旅行数量将仅比 2019 年的前一个峰值低 10%,除亚太地区外,全球大多数地区的复苏都很明显。在一些大型活动的推动下,前往中东的休闲旅游表现突出。未来全球旅游业的复苏依赖于全球宏观经济的走势,全球经济的不确定性依然会影响旅游业的前景。全球旅游业复苏将呈现以下五个方面的特点:

一是全球经济陷入一系列发展困局之中,世界旅游业复苏的困难程度远大于经济稳定期;

二是疫情后旅游业修复的重点逐渐由数量转向质量,依赖于全球性的产业合作和各国旅游业治理能力的进一步提升;

三是旅游业复苏水平、通胀水平和劳动力短缺程度是短期内影响世界旅游业恢复质量的三个关键变量;

四是中长期看,世界经济和旅游业的进一步发展都将更依赖于全要素生产率的提升;

五是世界旅游格局将在创新中得以重塑,创新将是世界旅游业进一步发展的核心动力和重塑世界旅游新格局的主要力量。

总的来说,疫情后全球旅游经济呈稳步恢复态势,全球旅游业在多个层面发生了全面的、系统性的变化,预示着全球旅游会有更美好的前景。但同时我们也要意识到,未来之路仍充满挑战。只有通过全球政府、相关城市、旅游行业的共同努力和科学决策,我们才能营造出更具活力的全球旅游生态,推动世界经济和旅游业进一步发展,重塑世界旅游新格局。

二、我国旅游发展现状

据文化和旅游部公布的数据,2023 年国内出游人次 48.91 亿,比 2022 年增加 23.61 亿,同比增长 93.3%。其中,城镇居民国内出游人次 37.58 亿,同比增长 94.9%;农村居民国内出游人次 11.33 亿,同比增长 88.5%。国内游客出游总花费 4.91 万亿元,其中城镇居民出游花费 4.18 万亿元,农村居民出游花费 0.74 万亿元。

历经中华人民共和国成立后的艰难发展和改革开放后的飞速发展,作为我国重要的就业支撑和经济创收行业,我国旅游业正在经历自身的转型和变革。

(一)我国旅游发展进入快车道

近年来,我国旅游业发展势头良好,各项宏观数据较为理想。2024 年 2 月 29 日,国家统计局发布《中华人民共和国 2023 年国民经济和社会发展统计公报》。公报显示,2023 年,入境游客 8203 万人次,其中外国人 1378 万人次。值得注意的是,2024 年 7 月 30 日起,海南实施港澳地区外国旅游团入境 144 小时免签政策。根据免

微课

马踏飞燕

签政策，与中国建交国家的公民持普通护照，经香港、澳门合法注册的旅行社组团入境海南旅游，享受144小时的免签停留。伴随着一政策的实施，这几个月来全世界视频App贡献了最火的内容，满网的人都在疯狂讨论在中国的逛吃逛喝。2024年第二季度，享受144/72小时过境免签政策的54个国家的境外游客人数暴涨，很多热门旅游城市已经暴涨了60%以上。而且这个人数还在不断攀升。仅至2024年的第二个季度，入境中国的外国人总人次已经超越了2023全年总量。

2023年国内出游人次48.91亿，这意味着平均每人每年出游3次以上。近年来不断涌现的"淄博热""尔滨热"，彰显了国内旅游发展的巨大潜力。而不断提升的国民旅游花费表明中国的旅游市场正逐渐从市场规模快速扩大时期转向消费结构转型升级时期，体现了中国旅游业发展质量的提升。

（二）发展带来的产业转型

1. 从比较单一的观光型旅游产业转向复合型旅游产业

以往提到旅游，多数地区的思维仍局限于观光。现在看来，仅开发新景区已无法应对市场需求。旅游包含四类产品内容，即观光、商务旅游、度假旅游和特种旅游，这四类产品聚合在一起构成一个完整的旅游产业体系。从单一转向复合尤为重要，尤其是在一些观光旅游资源并不具有竞争力的地区。转型不成功，就意味着竞争力下降，即使是观光旅游资源非常好的地区也面临转型问题。

2. 从传统服务业转向现代服务业

旅游业长期以来被划分为传统服务业，而中国一直将旅游业定义为新兴服务业。"新兴"并不代表已符合现代市场的需求，反而作为一个新兴产业，旅游业的发展想搭上时代需求的快车道，就需要做出变革，以迎合新的消费者变化。随着时代的发展，旅游业从传统服务业转向现代服务业的任务更加艰巨。旅游是为生活服务的，而在现代旅游也是为生产服务的，这是一个根本性认识的变化。这意味着旅游业转向现代服务业，需要整个行业的升级换代。改革开放40多年来，旅游业和其他多数产业一样，正经历着升级换代的过程。现在市场情况在变化，旅游业已从高速增长期转向平稳发展期，仅依靠持续增长的市场需求已不能完全支撑整个产业的发展，旅游业不得不转型。

【专家剖析】

现代旅游业的变革时代

英国知名旅行服务商托马斯·库克集团日前宣布，已向英国高等法院递交"强制清算"申请。这意味着这家拥有178年历史的老牌旅行服务商宣布破产。作为一家在英国乃至欧洲知名的百年品牌，托马斯·库克集团在全球16个国家和地区运营，拥有2.1万名员工，拥有酒店和度假村约200家。如此一家涵盖航空、酒店及旅游服务等众多业务、体量庞大、名气响亮的老牌企业,其倒闭带有违背行业趋势必然被淘汰的必然性。

其一,现代旅游产业是市场经济真实的一部分。拖垮该企业的既有公司合并重组不善造成的日益深陷的债务问题,也有作为上市公司,受业绩不断下滑影响,投资者信心也受到影响,股票价格持续下跌。

其二,未能快速适应互联网时代的客户需求是公司倒闭的另一重要原因。网上预订和廉价航空公司的兴起,使大众对价格更加敏感。托马斯·库克集团的不少业务被新兴网上旅行社、廉价航空瓜分,利润空间大幅缩窄。

（资料来源:新华网。）

行业资讯

那些旅游产业
背后的大集团

专题小结

本专题主要介绍旅游产生和发展的历史脉络。通过本专题学习,了解和认识旅游作为一种社会现象产生的必然性,逐渐养成从事物产生的宏观背景去认识事物发展趋势的思维方式,能辨析迁徙、旅行活动和旅游活动三者的区别;了解近代产业革命及社会经济发展对旅游业产生的影响;通过对现代旅游迅速发展的原因分析,认识旅游发展的重要契机和阻碍旅游发展的瓶颈,能够对现代旅游有初步的认知。

专题训练

一、名词解释

迁徙　现代旅游　大众旅游　社会旅游　季节性

二、案例分析

电子商务的利弊

2015年8月15日,一位韩先生在携程旅行网下单购买大理至昆明单程机票一张,价值920元,日期是2015年9月3日。然而,韩先生通过该张机票承运人东方航空公司查询得知,该机票航程包括"大理→昆明→丽江",单程机票居然变成了联程机票。他致电携程公司客服询问,被告知并不知情,还表示即便还有第二段航程,该机票也不可以使用。

同年9月3日,韩先生搭乘预订的航班出发。一个多月后,韩先生发现东方航空公司已开具电子退款单。该电子退款单显示韩先生的机票已使用航段为大理至昆明,已使用航段金额570元;同时存在退票航程昆明至丽江,应退票款320元,退款原因中标明自愿退款。然而,上述退票并非韩先生本人提出的申请,韩先生也未收到相应退票款。

在线答题

韩先生以"携程公司在出售机票时隐瞒事实并获取不正当利益"为由，起诉携程公司，并要求赔偿。携程公司称机票从供应商那里采购而来，公司并不知晓该机票是联程机票，并无欺诈；而后一航段的退票手续，并非携程公司办理，携程公司也未收取退票费。

双方各执一词，但案件涉及对旅游电商领头羊——携程公司商业诚信的质疑，对旅游消费者电子旅游产品购买信心的打击是显而易见的。

（资料来源：澎湃新闻。）

思考：

阅读上述材料，分析互联网、电子商务在为旅游开启信息化市场的同时带来的危机。

推荐阅读

专题二　专业视角重识旅游

专题概要

　　本专题介绍旅游的本质、定义、分类和旅游学科，主要内容包括：旅游本质的阐述、旅游的基本属性和主要特征，以及体现旅游本质的旅游者行为倾向；旅游的定义、旅游与近似概念的区别，以及旅游的类型；旅游学的研究对象、研究内容和学科体系。

学习目标

◉ **知识目标**

1.了解旅游的本质。

2.掌握旅游的基本属性和主要特征。

3.理解旅游者的行为倾向。

4.掌握旅游的定义和类型。

5.熟悉旅游学的研究对象、研究内容和学科体系。

◉ **能力目标**

1.能够判断社会生活中的哪些活动是旅游。

2.能够发现旅游现象所体现的旅游本质、属性及特征。

3.能够解释旅游者的行为倾向。

4.能够说出旅游与休闲、旅行、迁徙等概念的区别。

5.能够对现实中的旅游活动进行分类。

6.能够说出旅游学的研究对象和感兴趣的研究内容。

● **素养目标**

1.通过对旅游本质的理解，更加深刻地明白旅游是幸福生活的重要组成部分，增强专业学习的自豪感与成就感。

2.通过对旅游定义、类型的学习，锻炼辩证思维，理解理论与实践的差异，培养理论联系实际、实践推动理论深化的理念，为今后的理论学习和实践教育奠定基础。

3.通过理解旅游本质，明白旅游者不文明行为产生的原因，树立文明旅游观念。

知识导图

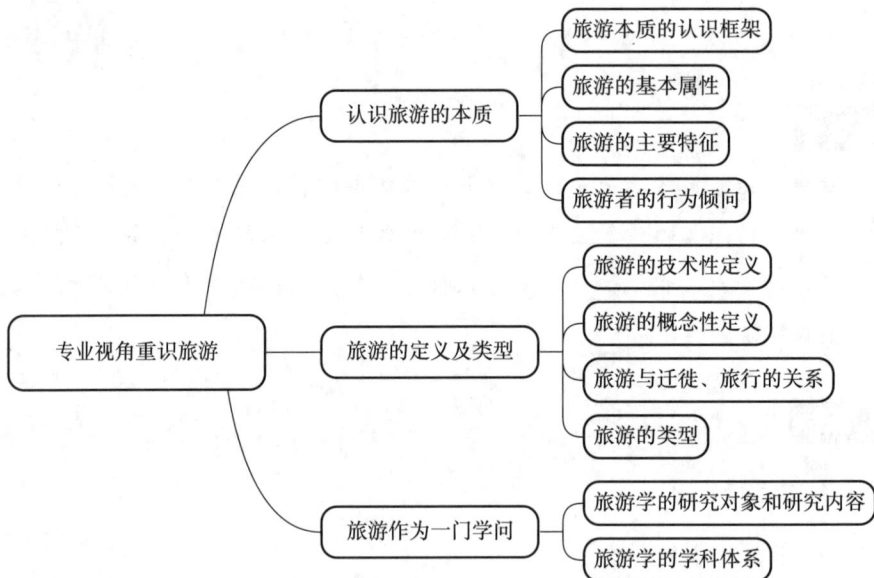

专题要点

旅游的本质　旅游的定义　旅游的特征　旅游的属性　旅游的类型

案例导入

青年群体的花样旅游

时下，青年成为旅游人群的主体，从疫情期间兴起的"露营＋""近郊游""躺平式旅游"到近期的"摆烂式旅游""寺庙游""特种兵式旅游"等，青年群体的旅游选择倾向成为社会关注的热点。年轻人玩出的新花样，展现出的青春力量,让我们看到了旅游的多种可能性,也更新了我们对于旅游的认知。

1."躺平式旅游"

饿了么发布的《2022年火炉城市外卖消费趋势》报告显示,2022年上半年,旅游城市酒店外卖订单量环比增长了三成,"躺吃旅行"成为旅行常态。年轻旅游者并不热衷于传统的旅游景点,他们更喜欢的是选一个陌生的城市,住酒店、吃外卖,错峰错城只为躺得舒服。鹤岗这个因为过低房价而吸引网友注意的东北小城也因此火了一把。超高的性价比使得奔赴三四线非旅游城市成为出游新思路。对于承压已久的年轻人来说,旅游的真正目的是缓解疲劳。"躺平式旅游"或许应该叫作"疗养"。

2."摆烂式旅游"

每临假期,想到全国各大热门景区的人山人海、放假后的连续调休,年轻人顿时没了出去的欲望;假期还没开始,就感觉累了。"摆烂式旅游"中,年轻人不再选择翔实的攻略、卡点的旅程,他们选择暂歇在某个陌生地方,没有方向了就找个当地人问问景点,饿了就钻进热闹小巷里体验一下当地美食,累了就歇一歇,平均300元就能享受大城市可能要花费5倍才能享受的酒店服务。当景点因商业化变得千篇一律没有惊喜,当网红打卡地被人山人海淹没,旅游回归了最本真的形态,轻松舒适成为最重要的追求。在"摆烂式旅游"里,目的地是哪里不重要,有没有收获也不重要,能轻松就好。

3."寺庙游"

当人们逐渐习惯年轻人的"躺平"和"摆烂"时,年轻人又涌进了寺院。2023年,随着旅游业渐渐复苏,"寺庙游"成为不少年轻人的新选择。根据巨量引擎的数据,自2023年开年至3月22日,"寺庙"关键词的搜索指数同比增长600%以上,其中有44.3%的搜索者是30岁以下的年轻人,而18岁至23岁年轻人群的偏好度更是高居榜首,寺庙成了年轻人的新宠。参拜、义工、短期禅修营等新鲜玩法成为消解求学、就业和生活等压力的出口。不断创新的寺院文创产品和旅行套餐,也吸引了青年游客的关注。

4."特种兵式旅游"

随着旅游业的复苏,高喊"躺平""佛系"的年轻人又一下变得疯狂。坐夜班火车、目的地暴走、精准计算时间、拍照打卡分享,"特种兵式旅游"在大学生中流行开来,他们利用周末或节假日,用尽可能少的时间游览尽可能多的景点。以2023年清明假期为例,4月4日至5日,同程旅行平台上,62%的"00后"游客选择了夜间(晚9时至早9时)出发的航班和火车,近三成"00后"游客一天之内打卡超过4个景区,"宁可鞋底走穿,也要把景点看完"。北京、重庆、武汉、西安等景点相对密集、火车高铁和市内公共交通便利的旅游城市成为大学生热门打卡目的地。这样的反向旅游,更像是一场极限挑战,却让不少年轻人从中体会到了"诗和远方"。

寻找小众个性的地方,看不一样的风景,为一个音乐节、一座博物馆、一次灯光盛宴而奔赴一座城市,玩出独特新鲜的体验。从城市考古到后备箱集市,从陆地冲浪到沙漠观星,从房车自驾到自然探险,看上去流行趋势好像一变再变,但是青年游客们对满足感的追求一直都在。年轻人不是故意标新立异,他们只是想躺得更舒服、行得更方便、活得更自由。简言之,青年一代想通过旅游缓解长时间工作、学习的压力,释放疲惫的身心,回归到注重个体内在感受的旅游,并在旅游中不断融入更高层次的精神文化追求。

（资料来源:张琳琳,《浅谈青年反向旅游现象》,载于《中国旅游报》2023年7月14日第3版,内容有删改。）

模块一 认识旅游的本质

一、旅游本质的认识框架

本质是事物本身所固有的根本属性,或者说是潜藏于现象下的终极原因与必然形成条件。旅游是一种复杂的社会现象,在现实中会呈现出多种表现形式,正如案例导入中所描述的,旅游有纷繁多变的表现形式。旅游本质是指旅游的内核,它能够将旅游与其他事物区分开来,让我们透过表象,甚至是看似矛盾的表象,看到其共同的内核,从而确定某些现象就是旅游。

旅游的本质是一种非惯常的愉悦体验。这一本质可以从休闲、审美、文化、经济等各个角度进行揭示,这些角度构成了旅游的基本属性。旅游的本质决定了作为一种人类活动,旅游在空间、时间、目的等方面的主要特征,而这些特征又决定了旅游者的行为倾向。旅游者的行为倾向体现在各种现实现象中,形成了现象与旅游本质之间的关联。旅游的本质决定了旅游的主要特征,通过旅游的主要特征我们能够判断哪些现象属于旅游。旅游的本质、旅游的属性、旅游的特征以及旅游者的行为倾向,是本质与现象之间的层层逻辑关系,构成了对旅游本质的认识框架(见图2-1)。

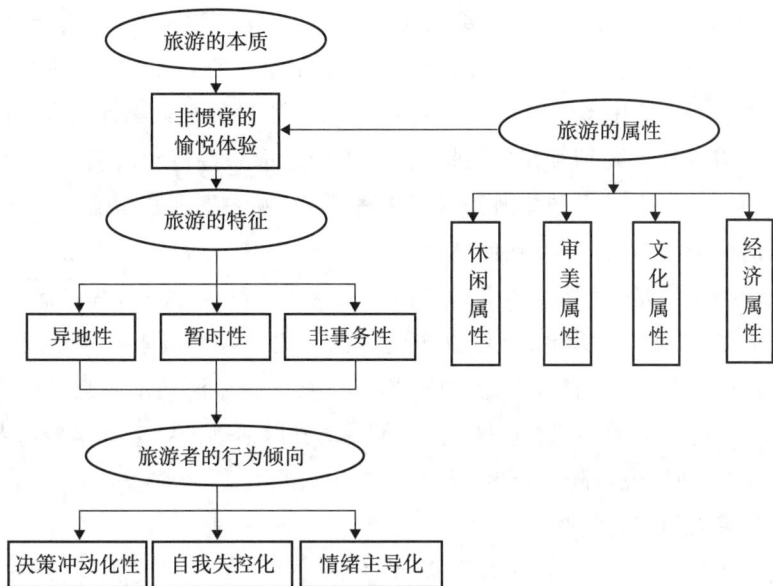

图 2-1 旅游本质的认识框架

（一）旅游的愉悦本质

旅游从根本上讲是一种以获得愉悦为目的的过程。无论是从旅游者进行旅游活动的目的,还是从旅游活动的过程,以及从旅游结束后旅游者的回忆来看,都离不开人类对愉悦的追求。旅游活动中的感官刺激、需求满足和审美体验等,都会引起旅游者生理、心理以及审美上的反应,从而催生旅游者的愉悦情感。

1. 旅游带来的生理愉悦

人们的生理愉悦,主要源于美好事物对感官的刺激,以及肌体运动给身体带来的舒畅感觉。在旅游活动的开展过程中,旅游者追求旅游目的地的各种美好事物,人的五类基本感官不断获得相应刺激,生理愉悦也随之产生。例如,在视觉上,旅游景观被旅游者的视觉捕捉、记忆并与已有经验进行对比,无论是雄伟壮丽、新奇险峻还是清秀婉约的景观都能让旅游者产生视觉愉悦;在听觉上,旅游场景中的各种声音,从自然之音到市井嘈杂,都可能让旅游者产生听觉愉悦;触觉上的愉悦是不同材质的物质与人体摩擦所产生的,细腻的沙滩、温暖的阳光、清爽的凉风等都会引起触觉愉悦的产生;味觉上的愉悦在于酸、甜、苦、辣、咸五味之间的协调,旅游中的各种美食给人们带来了味觉上的生理愉悦;在嗅觉上,食物的飘香、泥土的清新、鲜花的芬芳等都能使人们产生嗅觉愉悦。除此之外,在旅游过程中,人们不断地从一个空间移动到另一个空间,人的肌肉与骨骼始终保持着有机运动,也会产生生理上的快感。

2. 旅游带来的心理愉悦

心理学认为,愉悦的产生在于心理需要的满足。旅游活动的发生首先也是旅游者对旅游活动产生了某种心理需要,旅游活动的完成也意味着这一旅游需要的满足,至少是部分满足,愉悦感也就随之产生,实现了旅游的心理愉悦。现代社会旅游之所以成为人们生活中不可或缺的一部分,就在于物质的极大丰富使人们的需求从基本的生理需求发展到精神需求,进而促使人们采取一些行动去满足心理需要,旅游就是其中之一。现代人的旅游需求有多种原因,或许是逃避枯燥的日常,或许是缓解工作的压力,亦或许是孤独使然,无论是为何旅游,经过一次旅游后,以上需求都或多或少得到满足,而需求的满足可以带来愉悦。即便旅游过程是痛苦的,只要能让旅游者的需求得到满足,也可以产生愉悦。比如各种极限或探险类的旅游活动,参与者费心费力甚至冒着生命危险参与其中,这类旅游活动的意义归根结底在于参与者通过此类活动挑战自己的极限,每一次旅游活动的结束都是参与者自身极限的一次提升,而愉悦也随之产生。

3. 旅游带来的审美愉悦

愉悦的产生,从美学角度来看,是因为人们有了欣赏美的意识。旅游过程必然伴随着旅游者对美的欣赏。尽管并非所有的人在旅游过程中都能自觉追求审美,但审美体验总是贯穿于旅游活动之中,旅游者对目的地风土人情的好奇、对名山大川的赞叹、对地方建筑的痴迷,都是其审美表现。旅游者的审美体验是愉悦产生的重要源头,但并不是只有美的事物才能产生审美体验,丑恶的事物在特定情境下也可能是旅游者审美的对象,旅游者从对丑恶事物的审美中所获得的愉悦,类似美学中人们从对悲剧的审美中获得的愉悦。悲剧带给人的是特殊的情感,对悲剧的审美能使人们认识到实现理想或寻求幸福的道路上充满曲折,需要付出高昂的代价。在此过程中,人们的坚贞不屈也是悲剧的魅力所在,正是通过对悲剧的审美,人们才会更加珍惜当下的美好生活。比如,旅游者参观战争遗址、侵华日军南京大屠杀遇难同胞纪念馆、侵华日军第七三一部队罪证陈列馆、5·12汶川特大地震纪念馆等,在这些地方旅游者获得的不是低级的感官冲击,而是一种悲悯、同情以及强烈的爱国情怀等。旅游的愉悦性并不局限于对真善美事物的审美所带来的快感,也包括对一些悲伤的、丑恶的事物的审美所带来的体验。

【知识关联】

美学中的喜剧美和悲剧美

美学对悲剧的关照丝毫不亚于喜剧,西方美学尤甚,亚里士多德赞赏悲剧美为崇高的诗。悲剧的美,主要表现在某些历史发展的必然挫折、重大灾难等方面,悲剧对人们的感染经常以庄重肃穆的形式震撼人心,悲剧给人的感觉与喜剧完全不同,喜剧中的美是受到保护的,而悲剧的美却受到丑恶的摧残和压抑,所以,人们在欣赏喜剧时用笑声来吐露情感,欣赏悲剧时用肃穆甚至哭泣来慰藉心灵。悲剧带给人的是特殊的情感,有学者称其为痛苦的审美愉悦。悲剧是在毁灭的形式中肯定有价值的东西，同时也是对丑恶事物的揭露，人们在看了一出悲剧后常常能够反思悲剧背后的一些东西，从而汲取教训并避免重蹈覆辙。也因如此，人们常常在观看悲剧之后能够感受到精神上的快乐和愉悦，悲剧的审美愉悦和积极意义也正在于此。

（资料来源：张高军、吴晋峰，《再论旅游愉悦性：反思与解读》，载于《四川师范大学学报（社会科学版）》2016年第1期，第50-56页，内容有删改。）

总之，旅游的愉悦性不仅产生于感官刺激，还产生于旅游者高级的心理需求的满足；不仅源于对美好事物的审美，也源于对丑恶事物的审美；不仅包括通俗愉悦，还包括高雅愉悦。无论怎样，愉悦是旅游的本质要求。

（二）旅游的非惯常本质

"非惯常"与"惯常"相对应，指与人们日常习惯状态不同。旅游的非惯常性包括两层含义：一是非惯常环境；二是非惯常行为。

1. 非惯常环境

旅游是在非惯常环境中的活动。惯常环境是个体的日常工作（或学习）环境、日常居住环境、日常人际交往环境的总和。非惯常环境则指人们生活环境中除惯常环境以外的部分。惯常环境是一个熟悉的、现实的日常生活空间，它稳定、持久，受客观条件的影响；而非惯常环境是一个充满心理期待和想象的建构空间，是临时、短暂、受主观愿望支配的。有关非惯常环境的理解，首先要明确，对于不同个体非惯常环境的内涵是不同的，因为每个人熟悉的生活环境都不相同，与之对应的非惯常环境自然也因人而异，比如大型卖场对于经常采购的妈妈来说是惯常环境，而对于不常采购的孩子而言则是非惯常环境。其次，非惯常环境与人们对环境的熟悉度相关，与人们的空间移动距离并不直接相关。现代社会，便捷的交通极大地扩大了人们的惯常环境范围，距离远并不必然意味着不熟悉。比如在北京—天津、上海—苏州双城通勤的人群，再比如经常往返于各地的空乘人员，他们都跨越了较远的空间距离，但并没有处于非惯常环境中，他们的出行不能称为旅游。而距离近的空间移动也可能进入非惯常环境，比如每天光顾的早餐店突然翻新改造也会成为一个不熟悉的非惯常环境，再熟悉的城市也存在邻近但非惯常的角落，这就解释了近些年火起来的城市漫步为什么被人们称作"微旅游"。

2. 非惯常行为

在旅游过程中，人们通常会做出非惯常行为，尝试日常没有做过的事是旅游者的追求。例如，旅游者会参与地方民俗或节庆活动，会体验非遗，甚至其他人的日常工作也可以吸引旅游者，比如乡村旅游中颇受欢迎的农事体验、影视城中的表演体验等。在旅游过程中,哪怕是日常生活中的必要活动,旅游者也会追求非惯常的体验。比如,同样是吃,旅游中人们会放弃日常饮食习惯,尝试没有吃过的地方美食或者接受不同的饮食礼仪;同样是行,旅游中人们会追求日常没有的交通方式,比如索道、滑竿;同样是住,标准化的酒店现在已经不受追捧,有特色的民宿越来越受旅游者的欢迎;同样是购,地方特产和旅游纪念品往往颇受旅游者的偏爱。

二、旅游的基本属性

旅游具有休闲、审美、文化和经济属性,这些属性在不同层面上诠释着旅游的本质。

(一)休闲属性

旅游与休闲本质同一,休闲属性是辨识旅游的试金石。休闲是指在非劳动及非工作时间内以各种"玩"的方式求得身心的调节与放松,达到生命保健、体能恢复、身心愉悦等目的的一种业余生活。旅游的本质是非惯常的愉悦体验,它实质上是人们的一种异地休闲活动。

1.休闲是旅游的主要目的与归宿

旅游是休闲活动的一种主要形式,是人类实现休闲目标的方式之一。旅游的目的是借助各种可以怡情悦性的活动达到愉悦体验。旅游与为谋生而进行的劳动截然不同,也不是为维持生存而必须从事的活动,如睡觉、吃饭、操持家务、社交应酬等。旅游与劳动和谋生的对立,与休闲完全一致,旅游与休闲都是与日常生活、工作背反的另类生活方式。旅游与休闲一样,以愉悦为目的,不是人类生存的手段,而是生存的目的。

2.旅游是发生在自由时间或闲暇时的活动

休闲是发生在自由时间的活动,自由时间包括每日余暇、周末公休日、公共假期和带薪假期,而旅游发生的必要条件是具备闲暇(自由时间)、闲钱(自由支配收入),人们的旅游必然是在自由时间进行的。与发生在自由时间的其他休闲活动相比,旅游的特殊性表现在旅游必然在非惯常环境中进行,以及用于旅游的自由时间相对完整,是整块的时间。

3.一次旅游活动通常包含众多休闲活动

旅游发生在生活的休闲阶段,在旅游期间,旅游者的所有活动几乎都是休闲行为,如观光、游览、运动、观看演出、聊天等,甚至满足生理需要的吃、睡等活动,也尽可能具有消遣功能,带来愉悦感受。应该说,旅游是把休闲放到一个非惯常环境中,从而获得不同于日常休闲的体验。

(二)审美属性

旅游在根本上是一种以追求愉悦为目的的审美过程,在实践环节上表现为一项综合性的审美体验。

1. 旅游者追求审美享受

出于对身心愉悦的追求,审美享受不仅是旅游者的普遍动因,也是旅游者的旅游目的。审美活动贯穿于旅游活动的全过程,在旅游开始前,大多数旅游者对旅游目的地产生兴趣多是源于目的地的美景;在旅游过程中,旅游者无时无刻不在追求美的享受;而在旅游结束后,旅游者频频回忆、流连忘返的还是旅游过程中的美食、美景、美事。审美渗透于旅游活动的一切领域,无论是基础的餐饮、住宿、交通,还是主要的游览、娱乐,旅游者在方方面面都有审美享受的渴望。

2. 旅游资源多为美的载体

旅游资源本身就是美的载体,凡能被列入旅游资源的,多是美感特征强烈、极具感召力的事物和现象,可以满足旅游者不同层次的各种审美需要。

(三) 文化属性

文化是旅游的灵魂,旅游活动本身就是一种文化交流。旅游者参与的一切活动在一定程度上都是文化活动。

1. 旅游活动是文化驱动的结果

旅游是人们的物质生活水平提高后的一种文化生活需要,旅游的文化属性体现在旅游者的精神享受上。一方面,旅游需求的出现依赖于特定的社会文化背景,比如教育的进步、科技的发展等,这些促使人们产生了看世界的动力;另一方面随着物质的丰富,旅游者对旅游文化内涵的要求越来越高,没有文化的旅游活动是无法满足旅游者需求的。

2. 文化是吸引游客的核心要素

古今中外的旅游者无不对异国他乡的文化存在强烈的好奇心,文化本身就是旅游者的游览对象。从实物形态的文物古迹,到无形的民俗风情,文化已经成为旅游开发中不可或缺的基本要素。

3. 旅游是文化的组成部分

通过旅游活动,旅游者不仅观察、了解到目的地的文化,也将客源地的文化习俗等带到异国他乡,从而形成文化的互动和交流,实现不同文化之间的相互碰撞、交流、融合。这也是新文化整合形成的过程,旅游本身就是人类文化的组成部分。

【专家剖析】

旅游就是一种"玩"文化

人们最熟悉的旅游活动莫过于游览名山大川。名山大川之所以出名,除了它的地貌特征等自然属性,主要还是靠文化。因为有名人去了,留下了名诗、名画、名联,才有传唱,才有故事,才有千年流芳,才能吸引人去旅游。何谓文化?文化就是"人化",它由群众创造、名人总结、名人推动。没有人的活动,没有人创造的文化,旅游就失去了重要资源、主要依托。

"文化使旅游更精彩。"首先,有文化的旅游才有噱头。一个有文化的景区或是反映一段历史,或是展现一种文化,或是展示一种风土人情、民风民俗,它能使人们在游玩过程中得到知识的熏陶。其次,有文化的旅游才有"味道"。文化景区往往包含着许多历史事件、名人轶事,要么惊心动魄、摄人心魂,要么情意绵长、催人泪下,使旅游有"味道"。因此,人们在开发旅游产品时,总是千方百计地挖掘文化,打造文化。如果说旅游就是"玩",那么它"玩"的主要还是文化。这种"玩",不是"玩物丧志",而是"玩物励志"。它玩出愉悦心情,玩出健康体魄,玩出经济发展,玩出社会和谐。

旅游这种"玩"与文化发展的关系密切。首先,旅游创造文化。从旅游的发展说起,中国最早开创旅游活动的群体恐怕要算那些文人墨客,那些满腹经纶、风流倜傥、闲情悦志之士,或独行天下,或结伴而行,遍游名山大川,遍访名胜古迹。每到一地,以文会友,以诗言志,以题留名。他们的这种"玩",创造出了灿烂的旅游文化。其次,旅游创造文化还体现在产品的开发上。如三亚的南山海上观音景区,把一个口头流传的故事用景观表现出来,使非物质文化物质化;再如迪士尼乐园,创造出了一种游乐文化。

旅游业发展至今,对文化的发掘、利用、展示已然被更加重视,文化传播、交流的功能更加显现,特别是依托文化资源开发的旅游产品,更是成为向人们展示文化、传播文化的一种更有效、更直接、更受欢迎的载体。而且旅游是一种快乐的传播方式,它寓教于乐、寓学于乐,让人们在快乐中接受知识,在享受中学习文化,不但自愿,而且乐意。简单来说,旅游就是要让人们觉得"好玩"并且"玩好"。实现这样的"好",旅游就是一种文化了。

怎样才能"好玩"并且"玩好"?

首先,要玩得轻松。旅游是一种休闲,人们出去旅游,追求的是一种放松,他们需要释放压力,放飞心情。这就需要在旅游产品设计上,在旅游环境营造上,在旅游线路编排上,在旅游活动安排上,都满足这种需求。这就需要做好研究,要研究环境学,研究美学,研究旅游产品怎样适应人的需求,研究人们怎样旅游才能感到轻松愉悦。这其中任何一个环节、一项内容,无不闪烁着文化的光芒。

其次,要玩之有"味"。趣味是一种"味",品味是一种"味",给人们提供视觉、听觉等感官上的美感是旅游产品的本质要求,精品意识、品质意识是旅游人始终需要确立的,只有这样,旅游才能品之有"味"。而做到这些的过程,就得运用文化、发展文化、创造文化。回味是一种"味",旅游要做出回味才算真正有"味"。这就要研究游客,研究产品,研究什么样的东西游客一次看不够、玩不够,看了还想看、玩了还想玩。这些研究,其实质就是一种文化研究。

最后,要会玩。对旅游者而言,会不会玩,也能体现文化。会玩的游客,会正确地确定出游的动机,理智地选择需要的旅游产品,科学地选择出游时机,认真地选定旅游目的地,合理地安排旅游路线,清醒地选择能够接受的价位。要做到这些,需要知识的积累,需要丰富的阅历,也需要做相应的研究。

(资料来源:欧阳安,《旅游就是一种"玩"文化》,https://vip.chinawriter.com.cn/member/ou630326/viewarchives_13528.html,内容有删改。)

(四) 经济属性

旅游是人的空间移动,从而产生了人流,人流就意味着商机。在旅游过程中,旅游者除了需要满足日常生活的产品和服务,由于进入不熟悉的非惯常环境,还产生了应对非惯常环境的产品和服务需求。旅游活动离不开各种商品和服务的交换,因此,旅游具有显著的经济属性。

1. 旅游是消费行为

旅游的目的是追求愉悦,与劳动创造财富的目的大相径庭。在旅游全过程中,旅游者不创造任何外在的可供消费的资料,却要消耗自身的积蓄和他人的劳动成果,同时也在消磨本可以用于创造财富的生产时间。因此,旅游是典型的消费行为。

2. 旅游活动需要各行各业的商品和服务供给

旅游者的到来对目的地的经济产生直接影响。旅游者在旅游过程中有各种各样的需求,这些需求的满足都需要相应的供应商提供产品与服务,这种供求关系非常明显。旅游业与各行各业广泛关联,旅游业已成为我国国民经济的战略性支柱产业。尽管旅游者的行为不涉及生产,但是旅游活动需要各种供给,旅游的经济属性是显而易见的。

三、旅游的主要特征

基于旅游非惯常愉悦体验的本质,旅游具有空间上的异地性、时间上的暂时性和目的上的非事务性三大主要特征。异地性意味着旅游发生在非惯常环境中,暂时性表示旅游的时间有限,迥异的环境和有限的时间会自动形成一种体验氛围或情景,这是旅游者产生超越日常生活美妙体验的前提条件,处于这种情景中的旅游者践行、经历、体验与日常生活迥异的事情,从而获得身心的愉悦和满足。

(一)异地性

异地性特征对应的是旅游本质中的"非惯常环境"。异地性决定了旅游者所面临的环境是与日常生活完全不同的。正如前文所讨论的,异地性虽然是空间特征,但并不能够通过距离进行评判,异地应该以个人的内心体验来考量,每个人对"异地"的心理感知距离都会有所不同,但可以通过数据规律来观测和研究旅游群体对于"异地"的心理感知的近似性。旅游的这种异地性对每位旅游者而言都是不断变化的,人们正是通过旅游的异地性,不断满足自己求知、审美和享受的欲望。

(二)暂时性

一方面,旅游是人们在自由时间进行的休闲享乐活动,旅游活动时间应是人们的活动时间谱中除去工作和劳动时间后的自由时间,人的自由时间是有限的。另一方面,惯常是常态,人们旅游一定是暂时地离开惯常环境,如果永久地待在某处做某事,那么所谓的"非惯常"也就变成了"惯常"。因此,旅游是人们短期或暂时在外停留的行为,旅游在时间上具有暂时性的特点。暂时性决定了人们对旅游过程的回忆是有限的、非日常的,这也构成了旅游愉悦体验的来源。

(三)非事务性

从目的上来讲,旅游的目的是获得愉悦体验,与工作不同,旅游不为谋生、不为利益,旅游是一种非工作状态、非职责性活动,是摆脱了职业或职责束缚的带有"身心自由体验"性质的异地休闲活动,是对惯常生活状态和日常事务境遇的暂时逃离,是一种映射人类天性的生命自由活动。这决定了旅游具有非事务性。旅游的魅力在于其拥有与日常生活世界完全不同的自由空间,在旅游世界里,旅游者可以抛开日常推脱不掉的职责,摆脱日常生活中的各种羁绊,卸下平时不得不戴的角色面具,回归本真的自我,处于一种超于日常的自由状态,也只有在这样的状态中,才能达到旅游的愉悦目的。其他具有任务、职责性质的出行活动,比如出差、参加会议、政务出行等,并不是真正意义上的旅游,只不过在现代社会,这些活动过程中总会伴随一些以愉悦为目的的游览活动。在这种以各种事务为目的的异地活动中,只有追求愉悦的游览活动这一小部分属于旅游。

如果旅游的时间不是短暂的、空间不是相异的、目的不是非事务性的,那么所谓的旅游就无异于旅游者的日常生活,便无法达到愉悦体验的目的,一切便不再具有旅游的本质。目的上的非事务性将旅游与其他非休闲活动区分开,空间上的异地性和时间上的暂时性则将旅游与休憩、娱乐、读书、听音乐、看电视等其他休闲活动区分开来。异地性、时间性和非事务性这三大特征可以作为判断旅游的显性标准。

【专家剖析】

使用三大特征判断一个现象是不是旅游

一个极端的例子，航空或铁路等交通行业的乘务人员到了异地之后，与朋友一起在当地的咖啡馆喝咖啡、聊天，或者到当地的电影院看一场电影、在音乐厅听一场音乐会，这种现象是不是旅游？首先，从异地性来看，由于这些乘务人员工作的特殊性质，这些活动并不是发生在他们"工作环境之外的地方"，不符合异地性的标准；其次，从暂时性来看，虽然看电影、喝咖啡等活动是暂时发生的，但并没有脱离乘务人员的惯常状态，也不符合暂时性的标准；最后，从非事务性来看，这些行为并没有完全脱离工作职责的束缚，这些乘务人员来这个"异地"的主要目的是履行工作职责，因此也不符合非事务性的标准。

（资料来源：曹诗图，《旅游哲学研究基本问题与理论体系探讨——与张斌先生商榷》，载于《旅游学刊》2013年第9期，第94—101页，内容有删改。）

四、旅游者的行为倾向

旅游的异地性、暂时性和非事务性说明旅游是正常生活之外的一种状态，异地性意味着旅游者对所处环境并不熟悉，暂时性意味着旅游这段时间对于旅游者来说是稀缺的，非事务性则意味着旅游者有机会放弃日常的规则、职责等。由此，旅游的三大特征往往会诱发旅游者产生与日常不同的行为表现，主要包括决策冲动化、自我失控化和情绪主导化。

（一）决策冲动化

在旅游过程中，旅游者身处非惯常环境，需要接受和处理大量陌生信息，同时要在不熟悉的环境中和时间稀缺的情况下做出决策。在这种情况下，人们往往没有时间对决策信息进行深入分析并做出理性决策，旅游者通常利用过往经验快速决策，但是处于非惯常环境中，根据过往经验并不总能得到合理的结果，于是旅游者的决策行为往往较为冲动化，最典型的表现就是冲动购买、非理性消费、穷家富路等。旅游者在旅游过程中的消费具有明显的挥霍倾向，很多日常节俭的人，一旦身在旅途，就表现得一反常态的慷慨大方，这种行为无论是旅游商家消费诱导的结果，还是羊群效应导致的盲从，都说明相比于日常决策，旅游过程中的决策较难保持理性，更具有冲动化的特征。

（二）自我失控化

在日常生活中，人们的行为遵循常规社会准则，人们会考虑个人行为对他人和社会的影响,惯常环境中的人与事往往对人们的行为有规范、监督作用。旅游是日常生活的"逸出",旅游的异地性和暂时性使得人们更容易释放人的自利本能,让人们的行为冲破日常规范限制。对愉悦的追求以及目的上非事务性,让旅游者更容易忽略外在规则与束缚,提高了旅游者行为的自由度,甚至让旅游者产生"没有什么不可以"的心理暗示。在这种情况下,旅游者的行为呈现出自我失控化的倾向,旅游中的各种不文明行为就是典型自我失控化的表现,比如在公共场合大声喧哗、乱扔垃圾、乱穿马路、乱挤插队等。

(三)情绪主导化

在日常生活中,人们通常能用理智控制情绪,避免情绪主导行为。而在旅游过程中,异地性和暂时性带来了大量陌生而新奇的感官刺激,人的情绪在感官的强烈冲击之下会反应激化,剧烈的情绪反应会导致理智对情绪的控制失效。同时,以愉悦为目的的旅游者也会不自觉地放松对情绪的控制,这些都使旅游者的行为表现为情绪主导化,旅游者在旅行中更容易产生情绪波动。比如,面对自然景观、历史遗迹莫名地感动落泪,参与民俗活动、非遗体验时异常兴奋等。

【慎思笃行】

不文明旅游行为害人害己

2023年暑期,新华社曝光了一批旅游不文明行为。暑期是旅游旺季,大多数游客都能在旅行的同时自觉遵守公共秩序,积极践行文明旅游风尚,但仍有小部分游客存在严重的不文明行为,为美丽的景区带来了不和谐的"音符"。

不文明事件一:游客踩着丹霞地貌拍照

2023年7月23日,在甘肃张掖5A级景区——张掖七彩丹霞旅游景区,发生了游客翻越围栏拍照、踩踏丹霞地貌事件。经相关部门调查,该游客进入的区域是彩色丘陵保护范围,行走的山脊被黄土覆盖,未造成丹霞地貌实质性损害,但其行为违反了《张掖七彩丹霞保护条例》和《中华人民共和国治安管理处罚法》的相关规定。景区派出所依法对该游客处以200元的罚款。该游客也深刻认识到了自身行为的错误性和严重性,并公开致歉。

不文明事件二:游客翻越围栏观潮

钱塘江大潮有着"天下第一潮"的美称,每年都会吸引许多市民游客前来观潮。2023年暑期一则游客翻越围栏,在岸边近距离观潮时被潮水卷入摔倒的视频在网上流传。视频中,一个潮头打来,堤坝下的游客们都开启了"飞奔"模式,但是不少人的速度比不上冲上岸来的水流,被卷入水中摔倒。

　　不文明事件三：游客为逃票，拆除古城墙城门门槛

　　2023年7月28日，有网友反映称多名游客把西安城墙一处城门的门槛卸掉，从门底下的缝隙中逃票钻进去游览城墙，引发全网关注。事后，西安城墙景区管理方回应，当天该处城门处于封闭状态，事发后已第一时间到现场查看，因旺季游客众多，且这几名游客的雨衣遮住了面部，目前暂未找到，如找到私拆门槛的游客会对其进行宣教。

　　（资料来源：上观自媒体，https://sghexport.shobserver.com/html/baijiahao/2023/09/01/1112923.html，内容有删改。）

| 知行合一

模块二　旅游的定义及类型

　　旅游的定义分为技术性定义和概念性定义。旅游的技术性定义属于操作层面，作用是解决实践中的统计问题，规范统计口径，便于旅游统计的实施，以及满足法律和行业管理上的需要等。但技术性定义由于不是基于旅游本质的定义，应用于科学研究时存在局限性。旅游的概念性定义是理论层面的，在于提供一种观念性的理论框架，用以认识旅游的本质。概念性定义是旅游科学研究的基础，更是旅游学科的构建基石。

一、旅游的技术性定义

（一）世界旅游组织对旅游的定义

　　世界旅游组织《2008年国际旅游统计建议》(*International Recommendations for Tourism Statistics 2008*)是目前最新版本的国际旅游统计文件，它由世界旅游组织拟定，联合国统计委员会审核颁布。该文件从多个方面阐述国际旅游统计的相关概念。首先，旅游(tourism)是一种社会、文化和经济现象，涉及人员向其惯常居住地以外的地方移动，通常以娱乐为动机。但该文件中并没有明确什么是"惯常居住地以外的地方"。其次，国际旅游统计聚焦于游客(visitor)，旅游是被确定为游客的人员所从事的各种活动，游客(visitor)是旅行者(traveler)的一部分，旅游是旅行的一部分。再次，游客是为度假、休闲和娱乐、商务、健康、教育或其他目的旅行的人，不包括在被访问国家或地点受聘于某个居民实体的旅行者；游客指出于以上目的，在持续不足一年的时间内，出行到其惯常环境之外某个主要目的地的旅行者。最后，旅游性出行的类型包括：个人目的的出行，如度假、休闲、娱乐、探亲访友、教育和培训、保健医疗、宗教朝觐、购物、过境（停留）及其他；商务和职业目的的出行。

（二）我国旅游统计对旅游的定义

我国 2020 年制定的《全国文化文物和旅游统计调查制度》并没有对旅游进行定义,但是对游客做了界定。游客指任何为观光游览、休闲度假、探亲访友、医疗康养、购物娱乐、学习交流、会议培训或开展经济、文化、体育、宗教等活动,离开常住国(或常住地)到其他国家(或地区),出游时间超过 6 小时,但不足 12 个月,出行距离超过 10 千米,并且在其他国家(或地区)的主要目的不是通过所从事的活动谋取报酬,并在目的地不形成雇佣关系的旅游者。游客不包括因工作或学习在两地有规律往返的人。

（三）旅游技术性定义的作用与特点

世界旅游组织《2008 年国际旅游统计建议》中明确了国际旅游统计的目的,即鉴于旅游会对经济、自然环境、人工环境、到访地的当地人口和游客本身产生一系列影响,而要对旅游的发展、管理和监测进行全盘考虑。决策者为更好地制定与实施旅游政策,制定营销战略,需要获得更多、更可靠的统计资料。为了给各国确定旅游统计制度提供一个共同的参考框架,该文件为各国提供了一个具有内部一致性的定义、概念、分类和指标体系,该体系有助于与旅游卫星账户、国民经济账户、国际收支和劳工统计等概念框架建立联系,从而帮助各国获取更准确的旅游数据。

正是为了便于数据统计,旅游的技术性定义必然需要能够将游客与非游客区分开的指标,出行距离、时间和目的便成为国内外旅游技术性定义的主要评判指标,这与旅游的三大特征相吻合。但是,异地性、暂时性因人而异,而旅游统计需要统一的标准,因此,旅游技术性定义通常会将距离和时间量化,以便旅游统计能够实施。在目的性上,旅游技术性定义扩大了旅游的概念,将商务和职业目的的出行也归入旅游的范畴,这与旅游本质中的愉悦体验和旅游的非事务性特征相矛盾。因此,目前采用的旅游技术性定义,虽然有利于旅游统计的落实,也有利于凸显旅游产业对国民经济的影响,但是对于理论研究,技术性定义在逻辑上并不合理。

【专家剖析】

商务旅游应该叫作商务旅行

世界旅游组织将商务旅游定义为:出于商业的目的,人们到达并在非居住地停留的活动。严格地讲,现行的"商务旅游"概念是不科学、不严谨的,在理论上也是难以成立的。即使商务旅游的概念能成立,商务旅游也应是指商务人士在商务活动过程中所产生的旅游行为或附带进行的旅游消费活动。可以这样认为,如果一个人去外地参加商务活动,完全只是进行商务工作,而没有任何观光游览、休闲度假活动,他自然只是一个"商务旅行者",而不是"商务旅游者"。如果他在商务活动的同时,还参加了游览观光、休闲度假等旅游活动,那么,他属于"商务顺带旅游者"(在商务旅行中伴随或嵌入了旅游活动的人)。他在从事商务活动的时候,是作为商务活动的参加者而存在的;他在参加旅游活动的时候,是作为旅游者而存在的。在此次活动中,他同时有两种身份:商务活动者参加者和旅游活动参加者。尽管他的后一种身份不应是主要的,但旅游业所关注的应是他的后一种身份。但是,实际操作中很难将一个人的两种身份区分开来。类似地,要把那些完全不参加旅游活动的"商务旅行者"和"商务顺带旅游者"区分开来,也是一件极其困难的事情。因此,就出现了把所有的"商务旅行者"当成"商务旅游者"的局面。要改变这种状况,可能需要统计部门进行研究和多做一些工作。比如,采用比较科学的方法通过对某区域酒店等行业的"商务旅行者"进行抽样调查,得到"商务旅行者"中参加了旅游活动的人的比例及相关的旅游统计指标,从而估算该地"商务顺带旅游者"的数量及相关的旅游统计数据。当然,即便这样做,也只能得到大致估算的数据,而无法得到完全准确的数据。但通过上述方法进行统计与估算,至少要比目前的泛化统计方法科学和准确得多。

（资料来源:曹诗图、许黎,《对商务旅游概念的质疑与澄清》,载于《地理与地理信息科学》2016年第2期,第116-120页,内容有删改。）

二、旅游的概念性定义

旅游的概念性定义体现了人们对旅游本质的认知,学术界对于旅游的概念曾经莫衷一是,而今随着旅游学的成熟,人们对旅游的理解渐趋一致,旅游的概念性定义也逐渐清晰。旅游是个人利用其自由时间并以寻求愉悦为目的而在异地获得的一种短暂的休闲体验。这个定义强调了以下几方面内容。第一,旅游的根本目的在于寻求愉悦体验,这是旅游最本质的规定性,是所有旅游都具备的统一内核。旅游体验不仅仅是一种时间流程,更是一种精神追求、价值实现和情感洗礼。第二,旅游是一种个人的行为,至少在某个环节上表现为个人有目的、有计划、能加以决策的主动行为。第三,旅游是一种休闲,或者说,旅游是休闲行为的一种,休闲是比旅游更大的范畴。但是,旅游却是一种十分独特的休闲方式,这种独特性体现在旅游这种活动总是嵌入一个非惯常的环境背景中,这是旅游的独特魅力所在。第四,旅游的两个突出的外部特征是异地性和暂时性。旅游的异地性使旅游区别于一般的日常休闲,而旅游的暂时性则使旅游与某些毕生性以及职业性的幸福追求有所区别。第五,定义旅游的关键词是愉悦、余暇(自由时间)、异地、暂时、休闲和体验。愉悦属于目的性范畴;休闲和体验有时就是目的本身,有时则表现为工具或途径;而余暇(它同时限定了旅游的暂时性和休闲性特征)和异地是旅游的两个外部特征。

三、旅游与迁徙、旅行的关系

迁徙、旅行和旅游都是人类的空间移动现象,但它们并不完全相同,有着本质区别。

(一)迁徙

迁徙是人类的一种最原始、最古老的生存和生活方式。特别是在人类还处于仰赖天然食物的情况下,人们为了狩猎或采摘食物,不得不从一个地方迁徙到另一个地方。即使在人类有了原始的农业以后,最初的那种"刀耕火种"农业,也属于"迁徙农业"。例如,我国古代多山地区,农民播种前,常先伐去林木,烧掉野草,以灰肥田,一般六七年后便因肥力不济而移居异地。古代的牧业,除了农业中的家庭畜牧业,大量的是"逐水草而迁徙"的游牧业。因此,迁徙不是人类简单的流动现象,而是人类为了生存不得不离开原住地而迁往异地的行为。除了天然食物的供给缺乏,人类迁徙的其他原因还有很多,如火山爆发、地震、海啸、森林草原大火、瘟疫等自然灾害以及人类之间的战争和侵扰等。在现代社会,战争原因引起的迁徙也依然存在。

(二)旅行

旅行也是与人类生活紧密相关的一种现象,并且随着社会生产力的不断发展以及人类对外部世界知识的不断积累,旅游的空间尺度也在不断扩大。早在人类培养出审美意识之前,人们就可能经常发生离开其常住地到异地暂作停留,并按计划返回的行为,这便是旅行。旅行可以出于任何目的,包括古代的政治游说、经商、出使、皇帝巡游,以及现代的商务、教育、医疗健康、会议、探亲等,当然也包括出于审美和休闲目的而到异地逗留的情况。

(三)旅游、迁徙和旅行的异同

旅游、迁徙和旅行三者的相同点是,都是人类离开定居地前往异地的行为。也就是说,三者都具有空间上的异地性。但是在出行意愿、停留时间和出行目的上,三者是不同的(见表2-1)。在出行意愿上,迁徙是人类被迫离开定居地的行为;而旅游和旅行都是人们的主动自愿行为。在停留时间上,迁徙是永久地离开定居地,并不计划回来,人们会长久地停留在所达到的异地;而旅游和旅行都是暂时性的,人们都有从异地返回的计划。在出行目的上,迁徙的目的很单一,就是为了生存;旅行的目的则有各种可能,可以是为了谋生,也可以是为了处理特定的事务,还可以是为了休闲娱乐;而旅游的目的就只是愉悦。因此,旅行包含旅游,所有的旅游都是旅行,但并不是所有的旅行都是旅游。

表 2-1　旅游、迁徙和旅行的异同

	迁徙	旅行	旅游
空间移动	前往异地	前往异地	前往异地
出行意愿	被迫	自愿	自愿
停留时间	长久	暂时	暂时
出行目的	生存	任何目的	愉悦

四、旅游的类型

对旅游类型的介绍,我们采用旅游的技术性定义,将当下旅游统计中事务性目的的旅行也涵盖进来,以让人们了解更多当代的旅游活动。旅游是复杂的人类活动,其分类也有多种方法(见表 2-2)。

表 2-2　旅游类型的划分方法

划分方法	举例
按组织形式划分	团体旅游、散客旅游、自助旅游、定制旅游等
按计价方式划分	全包价旅游、半包价旅游、小包价旅游、零包价旅游等
按地域范围划分	国内旅游、国际旅游等
按交通方式划分	航空旅游、铁路旅游、自驾旅游、邮轮旅游、徒步旅游等
按旅游经费来源划分	自费旅游、公费旅游、奖励旅游、社会旅游等
按消费水平划分	豪华型旅游、标准型旅游、经济型旅游等
按停留时间划分	过夜旅游、一日游（不过夜旅游）等
按目的地类型划分	乡村旅游、都市旅游、海岛旅游、古镇旅游等
按出游目的划分	消遣型旅游、事务型旅游、家庭及个人事务型旅游等

在上述分类中,按出游目的划分是比较常见的划分方法,这里进行详细介绍。

（一）消遣型旅游

消遣型旅游,泛指一切因非事务性目的而到访异地的旅游活动。这类旅游活动所涉及的种类很多,主要包括以下几种。

1. 观光旅游

观光旅游通常是指以领略异国他乡的自然风光、名胜古迹或风土人情为主要活动内容的旅游活动。观光旅游是国内外最为普遍的旅游活动类型。观光旅游具有如下一些特点。第一,观光旅游属于旅游活动的基本层次。观光旅游是旅游的原始形态,观光的内容、形式和所需设施都较为简单。第二,参与人员具有广泛性。观光

| 微课 |
| 散客旅游 |

41

旅游参与简单、适应性广,因而男女老幼、各种职业和各种身份的人皆宜,具有大众性。第三,在旅游景区(景点)停留时间较短,属于"走马观花"性质。因此,观光旅游中人们对目的地社会生活的参与度低,活动多是被动式地进行,对一个旅游目的地来说,观光产品难以吸引游客重复购买。

2.度假旅游

度假旅游是以休闲、放松、度假为主要目的的旅游活动,是现代人在紧张工作之余寻求消遣、消除疲劳、增进身心健康的一种方式。度假旅游是现代旅游的重要形式之一。度假旅游的特点如下:第一,旅游者在目的地的停留时间较长;第二,因为停留时间长,旅游者能够对目的地进行深度游览;第三,重复性高,旅游者可能会重复到同一个目的地度假。

3.体育旅游

体育旅游是以参加和欣赏国内、国际各类体育赛事为主要目的的旅游活动。当今社会,体育旅游已成为旅游活动的重要组成部分,滑雪、登山、漂流等都是体育旅游的表现形式。世界各地每年都举办为数众多的各类体育赛事,特别是奥运会、足球世界杯等,作为世界级体育盛会,吸引着成千上万的运动员、教练员、新闻记者和体育爱好者,带动了当地旅游产业的发展,为当地创造了巨大的旅游收入。体育旅游是以体育为载体的旅游活动,体育与旅游关系密不可分,正如世界旅游组织前秘书长弗朗加利与国际奥委会前主席罗格在联合声明中所指出的,体育与旅游具有相同的目的:在不同文化、生活方式和传统之间建立起沟通的桥梁;促进各国之间的和平友好;激励青年人;通过减轻生活压力为大多数人带来娱乐和享受。

(二)事务型旅游

事务型旅游泛指所有因公外出的访问活动,一般包括公务旅游、商务旅游以及会展旅游,近年来研学旅游也逐渐兴起。

1.公务旅游

在我国,公务旅游通常指政府部门、党派组织和社会团体的代表或工作人员因公出访异国他乡的差旅性活动。这类访问活动之所以被纳入旅游活动的范畴,原因是:第一,访问期间大多伴有消遣活动的开展;第二,在目的地停留期间的消费被列入该地的旅游收入账户。在国际旅游方面,虽然公务旅游在全部旅游中所占的比重不大,但各地旅游部门都很重视对公务旅游者的接待。主要因为这类来访者,尤其是其中的政界要员和社会名流知名度高、影响力大,其行踪和活动往往是新闻媒体报道的主要对象。他们的到访客观上会产生公关效应,从而有助于提升目的地和相关接待企业的知名度和社会声誉。

2.商务旅游

商务旅游泛指工商界人士因商务目的而去异国他乡访问的活动。商务性访问被列入旅游统计范畴,其原因与公务旅游相同。商务旅游活动具有重复率高、没有季节性、消费水平高、对价格不敏感等特点。因此,商务旅游是一个颇有价值的市场,尤其是对航空公司和饭店企业来说更是如此。

3.会展旅游

会展旅游是以参加国内外各类会议、展览为主要目的的旅游活动。顾名思义,会展包括会议和展览两个方面。人们在参加会议或观看展览的过程中,会在活动间隙游览当地美景、体验当地文化等。会展的内容很广泛,包括工业产品会展、农业产品会展、商品会展等,这些会展都带有交易和贸易性质。会展旅游也具有多方面特点。第一,高投入。一次大的会展活动特别是世界级的会展,从展馆建设到服务系统的建设与完善,往往需要高昂的资金投入。第二,高收入,高盈利,带动作用强。会展活动能带动交通、旅游、餐饮等产业的发展。第三,重服务。会展服务的好坏直接影响到一个国家和地区的形象,所以要重视场馆设施的完善程度和便利性,注重对外宣传、过程安排及总体服务水平和质量等。第四,重管理。会展作为国家或地方经济和贸易交流的重要环节,历来受到各国政府和地方政府的重视,许多发达国家还设有专门会展管理部门。

4.研学旅游

研学旅游是指人们出于文化求知、实践体验和研究探索的目的,短期离开自己生活的惯常环境,前往异地展开的旅行和逗留访问活动。研学旅游包括夏令营、冬令营、中小学春游秋游,大学生专业认知实习、生产实习、暑期调研、下乡支教等校外实践教育活动,以及其他年龄段人群以研究、学习或实践为目的旅游活动。目前,我国政府正在不断推进研学旅游的发展,各级部门从时间、空间和资源上对研学旅游活动给予支持,研学旅游的受重视程度日益提高。

▎行业资讯

2023—2024
研学旅游消费
人群洞察

(三)家庭及个人事务型旅游

家庭及个人事务型旅游包括外出去他乡参加亲朋好友的婚礼、出席在外求学子女的毕业典礼、利用假期外出参加某种学习或进修班、外出治疗疾病或休养身体以及外出探亲访友等因私的事务型出访活动。

1.康养旅游

康养旅游是在自然生态环境和文化环境中,通过休闲、康体、观赏、游乐等形式,实现强身健体、医疗、康复、延年益寿等目的的旅游活动。康养旅游的特点如下:第一,以增进身体健康为目的;第二,时间较长,一般为2—3个月,多则半年或一年;第三,消费较多,除交通、餐饮消费,还有住宿和医疗费等。

2.探亲访友旅游

探亲访友是因私旅游中较为常见的一种形式,其主要目的有探亲访友、寻根问祖、出席婚礼、探视病人以及佳节团聚等。此类旅游在时间选择上多利用节假日、周末双休日,比如"十一"假期、春节假期、一些带薪假期等。这种旅游皆为因私出行,所以很注重交通工具的选择以及服务价格等。旅游目的是固定的,时间也受到限制。

模块三　旅游作为一门学问

一、旅游学的研究对象和研究内容

（一）旅游学的研究对象

首先,旅游学与旅游不是一回事,旅游学不仅仅研究旅游本身,还要研究旅游引起的现象和各种相关现象之间的关系。其次,旅游学要以研究旅游现象的基本矛盾及其主导方面为核心,研究产生这种矛盾的基础、原因,研究这种矛盾的性质、形态和结构特征,研究这种矛盾的运动规律,研究这种矛盾所产生的复杂影响。显然,旅游现象的这种基本矛盾存在于旅游活动之中。因此,旅游学要以旅游活动的内在矛盾及其表现为研究对象。这里所使用的"旅游活动"一词,既包括旅游者活动,也包括旅游产业活动,而这两种活动恰好构成了旅游现象基本矛盾的两个方面,由此衍生出旅游期望与旅游感受、旅游动机与旅游体验、旅游需求与旅游供给、旅游流量与旅游容量等一系列的矛盾形式和矛盾运动。这些矛盾所展示的立体的、丰富多彩的旅游现象,也是综合性旅游学科研究的对象和领域。

（二）旅游学的研究内容

加拿大学者斯蒂芬·史密斯对旅游学的研究内容做了系统全面的总结,认为旅游学研究的主要内容应该包括以下几个方面。

1.旅游作为一种人类经历

旅游是人们从事的能从中感受到乐趣的一种活动。要想深入地了解旅游现象,就必须了解人的行为,从而必须了解旅游者和潜在旅游者的心理。设计和检验那些帮助解释人类行为的先兆与后果的各种模型是旅游学的研究重点之一。这类信息资料在设计旅游产品和制订营销计划上具有特殊的价值。面对各种可供选择的产品,人们如何做决定、利用何种信息源、如何评价这些信息,以及如何将自己的各种经历形成有机联系,有关这些方面的知识可以为实际业务和对旅游经历的总体理解提供重要的帮助。

人们旅行时往往将各种实物当作其旅行经历的组成部分,诸如照相机、旅游指南、旅游手册和适当的衣着等。旅游者通过这些人工制品对其所游览的景观或访问的社会的了解,其实是不够充分的。旅游者与旅游目的地之间相互作用的另一个方面是旅游者对"身临其境"的期望,这个问题在某些情形下是十分重要的。从这个意义上说,"身临其境"是指一个人体验另一种自然或人文环境的精华性特质的主观感受。对于创造身临其境感的条件,不仅那些精明的旅游经营商感兴趣,那些寻求从理论上更好地理解人类动机与知觉的学者也会感兴趣。换言之,心理学和社会心理学的各种理论观点也广泛应用于旅游学研究。因而,旅游可为社会科学工作者提供一个考察存在于人类日常生活经历形式之外的、特殊而重要的人生体验形式的机会。

2. 旅游作为一种社会行为

尽管旅游是一种个人经历,但人们时常与他人分享。即使旅游者独自旅行,他们也会与其他人或其他社会团体接触。许多与旅游经历相关的决定既受到个人心理特性的影响,又受到个人社会化经历和对自我社会角色的意识的影响。旅游者来到一个新的地方,在那里既与当地居民又与其他旅游者相遇。这类邂逅既有短暂和偶然的接触,也有情真意切的深入交往。其结果可能产生友谊,也可能发生冲突。旅游者的大量来到会为当地带来可观的收入增长,但他们也会表现出与当地居民不同的行为方式,这可能会无意中加剧当地社会结构的变化。

旅游者可能会成为犯罪行为的牺牲品,也可能自己会做出社会所不能接受的行为。了解旅游者互相之间及其与当地居民和当地团体机构之间的社会相互作用,有助于缓和潜在的冲突,也有助于增强对社会行为及不同社会的结构和运转状况的理解。

旅游也会带来许多经济问题。比如,个人和家庭根据自己的财力来做出度假的打算;而一个社区则要通过比较公共资金的不同用途,来衡量将更多资金用于旅游发展的价值;旅游经营商则要考虑扩大自己的业务有何潜在风险和收益。经济学主要研究的就是如何在相互竞争的用途之间分配资源的问题。做出这些决策的过程还涉及个人的心理特性以及行业和政策决策等,但无论如何,这些决策都具有社会意义。

3. 旅游作为一种地理现象

从客源地到旅游目的地的旅行是旅游的一个固有的、突出的特征。各种自然或人文景观,比如海滨变幻不定的景象、古村落的优美环境、地平线上多姿多彩的城市轮廓以及宁静的山区景致,这些经常见诸各种宣传媒体的有关旅游目的地的描述,都常常是从地理角度出发的,由此也激发了人们从地理学角度研究旅游的热情。

地理学研究通过若干途径为旅游学做出贡献。地理学研究有助于确认和分析旅游功能区域的存在,有助于划分或评价某个旅游协作组织的地理覆盖范围。此外,地理学研究也有助于预测客源地和旅游目的地之间的旅游流量。对旅游区域、度假区和旅游走廊进行形态学分析,在旅游规划当中也很重要。从更普遍的意义上说,地理学领域为旅游研究工作者提供了一个重要的用武之地。

4. 旅游作为一种财源

许多地区对于本地旅游企业的发展很感兴趣,因为旅游业可以产生可观的收入且对环境的影响较小。旅游业也可以成为保护当地重要遗址、推广当地节庆活动和

▌微课

旅游客源地

▌微课

旅游目的地

文化活动的积极力量。美国弗吉尼亚州的历史名城威廉斯堡从游客身上所获得的旅游收入,在很大程度上担负着不断修整这座城市的责任;中国的一些著名历史文化遗址也同样由于它们同时是重要的旅游景观而有了更多的保护资金。当游客被当地社会的独有景观所吸引而前来游览时,无论这些景观是属于环境方面、历史方面还是文化方面的,只要措施得当,都可以借助旅游业来增进对它们的保护。不幸的是,在世界各地,一些旅游目的地在成功地吸引旅游者来欣赏当地自然与人文景观的同时,也带来了破坏这种景观的种子。试想,对于一些只有几千名永久居民的旅游地,如果每天有成千上万的游客造访,就可能很快将这里原先吸引旅游者的那些景观淹没掉。所以,如果一个旅游社区想要把旅游业作为一种财源,就必须从实际出发评价旅游业可能产生的收益和可能要付出的代价。只有综合环境效益、社会文化效益以及经济效益三个方面的长远考虑,才能真正发挥旅游业作为一种财源的作用。

5. 旅游作为一种商业活动

对于在旅游领域从事工作的大多数人来说,旅游业是他们就业与收入的源泉。因此,这些人非常关注这样一些问题:①企业结构的完善和管理效率的提高;②应付该行业的固有风险和不稳定性的各种策略;③为市场推销活动提供理论基础;④如何管理雇员、培训新的工作人员和提高老雇员的业务水平。旅游业对于某些激烈的外部力量而言是特别脆弱的。一个旅游目的地国如果存在政治不稳定和恐怖主义等问题,就会阻碍旅游者到该国旅行;这同时也会为可替代该国的旅游目的国带来意想不到的收益。流行病、自然灾害、气候问题、货币汇率变化、新的税收立法规定或出入境手续的变化,都可能很快使互相竞争的各个旅游目的国的相对吸引力发生戏剧性变化。旅游经营商通常依赖个人的经验和与其他经营商的联系来了解、预计和应付这些问题。然而,只有他们能够获得专业文献、参加专题讨论会或接触有关专业咨询人员(不论民间的还是政府的)时,他们应付问题的机制才有可能得以改善。这类信息源的有效性取决于相关的科学知识的实际储备程度。对于旅游经营商所面临的这些问题,既需要进行实用性旅游研究,也需要进一步开展基础性学术研究。

6. 旅游作为一个产业

旅游业并不是许许多多各不相干的企业的集合,相反,它自身是一个综合性很强的行业。更确切地说,广义的旅游业是若干相关行业的集合体,包括交通、住宿、餐饮、各种旅游吸引物和活动项目,以及零售经营活动等。旅游业的一个重要特点是其具有劳动密集性。因此,一定的资本投入水平在旅游业中所维持的就业机会要远比同样规模的资本投入在其他行业中所维持的就业机会多得多。

旅游业也是各个地区之间和国际现金流动的重要来源。很多国家的政府部门都鼓励发展旅游业,因为它能够带来新的财富和创造新的就业机会。与此同时,各级政府也十分关注旅游业的社会和环境效应。要想使旅游业的整体收益最大而负面效应最小,各级政府在制定各项政策时,就要以实际研究为基础,这样才会使旅游业发挥更大的作用。为了估计旅游业对各个地区的影响,指导人们如何在互相抵触的需求之间有效地分配资源,就需要对旅游业开展研究。在许多地区,旅游业固然具有促进经济发展的潜力,但这种潜力并非总是像那些热心支持者所希望的那样大。只有科学地对旅游开发活动的潜力进行评估,才能真正实现预期的就业和收入目标。

综合以上内容,旅游学的研究内容可以包括对旅游本质与特征的认识、旅游需要及其形成机制、旅游需要与旅游需求的关系、旅游活动的构成要素、旅游决策过程、旅游体验过程、旅游流的运动规律及其影响、旅游容量以及旅游容量管理。

二、旅游学的学科体系

(一)旅游学的学科性质

1. 旅游学隶属于社会科学

旅游活动是社会现象的一种重要体现,而研究旅游活动和旅游产业发展的旅游学无疑也是社会科学的一个重要分支。旅游作为人类的活动方式,特别是构成现代旅游活动重要组成部分的休闲性旅游,是体现人的生活质量和社会发展水平的重要集群性指标,而休闲本身又是生产力发展到一定阶段后产生的社会现象。同样,旅游者在旅游过程中势必同旅游目的地的人员进行多方面接触,彼此互为旅游市场的国家或地区之间也会因旅游活动的开展而出现人员交流,这些接触和交流无疑也属于一种社会现象。因此,旅游学作为研究旅游活动过程以及旅游产业发展的运行规律及内在本质的科学,无疑成为社会科学的一门重要分支科学。

2. 旅游学是一门新兴的学科

就目前现状而言,旅游学的学科地位还没有得到社会的承认,其概念体系、研究方法体系以及分支学科体系等都正处于探讨与发展阶段。相对于其他比较成熟的学科而言,旅游学虽然表现出一个独立学科所应具有的条件和特征,但仍处于一个构建与完善的阶段。

3. 旅游学是一门具有多学科交叉性质的边缘学科

旅游学作为一门具有多学科交叉性质的边缘学科,不仅表现在旅游学研究的历史进程当中,更表现在它实际上植根于旅游学研究对象的复杂性和综合性这个根本点上。例如,人们决定外出旅游,除了主观动机,还需具备一定的经济、社会等条件。对这些经济、社会、主观出游动机等条件的研究,需要运用经济学、社会学、心理学等相关学科的知识。旅游过程中,游客难免要同自然界和社会发生诸多关系,游客必然会对自然界和社会产生许多影响,自然界和社会也会给游客留下印记。也就是说,旅游主客体之间必然会围绕旅游活动而相互产生影响,研究与分析这些影响同样需要运用有关学科(不仅涉及社会科学中的有关学科,还涉及自然科学的有关学科)的知识。

4.旅游学是一门应用性较强的学科

旅游学是旅游活动实践的积累与总结,同旅游活动和旅游实际工作有着密切的关系,是一门应用性较强的学科。首先,旅游活动过程中的食、住、行、游、购、娱等要素都是日常社会生活的基本内容,以这些现象以及这些现象引发的各种社会关系为基础的旅游学研究就更加贴近生活、贴近实际,且更为具体。其次,在旅游活动过程中,游客消费的主体产品不是实物产品,而是各种形式的服务。服务的特点是生产与消费的同步性,因而游客对服务的满意程度能较快地反映出来,从而保证了旅游产品更贴近现实旅游者的需要。

(二) 旅游学学科体系的构建

旅游学是一门新兴的边缘学科,它与经济学、社会学、人类学、心理学、环境学、管理学、生态学以及历史地理学等诸多学科有着密切联系。旅游学学科体系的构建是一个长期积累的过程,它需要有充分的科研成果的支持和足以支撑一个知识共同体成立的内外部条件。在旅游学学科体系构建的实现路径上,就旅游学学科的特殊情况而言,不管是国内还是国外,都存在一个必须找到的学科内核,并继而以此为基点对相关知识予以综合、整合。与其他学科一样,这种综合将体现在两个层面:概念与理论(方法)。旅游学学科体系应该是在完成了这种综合的基础上确立起来的。

在概念层面上,旅游学应该有它自己的概念系统,这个系统植根于对旅游现象的系统认识,也得益于相关学科的成熟概念。这些概念在旅游学理论领域中重新获得了独立的意义,成为构筑旅游学理论的基石。这些概念之间的关系,应该是借助于理论线索建立起来的,而不是简单检索的结果。这些概念包括旅游、旅游现象、旅游者、旅游活动、旅游需要、旅游动机、旅游决策、旅游行为、旅游需求、旅游者需求、旅游供给、旅游资源、旅游地、旅游产品、旅游业、旅游体验、旅游愉悦、旅游期望、旅游感受、旅游满意度、旅游观赏、旅游角色、旅游交往、旅游模仿、旅游消费、旅游者消费、旅游流、旅游效应、旅游容量、旅游规划和旅游发展等,而在所有这些概念以及其他尚未提及或仍未发展起来的概念中,最为重要的概念应该是旅游者、旅游资源、旅游产品和旅游业。对这些概念应该赋予旅游学的专门意义,这是旅游学完成综合的基础和表现。在这些基本概念下面,自然还会衍生出更为具体而丰富的概念,如旅游者本身就是一个概念系统,旅游产品也可以加以具体区分。而在这些概念之外,还会有众多的与之相关的概念,如旅游经济、旅游文化、旅游环境和旅游法规等,但这些概念常常是另一个相关或分支学科的基本概念,甚至就是一个分支学科领域,因此不宜作为旅游学的核心概念来看待。

在理论(方法)层面上,旅游学也同样应该有自己的理论。作为一门新兴的跨学科性质的学科,旅游学的理论(方法)主要是通过"解决问题"(problem-solving)式的途径逐步从其他相关学科移植、渗透和融合而来的。这些理论进入旅游学领域之后，逐渐与旅游学中特有的概念、特有的研究对象、特有的问题类型相结合，经过一个相当长的过滤、积淀、整合过程，最后成为旅游学独特的理论系统。不经过这个过程，就不会有旅游学产生。实现了这种理论的积累和养成过程，旅游学就将以一种作为其他所有旅游相关学科的基础学科，而不是概论性的东西的面貌出现。它所探讨的问题范围广泛，包括旅游活动的基础、发生原因、运行机理、性质、形态结构和特征以及对社会的影响等，它所要解决的问题是这些旅游现象中最基本、最共性的方面。

这样一门基础理论学科，与它所统驭的分支学科以及相关的交叉学科一起，构成了研究旅游现象的综合学科体系。这个体系包含着有所不同但互相关联的四大模块。

第一个模块是作为旅游学核心模块的"旅游学所属的自足性分支学科"模块，之所以称为自足性分支学科，是因为这一模块讨论的是"纯旅游的话题或问题"，是依据不同类型的旅游活动、旅游方式和旅游诉求所划分的旅游学核心知识领域。这些领域的系统知识的积累，意味着独立的旅游学的存在和走向成熟，因此，这是旅游学的核心领域。需要指出的是，这一模块中的这些分支学科目前大都还没有出现，因此，这里只是贸然加上了"学"字，其不够严谨之处显而易见，这里仅仅表示一个判断或一种预示，是一种有关旅游学分支学科未来发展方向上的推断。

第二个模块是针对旅游者活动所展开的交叉学科研究，由此形成了诸如旅游心理学、旅游人类学、旅游社会学等分支学科。这些分支学科往往一方面借用传统的学科理论从事旅游研究，另一方面又针对旅游的特殊问题，如社会问题、心理问题进行专门研究，因此，其具有明显的交叉学科及应用性学科的特点。这一模块在方法论上也比较广泛地吸收了诸多人文学科的成果。

第三个模块集中研究旅游产业活动，这是旅游学的扩展领域，在方法论上比较多地吸收了管理学和经济学的成果。

第四个模块是由一些研究旅游者需要（或需求）与旅游产业供给二者之间的关系（即宽泛意义上的旅游供求关系，不单纯指经济意义上的供求关系）的学科构成的。

上述有关旅游学的这个综合学科体系可以用一个框架图来描述（见图2-2）。虽然在学科罗列方面，这个框架图仍然未必是全面的，但这些学科可以认为是最基本的。在有些学科领域，当然存在继续细分的可能和必要，但层次上已在其次。如旅游企业管理学，可以分为旅行社管理、风景区管理、娱乐企业管理、饭店管理、交通运输企业管理等；旅游经济学，可以分为旅游消费经济学、旅游生产经济学、旅游环境经济学等；旅游规划学，可以分为旅游总体规划、旅游概念性规划、旅游详细规划等具体研究领域。

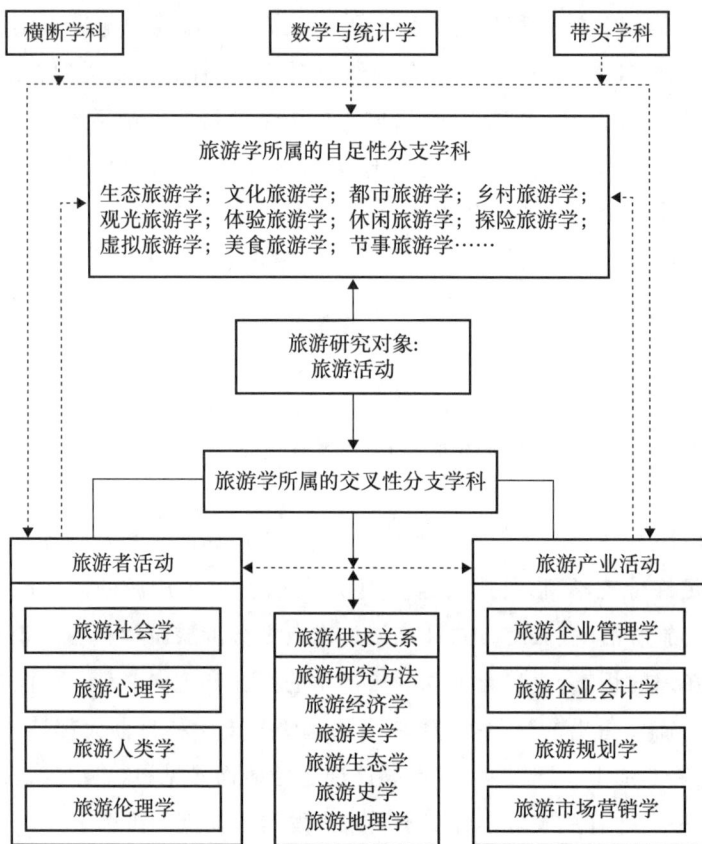

图2-2 旅游学学科体系构成模块

（根据谢彦君的相关理论绘制）

专题小结

旅游的本质是非惯常的愉悦体验。旅游的这一本质可以从旅游的休闲、审美、文化、经济四个属性进行解释。旅游的本质决定了旅游具有空间上的异地性、时间上的暂时性和目的上的非事务性三大特征，这些特征又决定了旅游者不同于日常的行为倾向，包括决策冲动化、自我失控化和情绪主导化。

旅游的定义分为技术性定义和概念性定义。技术性定义用以规范旅游数据统计，提升旅游统计的可操作性。概念性定义则用于认识旅游的本质，奠定旅游理论研究的基础。旅游的概念性定义是：个人利用其自由时间并以寻求愉悦为目的而在异地获得的一种短暂的休闲体验。基于这一概念性定义，旅游与迁徙和旅行的关系就显而易见了。迁徙不是旅行更不是旅游，是人类为了生存不得不离开居住地；而旅行是人类出于各种目的而暂时离开居住地的行为；旅游是以愉悦为目的的旅行活动。基于旅游的技术性定义，按目的对旅游进行类型划分，旅游可以分为消遣型旅游、事务型旅游、家庭及个人事务型旅游。

旅游学以旅游活动的内在矛盾及其表现为研究对象，研究内容包括对旅游本质与特征的认识、旅游需要及其形成机制、旅游需要与旅游需求的关系、旅游活动的构成要素、旅游决策过程、旅游体验过程、旅游流的运动规律及其影响、旅游容量以及旅游容量管理。旅游学是一门新兴的社会科学，具有多学科交叉的性质，有较强的实践性，其学科体系正随着旅游学的成熟而逐渐完善。

本章训练

一、项目实训

1.进行一次城市漫步，记录下让你觉得属于非惯常环境的地点，并总结对你来说什么样的环境是非惯常环境。

2.观察熟悉的人在旅游中的行为，找出那些在旅游中出现而日常生活中不会出现的行为，并尝试从旅游本质的角度分析这这些行为产生的原因。

二、案例分析

旅游市场像花儿一样绽放，也如静水一般流深

2024年劳动节假期延续了从元旦、春节到清明节的增长趋势，国内旅游出游人数、旅游花费、人均出游半径、目的地游憩距离、入出境旅游人次等主要指标均创下历史新高。据文化和旅游部官网消息：劳动节假日五天，全国国内旅游出游合计2.95亿人次，同比增长7.6%，按可比口径较2019年同期增长28.2%；国内游客出游总花费1668.9亿元，同比增长12.7%，按可比口径较2019年同期增长13.5%。旅游正在加速进入城乡居民的日常生活，从北上广深大都市到小机场城市和县域中心城镇，这片美丽国土的每一寸土地都成为主客共享的美好生活新空间。厚植日常生活的消费让文旅融合高质量发展的市场基础更加坚实，让旅游投资和市场主体的创新空间更为广阔。

劳动节和青年节两节相连，让假日多了奋斗的激情和青春的飞扬。习近平总书记始终心系广大劳动者，强调"不断提升工人阶级和广大劳动群众的获得感、幸福感、安全感"。在五四青年节到来之际，习近平总书记向全国广大青年致以节日祝贺和诚挚问候，各地广泛开展"青春为中国式现代化挺膺担当"五四主题团日文化和旅游交流活动。共青团中央首发18条青春城市漫步路线。年轻人正在成为新时代旅游的定义者，他们走进革命纪念馆、红色旅游景区、大国重器和大科学装置，以青春致敬先烈，涵养浓厚的家国情怀。5月1日早上，数万游客在天安门广场看升国旗、唱国歌，万人在长春莲花岛上实景演出《抗联抗联》，现场合唱《歌唱祖国》，年轻人相约来到瑞金苏维埃国家银行旧址，实地感受《追风者》的信仰。"这么近，那么美"的河北在唐山放飞了2000架无人机，以《向上吧，青春》致敬中国共产党创始人李大钊先生。嫦娥六号发射吸引了广大游客去文昌"追火箭"，感受国家的强盛和科技的力量。中山大学滇红茶拉拉队将交响乐搬到村超现场，《中国，中国，鲜红的太阳永不落》的歌声嘹亮。更多游客在北京世园

▎在线答题

▎推荐阅读

公园的草莓音乐节、大连和厦门的元气森林音乐节、泰安的新青年音乐节等全国各地20余场音乐节现场，生动地诠释了活力与时尚。

随着全面小康社会的建成，"吃不愁、穿不愁，还有余钱去旅游"成为美好生活的生动写照，诗与远方的梦想正在照亮民族复兴和人民幸福的中国。无论节前对调休制度持什么态度，从4月30日下班的那一刻起，劳动者和非劳动者几乎秒变旅游者。从假日第一天起，"开票即候补""哪哪都是一亿人""人人人我人人人"等话题频上热搜。每到节假日，交通和景区都是一如既往地拥堵，游客都是一如既往地吐槽，也一如既往地快乐，也许这才是正常生活该有的样子吧。在这个一树一树花开的人间四月天，我们看见了越来越多的家庭自驾远行，看见了年轻人结伴远走高飞，看见了中老年群体开启旅居康养新生活，看见了10.5%的农村居民出游，农村居民出游人数已经占到节假日国内游客出游人次的16.9%。让更多人有得游、游得起、游得开心，游得放心，在一路繁花的旅程中尽享国泰民安的幸福生活，是新时代以人民为中心的国家旅游发展理论的必然要求，也是旅游业高质量发展的现实基础。

与上个月的清明节假日相比，旅游者在劳动节假日走得更远，停留得更久。全国游客平均出游半径187.6千米，同比增长3.7%；游客目的地平均游憩半径16.8千米，同比增长5.1%。游客出游方式更加多元，去博物馆看展、去河边露营、去演唱会跟唱、去沙漠越野、去旷野看星星。从淄博到哈尔滨、从天水到保定，靠"食"力出圈的热点城市频现。游客会因为一串烧烤、一碗麻辣烫、一份驴肉火烧到访一座城市，也会因为一场演唱会和音乐节、一次马拉松和电竞比赛而来一场说走就走的旅游，更可能因为某地高性价比的品质生活，背起行囊就出发。在这个假期，我们看到目的地文娱产品丰度已经成为影响旅游者决策的重要因素，洛阳汉服秀、"延吉公主"变装旅拍、杭州小百花越剧、上海彩虹合唱团、北京九人话剧等文化创意新空间已经成为都市旅游新场景。因为文化的加持，游客哪怕是打卡地方美食和都市休闲，也是仪式感满满地出行，为假日生活带来了难得的松弛感和疗愈性。

在旅游需求彰显个性的同时，旅游消费也走向成熟和理性，该花的钱不会吝啬，不该花的钱也会捂紧钱袋子。越来越多的年轻人不再盲目追逐热门旅游目的地和网红打卡点，而是选择那些性价比相对较高的小众旅游目的地，如"平替韩国"的延吉、"平替东南亚"的芒市，还有小机场城市的图木舒克、保山、怀化、赤峰、和田等，劳动节假期热度明显上升。与之前出圈的城市相比，这些被平替的小机场城市或者低线城市，似乎并未在互联网上爆红出圈，甚至很少见到游客在社交媒体分享。他们在有风的地方，静看花开叶落；在潮水退去的海边，任由白沙自脚尖流逝；在西塘、海宁、周庄、甪直等活着的古镇，在自有的度假宅院，看山望水回顾来时路上的灯火，恰似一隅有居无意的青苔。旅游可以有网红，但网红不是旅游的全部。今天的旅游已经融入日常生活，看上去波澜不惊的模样，却多了份细水长流的耐心和静水深流的从容。这样，就很好。

（资料来源：中国旅游研究院公众号，https://mp.weixin.qq.com/s/3umwDH-HdTeS＿＿cjZnWsauA。）

思考：

（1）根据旅游的基本特征和概念性定义，任选案例中提到的一种现象，分析该现象是否为旅游。

（2）根据案例资料说明为什么旅游具有休闲属性和文化属性。

（3）在案例中你看到了哪些旅游类型？请举例说明。

专题三　认识旅游活动的主体：旅游者

专题概要

　　本专题介绍旅游活动主体——旅游者——涉及的旅游相关活动及行为，学习内容包括旅游者的界定及类型、旅游动机形成机制及相关理论、旅游需求影响因素及客观障碍、旅游决策过程、旅游体验理论及体验测量等。

学习目标

◉ 知识目标

　　1.了解界定旅游者的标准及类型划分。

　　2.了解人类需要的多样性和复杂性，理解旅游行为产生的心理动因，掌握旅游动机模型以及旅游动机领域主要理论。

　　3.掌握旅游需求的定义及特点，了解旅游需要转变为旅游需求的必要条件和客观障碍，以及旅游需求的影响因素。

　　4.了解个体旅游者及群体旅游者的旅游决策过程。

　　5.掌握旅游体验的定义及类型，了解旅游体验相关理论，明确旅游体验测量方法。

◉ 能力目标

　　1.能够判断哪些人属于旅游者，并且能够按照不同维度对旅游者类型进行划分。

　　2.能够运用需要层次理论对旅游需要做出分析，能够指出旅游动机领域主要有哪些理论并对其核心观点进行阐述。

3.能够指出旅游需要和旅游需求的差别、影响旅游需求实现的必要条件，以及会对外出旅游构成阻碍的因素。

4.能够区分个体旅游者和群体旅游者决策的差异。

5.能够指出旅游体验包含的不同体验类型，运用旅游体验理论对旅游现象做出分析。

6.能够选用适当的方法对旅游体验数据进行收集。

◉ **素养目标**

1.通过学习旅游动机形成机制及相关理论，学生能够加深对新时代我国社会主要矛盾的理解，认识到旅游是人们追求美好生活的体现，旅游从业者是美好生活的创造者。

2.通过学习旅游体验相关知识，使学生意识到工匠精神的重要性，旅游从业者应以人为本，通过细致入微的服务，提升旅游者的体验质量。

知识导图

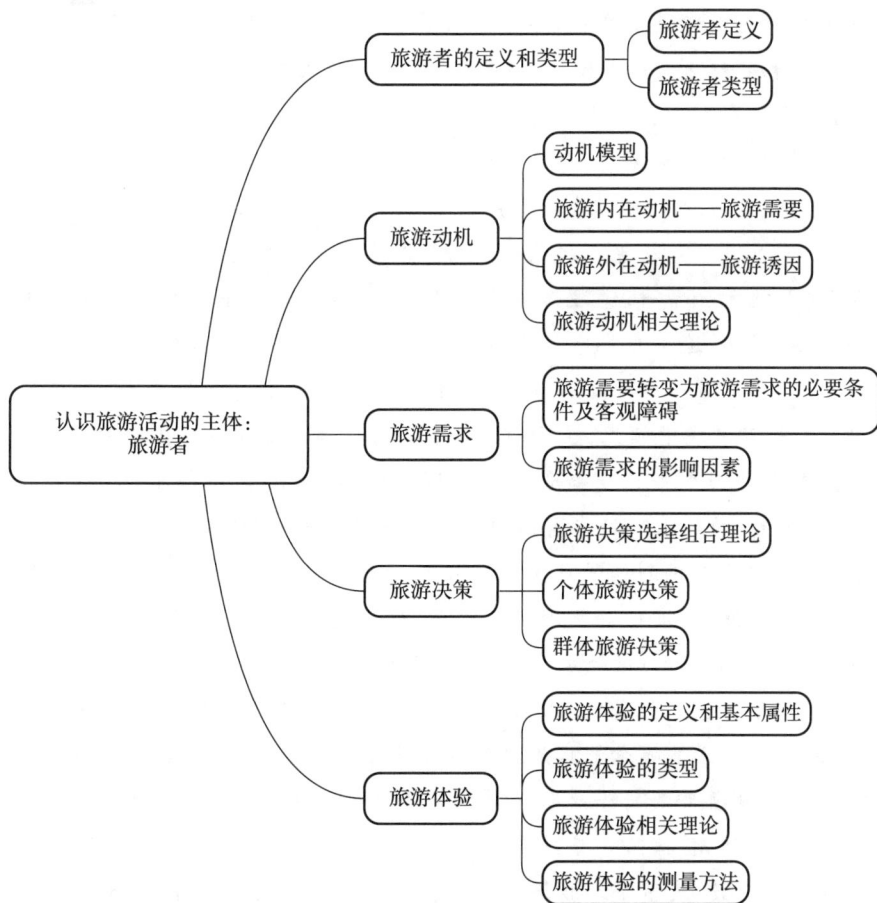

旅游者类型　旅游动机理论　旅游需求　旅游决策过程　旅游体验理论

案例导入

长隆欢乐世界的极致体验

游乐园象征着速度与激情,象征着生命和疯狂,是一个让年轻的血液沸腾和躁动的狂欢胜地。永远有人正年轻,这将是一个永不落幕的旅游产业。在游乐园行业的一片繁荣景象中,长隆欢乐世界也同样因不俗的表现备受好评,在许多提供购票点评服务的网站和旅游社区都收获了好评。

在动力型游乐园中,长隆欢乐世界始终突出硬件的先进性与体验的独特性,因此,长隆欢乐世界游乐设备大部分直接从欧洲原装进口,其设计与技术保持国际领先水准,其中让众多游客心驰神往的无疑是其拥有的"八项亚洲及世界之最":被誉为"全球最长的顶尖过山车之王"的60米垂直过山车;亚洲第一台、世界第二台、创造了游乐设备环数最多吉尼斯世界纪录的十环过山车;东半球首台摩托过山车;亚洲首台、世界最大的"U"形滑板;号称"全球最大"的最新、最炫大型机动游乐设备——超级大摆锤;世界最大水陆空特效剧场——国际特技剧场;利用世界最先进立体数码影视技术全新创作,融合九大座椅效果与多项世界顶尖特效的亚洲最大四维影院;亚洲首次引进,号称"世界水上乐园之王"的超级水战。

这"八项亚洲及世界之最"的引进要归功于长隆集团的"第一"情结。在"要做就做世界一流"理念的驱动下,长隆集团对旗下投资项目的选择和产品的研发追求世界第一或者亚洲第一,最起码也要是中国第一。正是在这种"将第一进行到底"的理念之下,长隆欢乐世界不断创新,不满足于只在机动游戏中领先,在后期融入了高科技和丰富的多媒体元素。

本来过山车早已是全世界游乐园标配,而长隆集团却能以"全球顶尖、最刺激"的玩乐项目在看似饱和的市场中杀出一条血路。在长隆欢乐世界,有让你尖叫到爆的各类刺激项目。过山车刺激感的主要来源是加速度、跌宕感、速度感和视野。而这其中,伴随加速度而来的刺激感主要体现在失重上,那种风驰电掣、有惊无险的快感令不少人着迷。垂直过山车、创吉尼斯世界纪录的十环过山车和东半球首台摩托过山车的巨大冲击力,再次唤醒了游客尤其是刺激项目爱好者冒险的灵魂和体验的热情。"星际决战"项目是长隆欢乐世界斥巨资打造的全新超震撼巨作,是亚洲唯一、超大型5D探险游乐项目。全球首创360°不规则环形荧幕,模拟实景立体观影效果,多元人物场景转换,开启5D星际探险旅程,进入一个亦幻亦真的星际宇宙。

长隆欢乐世界几乎每一个项目都是世界、亚洲或全国的"独家"或"顶级"，给予游客的是独家而极致的体验，乐园内常常"一片惊叫，一片欢笑"。长隆欢乐世界用"单品"引爆了游客的体验欲望，并且不负众望，收获了源源不断的游客和众多的好评。

长隆欢乐世界的游乐设施追求世界领先的技术，而在服务设计上追求的是细节亲民感人。其"亲民"不仅仅体现在门票价格上，也完美体现在了一个个接触的细节上。明确清晰的园区地图指引、园区间方便快捷的通勤班车、整洁而又设计有趣的休息区、干净卫生的餐饮场所、热情细心的服务人员以及规范的生态停车场，还有为有特殊需要的游客提供游览车等体贴入微的周到服务，这些都换来了游客的赞不绝口。

非常值得一提的是，游乐园里的洗手间不仅在整洁程度上达到了五星级的水准，而且数量充足、分布合理，大大节省了游客寻找洗手间的时间。此外，园内洗手间的无障碍设施也体现了满满的人文关怀。

在长隆欢乐世界，你不必担心在体验项目时无法拍照。每个项目都有服务人员从最佳角度帮你拍照，在服务柜台可以取照片，游客们看到自己在游玩时或开心欢笑，或一脸惊恐的表情，都会爽快地留下那些拥有独特纪念意义的照片。

（资料来源：舒伯阳，《旅游体验设计》，中国旅游出版社2021年版。）

案例分析

模块一　旅游者的定义和类型

一、旅游者定义

（一）旅游者的概念性定义

旅游者是旅游活动的主体。在日常生活中，当人们谈到旅游者时，也经常会使用"游客""旅游者"或"旅行者"这些称呼，而不会对它们进行区分；甚至在住宿业和交通业中，还会使用"宾客""顾客""旅客"等称呼。虽然这些称呼并不会对人们的日常沟通造成巨大障碍，但是这些含混不清的概念却会给学术交流带来不小的麻烦，同时也不利于准确地开展旅游数据统计工作。因此，很多国内外学者都努力尝试对"旅游者"这一概念进行系统而科学的界定。

如果我们根据以往的生活经验去判断谁是旅游者，我们会发现旅游者其实是各式各样的，有些旅游者并不是一眼就能识别出来的。背着双肩包，拿着相机，戴着防晒帽,有外地口音的人可能是旅游者;一身休闲打扮,轻装出行,在菜市场中讨价还价的人也可能是旅游者。这样看来,从一个人的外貌特征去界定他是否是旅游者的方法是不可靠的。例如,如图3-1所示,很难判断福州三坊七巷里来来往往的路人中谁是旅游者。所以,还要抓住旅游者区别于其他人的最本质的特征。

图3-1　福州三坊七巷里来往的路人
(李森　供图)

在本书专题二中,我们学习了目前旅游学界较为公认的旅游的定义,知道了旅游是个人利用其自由时间并以寻求愉悦为目的而在异地获得的一种短暂的休闲体验。如果按照这样一个基本的逻辑,我们就可以从旅游的概念导出旅游者的概念,抓住旅游者最根本的特征。这样看来,旅游者的定义应该是:旅游者是指利用其自由时间并以寻求愉悦为目的而在异地获得短暂休闲体验的人。

这个定义向我们揭示了以下几点内容:

第一,旅游者之所以走出家门到其他的地方去,其目的在于寻求愉悦。这种愉悦,既可以是较高层次的精神领域的审美愉悦,也可以是审美体验之外的令身心获得快乐的世俗愉悦。这是旅游者区别于其他外出旅行者最重要的内在特征。

第二,旅游愉悦的获得是一个短暂的过程,并且这个过程主要发生在异地。这是使旅游者与一般娱乐追求者相区别的两个重要的外部特征。

第三,旅游者的旅游活动发生在其自由时间,与从事生产活动不同,旅游是一种休闲活动。旅游者通常有充分的自主权利,可以决定旅游的时间、方式、目的地、消费水平等一系列重要项目。

按照上面给出的旅游者定义,我们来辨析一下旅游者、旅行者和游客之间的差别。

首先来看旅游者和旅行者的差别。结合我们之前学习的旅游和旅行两个概念之间的差异,我们就能够做出以下判断:纯粹的参加商务、会议活动的人员和探亲访友者并不是旅游者,因为他们的出行目的是处理工作或家庭事务,而不是追求愉悦,也不具有休闲的性质,其前往异地的初衷是要完成相应的任务。因此,他们可以被划归到比"旅游"更大的范畴"旅行"中去,可以被称为旅行者,而不是旅游者。但现实情况是,有些出差人士或探亲访友者会借外出旅行之机,抽空到当地游览一番,也就是说他们在旅行期间会包含一段旅游时光,那么,只有在这一段旅游时光中,他们才是旅游者。

游客则是一个更为宽泛的概念。旅游目的地或景区难以通过出行目的对来访人士进行类型划分及统计,因此在实际工作中习惯于用游客来作为统称。比如,我们从新闻里经常会读到类似这样的报道:"据上海旅游大数据监测,'五一'假期五天,上海市共接待游客1564.94万人次。其中,主要旅游景区点累计接待游客638万人次,恢复至2019年同期水平。"这里所谓的游客,既可能包含从外地来访的客人,也可能包含本地的休闲者;既有以追求愉悦为目的地的旅游者,也有为完成公务或其他事务而出行的旅行者;是一个较为笼统的并没有严格加以界定的提法。

但是,有关旅游者的统计数据是国家、行业和企事业单位进行管理和决策的重要依据,因此,世界各国从旅游统计的实际需要出发,为了便于衡量和操作,给出了旅游者的技术性定义以作为概念性定义的补充。

(二)旅游者的技术性定义

从技术角度定义旅游者,最简单易行的办法就是借助时间或空间尺度来进行衡量。由于世界各国在进行旅游统计时较为关注是否跨越国境的问题,旅游者自然而然地被划分为国际旅游者和国内旅游者两种类型来分别界定。

1. 国际旅游者的技术性定义

旅游者的界定关系到世界各国旅游统计口径能否一致的问题,受到国际组织和各国政府的重视,同时在现代旅游快速发展的历程中,旅游者定义也不断地经历着演变。1991年,世界旅游组织在加拿大举行的"国际旅游统计大会"上对国际游客、国际旅游者的基本概念进行了再次修订,并以《国际旅游统计大会建议书》向联合国推荐,经联合国统计委员会1995年通过后在全球推广使用。目前,世界上大多数国家都接受1995年世界旅游组织和联合国统计委员会的定义,从而初步实现了有关国际游客、国际过夜旅游者和国际不过夜旅游者较统一的技术性定义。具体内容如下:

(1)国际游客(international visitor)不包括下列人员:为移民或就业而进入目的地国家的人;以外交官或军事人员身份访问该国的人;上述人员的随从;避难者、流民以及边境工作人员;逗留时间超过一年的人。但下列人员是或可以是国际游客:出于休闲、医疗、宗教、探亲、体育运动、会议、学习或过境的目的而访问他国的人;中途停留在该国的外国轮船或飞机的乘务人员;逗留时间不到一年的外国商业或企业人员,包括安装机器设备的技术人员;国际团体雇用的任职不超过一年或回国作短暂停留的侨民。

（2）国际游客又分为国际过夜旅游者(international tourist)和国际不过夜旅游者(international excursionist)两类。前者指在目的地国家的接待设施中度过至少一夜的国际游客,后者指利用目的地国家的设施少于一夜的国际游客,包括那些居留在巡游船上只上岸游览的乘客。不过夜旅游者中不包括那些虽落脚于他国但未在法律意义上进入该国的过境旅客(如乘飞机在某国中转的乘客)。

2. 国内旅游者的技术性定义

20世纪80年代中期,世界旅游组织参考对国际游客所做的划分,将国内游客也划分为国内旅游者(domestic tourist)和国内不过夜旅游者(domestic excursionist)。二者的主要差别在于是否在访问地过夜。国内旅游者是指在本国某一目的地旅行超过24小时而少于一年的人,其目的是休闲、度假、运动、商务、会议、学习、探亲访友、健康或宗教。国内不过夜旅游者是指基于以上任一目的并在目的地逗留不足24小时的人。

虽然世界旅游组织早已明确提出国内旅游者的统计口径,但各国根据自身实际情况加以变通,按不同的标准构建了各自的国内旅游者定义。例如,美国按照出行距离来判断是否属于国内旅游者。美国使用较广的国内旅游者定义是1978年美国国家旅游资源评审委员会提出的定义:旅游者指的是为了出差、消遣、个人事务或者出于工作上下班之外的其他任何原因而离家外出旅行至少80千米(单程)的人,而不管其是否在外过夜。与美国不同,以英国为代表的一些欧洲国家则是将在异地逗留的时间长度作为判断的标准。英国对旅游者的界定标准是:基于上下班以外的任何原因,离开居住地外出旅行过夜至少一次的人。

我国在对国内旅游进行统计时,将纳入国内旅游统计对象的人员统称为国内游客。2020年,文化和旅游部制定了《全国文化文物和旅游统计调查制度》,对我国国内游客的统计对象及统计口径做了要求。国内游客的统计对象为三类人:①中国(内地)居民;②在中国(内地)境内常住一年以上的外国人,即属外国国籍的人,包括加入外国国籍的中国血统华人;③在中国(内地)境内常住一年以上的港澳台同胞。而只有符合下面三个条件才属于国内游客:①离开常住地到境内其他地方;②出行10千米、6小时以上,但不超过12个月;③在其他地方的主要目的不是通过所从事的活动谋取报酬,但出行目的可以是观光游览、度假、探亲访友、就医疗养、购物、参加会议或从事经济、文化、体育、宗教活动。

虽然技术性定义有助于在实际工作中统一各项指标的统计口径,但我们也要意识到,随着科学技术的进步,时空将被进一步压缩,当前用于界定旅游者的时间和空间尺度将来必然会被改写;但同时,随着数字技术的日趋成熟,也许人们可以用更智慧的方式辨别出真正的旅游者。

【专家剖析】

联合国旅游组织的国际游客统计

在世界范围内，旅游分入境、出境和国内旅游三大板块。对这三大板块进行旅游统计是重要的基础工作。

一、联合国旅游组织框架下的国际旅游统计

长期以来，联合国旅游组织的统计数据主要依靠各国政府旅游行政管理部门提供，同时参照各国统计部门、中央银行，以及有关国际组织如世界银行、欧盟统计局及经济合作与发展组织的数据，对全球旅游统计数据进行长期跟踪、收集、分析和整理。

联合国旅游组织出版的旅游统计出版物，其数据涵盖范围包括入境旅游、国内旅游、出境旅游、旅游产业、就业及宏观经济指标六大部分。

从统计角度看，联合国旅游组织主要有两个旗舰出版物，即《旅游统计简编》和《旅游统计年鉴》。2023年出版的《旅游统计简编》含2017—2021年的数据，内容包括入境、出境、国内旅游的统计数据和指标，以及旅游产业类型及其数量、旅游从业人员数量、国际旅游相关宏观经济指标等统计数据和指标。2023年出版的《旅游统计年鉴》含2017—2021年的数据，内容包括国际抵达相关数据，即各国边境统计的总入境人数或酒店及类似机构统计的过夜人次，并按原籍国细分。

从市场趋势分析角度看，联合国旅游组织出版《国际旅游年度亮点》（*Tourism Highlights*）年刊和《世界旅游晴雨表》（*Tourism Barometer*）季刊，内容涵盖国际游客抵达人数、出境人数、国际旅游收入、国际旅游消费、主要旅游客源国排名、主要旅游目的地排名、旅游在国际商品与服务贸易中占比、旅游在各国GDP占比以及旅游出行目的和交通工具等分析。

二、联合国旅游组织的国际游客统计

联合国旅游组织以年度问卷形式定期向各国政府旅游行政主管部门收集旅游信息，就国际游客而言，所收集的数据主要涵盖入境旅游和出境旅游调查范畴。这些指标大致包括：

（1）各国国际抵达（入境）总人数，按过夜游客、当日游客（如游轮乘客）、原籍国、旅行主要目的（个人休假、度假或商务）、交通方式（空运、水运、陆路）、住宿场所的客人数及夜次等项目统计；

（2）各国入境旅游总支出（收入），按旅行支出和客运支出项目统计；

（3）各国国际出发（出境）总人数，按过夜游客和当日游客（短途旅游者）项目统计；

（4）各国出境旅游总支出，按旅行支出、客运支出、出行主要动机（个人或商务)项目统计；

(5)各国入境游客和出境游客平均逗留天数；

(6)各国入境游客和出境游客每日平均支出；

(7)各国入境旅游总支出和出境旅游总支出对比。

三、探讨与展望

随着时代的不断发展，联合国旅游组织目前这套使用了几十年的统计指标无论从广度上还是深度上都需要完善。一方面，这套指标的最初起草始于20世纪80年代，用现在角度审视，国内旅游、出境旅游、就业等指标显得很是单薄。此外，进入新千年以来出现的旅游新业态以及所涉及的相关产品和服务供应商，有必要尽早纳入旅游统计范畴。

另一方面，《2008年国际旅游统计建议》涵盖145个指标，由于受不同国家资源和人力的限制，各国只能对其中的一些指标在调查中予以填充，而另一些指标则留为空白。这影响了联合国旅游组织进行国际横向比较，影响了统计数据的精确性、完整性和可比性。

再者，亚太旅游协会在诠释游客(visitor)和旅游(tourism)定义方面，和《2008年国际旅游统计建议》的定义有差异，每年亚太旅游协会和联合国旅游组织两个组织出版的关于亚太入境旅游总数略有不同。另外，世界旅游及旅行业理事会对旅游贡献率的计算有别于联合国旅游组织使用的旅游卫星账户的框架。同样，联合国旅游组织反映的中国2014年后的国际旅游收入和支出数据是以中国国家外汇管理局发布的国际收支平衡表中的旅行贷记和借记数据为依据，有别于原中国国家旅游局和现在的中国文化和旅游部的数据。

还需要注意的是，联合国旅游组织《旅游统计年鉴》中的抵达人数按原籍国统计，但是报告的内容取决于该国收集数据的内容和方式，可以是边境口岸统计的抵达总人数(当日游客或过夜游客)，也可以是抵达住宿场所的所有人数(尤其是在欧洲)。因此，做国家间比较时，需要格外小心。此外，原籍国可以按居住地(首选)或国籍来划分。

尽管有这样或那样的差异，联合国旅游组织的旅游统计这一基本盘仍不失为当今世界上较为全面和权威的旅游统计体系。

为方便读者，如何获取联合国旅游组织的旅游统计数据对现阶段的参考同样重要。一般情况下，每季度的《世界旅游晴雨表》对当前的全球旅游总趋势、各国情况做基本分析，从国际旅游入境人数及收入等角度进行表述，进入该组织的主页或通过订阅均可获得。每年年底或下年初还有较为快速的当年趋势总结，即《国际旅游年度亮点》年刊，索取方法相同。从查询各国基本旅游市场数据角度而言，这几年该组织还开发了动态的"旅游数据仪表盘"(Tourism Data Dashboard)，为相对快速获取数据提供了方便，从主页进入即可获取。

从旅游统计更为固定和长期的角度而言，建议参考联合国旅游组织统计部门的专门分页面。从主页面的 Resources & Data 进入，再从其分页面进入，既可查看历年的《旅游统计年鉴》，也可查询《旅游统计简编》，还包括《2008年国际旅游统计建议》、正在完稿的《计量旅游业可持续发展的统计框架》以及所有旅游统计相关的基本定义、各国统计指标差异的备注等。

展望未来，联合国旅游组织在完成了旅游业基本定义及分类和从经济角度计量旅游业这两大历史使命之后，并没有满足现状，近年来的统计工作进入了第三历史阶段，即探讨如何更全面地计量旅游业的发展，不光是经济，更要探讨从可持续发展的角度，即从经济、社会和环境三维度研发相应统计指标。联合国旅游组织已经起草了《计量旅游业可持续发展的统计框架》，目前正在全球征求意见，顺利的话，将于2024年提交到联合国统计委员会审批，衷心期待该指标体系早日问世。

（资料来源：徐京，《联合国世界旅游组织的国际游客统计》，载于《旅游学刊》2024年第2期，第3—6页，内容有所删改。）

二、旅游者类型

现实生活中旅游者千差万别，他们生活在不同的国度或地区，有着不同的社会文化背景和受教育程度，从事的职业和个性特征也不尽相同。但同时，我们也会观察到，旅游者可以按照不同的标准划分为更小的亚群体，每一亚群体内部会表现出较大的相似性或同质性，而亚群体之间则更多地呈现出一定的差异性，从而形成彼此不同的旅游者类型。对旅游者类型进行分析有助于我们深入了解不同类型的旅游者，考察他们的旅游动机，也有助于目的地管理机构或接待企业根据不同的旅游者类型对旅游结构要素进行调整。通常，旅游者可以按照出行时间、出行空间、组织形态、生活方式和人格特征进行类型划分。

（一）按出行时间划分的旅游者类型

将出行时间作为标准进行分类，可按照旅游者在目的地停留时间长短将其分为过夜旅游者和不过夜旅游者。过夜旅游者是指在目的地逗留24小时以上或利用目的地接待设施至少一夜的游客。不过夜旅游者是指在目的地逗留少于24小时并在当日返回常住地的游客。对目的地而言，过夜旅游者通常会对当地经济产生更大的影响，因为过夜旅游者一般会使用目的地住宿接待设施，停留时间也比不过夜旅游者要长一些，这意味着他们会有更多在当地消费的机会。

（二）按出行空间划分的旅游者类型

如果按出行空间进行分类,可以从是否跨越国境以及空间流向的角度将旅游者分为国内旅游者和国际旅游者,国际旅游者可细分为入境旅游者和出境旅游者;也可以从空间距离的角度将旅游者分为远程旅游者、中程旅游者和短程旅游者。远程旅游的空间尺度超过1000千米,中程旅游者的空间尺度为240～1000千米,而短程旅游的空间尺度则限定在240千米以内。

（三）按组织形态划分的旅游者类型

艾瑞克·科恩(Eric Cohen)是第一位以社会学理论为基础提出旅游者类型划分的学者。他在《国际旅游社会学探讨》(1972)一文中基于旅游者和旅游机构以及东道主国家的关系,依据旅游者对熟悉或陌生环境的喜好,将旅游者定位于"熟悉—陌生连续谱"中的某个位置,划分出四种类型的旅游者:有组织的大众旅游者、独立的大众旅游者、探索者和漂泊者(见图3-2)。根据对旅游机构的涉及程度或组织化程度,科恩进一步将这四种类型的旅游者划归为制度化旅游者和非制度化旅游者两大类。有组织的大众旅游者和独立的大众旅游者属于制度化旅游者,探索者和漂泊者属于非制度化旅游者。

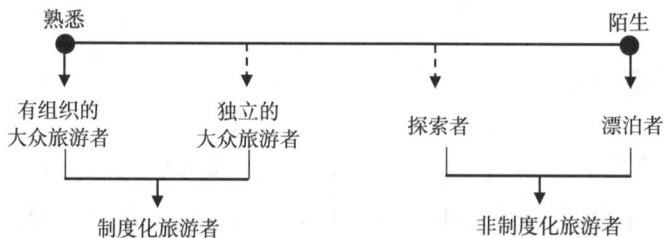

图3-2 科恩的旅游者分类

1. 有组织的大众旅游者

有组织的大众旅游者倾向于选择较为熟悉的目的地,寻求熟悉的服务,他们在旅途中依赖于旅游机构提供的服务,通常会购买全包价旅游产品。比如,很多初次出国旅游的人通常就属于这类旅游者,他们选择亲友经常提起的或媒体曝光率比较高的目的地,按照旅行社安排好的固定线路前进,喜欢熟悉的食物和口味,避免与目的地文化和当地居民直接接触。图3-3所示为旅行社面向老年群体组织的团队游。

2. 独立的大众旅游者

独立的大众旅游者会部分地依靠旅游机构,通过它们预订酒店或购买机票,但旅游涉及的其

图3-3 旅行社面向老年群体组织的团队游

（李淼 供图）

余部分则根据需要自行安排。他们受安全和熟悉度的限制较少,虽然依赖于现有的旅游体系,但偶尔可以逃离其熟悉的环境。比如,某些自驾出游的旅游者会按照自己的意愿将个别冷门的旅游目的地安排到旅游线路中,但同时也会遵循常规到热门的目的地去游览一番,熟悉度和新奇度相结合会对他们产生吸引力。图3-4所示为在苏州狮子林游玩的独立大众旅游者。

图3-4　在苏州狮子林游玩的独立大众旅游者

(李森　供图)

3. 探索者

这类旅游者会尽量远离大众旅游线路而制定适合自己的旅行安排,他们会打破常规去追求新奇的体验,也会学习当地语言,寻找与当地文化和当地人接触的机会,并且会选择当地餐馆就餐。然而,他们寻求适度的舒适和安全,虽然大多数时候他们可以逃离熟悉的环境,但却保留着家乡的价值观和行为习惯。

4. 漂泊者

漂泊者和有组织的大众旅游者相对应,处于"熟悉—陌生连续谱"的另一个极端。漂泊者试图融入当地社区,与当地人一起生活和工作。因为对陌生的需求达到极致,漂泊者没有固定的旅游线路,尽量避免与旅游机构打交道。这类旅游者多半是一些未开发旅游地最早的光顾者。

(四) 按生活方式划分的旅游者类型

艾瑞克·达伦(Eric Dalen)通过研究挪威人的价值观和态度,在1989年提出用"现代—传统"和"物质主义—理想主义"两个维度来区分生活方式,将人们划分为现代物质主义者、现代理想主义者、传统理想主义者和传统物质主义者四种类型。他将这一研究结论应用于旅游领域,认为旅游者同样可以按生活方式划归到这四种类型中(见图3-5)。

理想主义

传统理想主义者　　现代理想主义者

传统 ←————————→ 现代

传统物质主义者　　现代物质主义者

物质主义

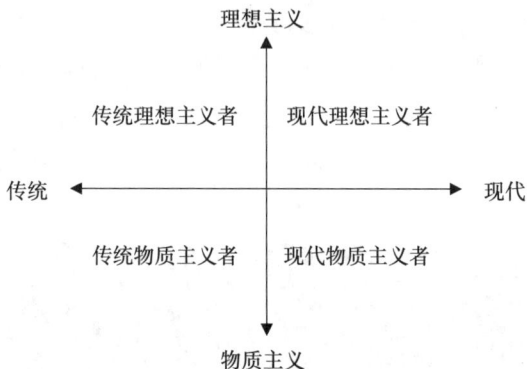

图 3-5　达伦的旅游者分类

1. 现代物质主义者

这类旅游者喜欢日光浴,他们要求当他们度假归来时阳光能在他们身体上留下痕迹,而不关心是否会有得皮肤癌的危险;他们喜欢夜店和聚会,喜欢快餐,更热衷于酒水饮料;娱乐和充满刺激的活动是他们度假的重要组成部分。

2. 现代理想主义者

这类旅游者追求刺激和娱乐,但更倾向于参与智力类的活动。良好的环境和氛围以及好朋友的陪伴对他们很重要。艺术、文化、新奇的目的地和体验是旅行的必需品。他们不喜欢大众旅游或固定的行程安排;而且愿意支付较高的旅游费用。

3. 传统理想主义者

这类旅游者追求品质,喜欢自然景观和历史文化胜地,注重宁静和安全。他们多选择文化主题型的包价旅游产品,也常常进行探亲访友之旅。

4. 传统物质主义者

这类旅游者总是寻求低价和特供产品,喜欢传统的大众旅游和包价旅行,害怕孤单,具有很强的个人安全的需求。

(五)按人格特征划分的旅游者类型

斯坦利·C.普洛格(Stanley C. Plog)是美国旅游学界著名学者,同时也是普洛格调查公司创始人。他对旅游者心理类型的研究起始于1967年,当时他受多家航空公司、飞机制造企业和新闻媒体的委托针对人们为何不愿乘坐飞机展开了一项研究。通过对60多位收入高却不愿乘坐飞机的人士进行深度访谈,以及200个电话调查和1600家入户访谈,普洛格发现了一类具有相似心理特征的人群并把他们称作不坐飞机的自我中心者。广泛性焦虑、无力感和行动边界有限是这类人群的共有特征。普洛格在后续研究中逐渐发现另外一类具有相反心理特征的人群——多中心者。他将具有不同人格特征的旅游者与旅游目的地选择偏好关联在一起,并于1974年在《康奈尔酒店与餐饮管理季刊》发表论文提出了旅游者人格特征分类模型。后来,这个模型成为旅游学科重要的基础理论之一。

2001年,普洛格又在《康奈尔酒店与餐饮管理季刊》发表论文,对原有的旅游者人格特征分类做出了调整,并将其与目的地生命周期相联系,对目的地受欢迎程度的起落变化做出了解释。文中,他对两种处于极端的旅游者人格类型进行了名称修改,用"依赖型"替代了"自我中心型",用"冒险型"替代了"多中心型"。这两种类型的旅游者处于正态分布曲线的两端,所占比重较低。依赖型旅游者大约占总人数的2.5%,冒险型旅游者所占比重略高于4%。剩余部分则分布着近依赖型旅游者、近冒险型旅游者,以及由中间依赖型旅游者和中间冒险型旅游者组成的比重最大的中间型旅游者,如图3-6所示。接下来,我们重点了解一下依赖型旅游者、冒险型旅游者和中间型旅游者的特点。

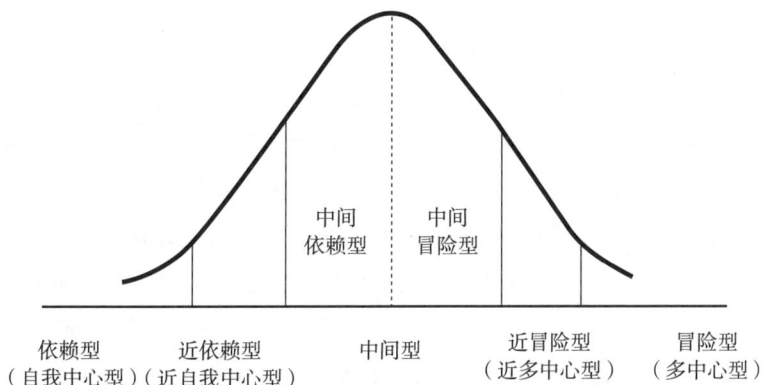

图3-6　普洛格旅游者人格特征分类模型

1.依赖型旅游者

具有依赖型人格特征的旅游者不经常旅游,即便旅游,出游时间也相对较短;他们在目的地的人均消费较低;偏爱乘坐家庭轿车、房车或运动型多用途汽车出游,而不喜欢乘坐飞机,因为这样可以带更多的东西,这会让他们感到旅行更有家的感觉,也会让他们少一点焦虑。他们喜欢和亲友住在汽车旅馆或廉价旅店,喜欢成熟的旅游景点以及熟悉的娱乐活动。充满阳光和快乐的地方是他们的首选,因为他们在那里可以放松,他们喜欢在沙滩或泳池边晒太阳,而且活动量也比较低。如果出国旅游,他们不会采用自助游的方式,而是购买旅行社的产品前往著名的旅游地。他们会购买很多纪念品,而且可能会多次故地重游。

2.冒险型旅游者

具有冒险型人格特征的旅游者会经常外出旅游,出游时间相对较长,人均花费也多一些,而且比其他群体乘坐飞机的频率更高。当然,冒险型旅游者不会排斥其他交通方式,但他们愿意多花一点钱乘坐飞机,这样能节省时间,在目的地多玩一会。他们尤为偏爱非主流的、未开发的目的地,能够接受简陋不便的住宿设施,喜欢参与当地风俗活动。出国旅游时,他们会采用自助游的方式,即便语言不通,也不愿参加旅游团。他们会积极地探索并了解旅游地,而不是沉浸于阳光或美酒中。他们购买的主要是当地的工艺品,而不是纪念品。每年他们都会去寻找新的目的地来丰富自身体验,而不是故地重游。这些旅游体验会增强他们的自信和价值感,让未来的旅行更非同寻常。

3.中间型旅游者

具有中间型人格特征的旅游者介于两个极端类型之间,是特点不明显的混合型,但在人群中所占的比重是最大的。他们对旅游目的地的选择通常不苛刻,一般会避免选择传统的旅游热点地区或风险很大的未开发地区。这种类型根据个性特征倾向还可细分为中间依赖型和中间冒险型。

模块二 旅游动机

人类的旅游需要自古有之。当人们已初步具备自由时间和审美意识并且能够自主地利用自由时间进行休闲娱乐时,旅游需要就自然而然地出现了,只不过,在生产力极不发达的社会里,旅游只是极个别的现象,往往只有特权阶层才能享有。但现代社会中,旅游已发展成为普通大众人人可以享有的休闲方式。

2019年,人民论坛问卷调查中心发起了"新时代公众的休闲娱乐状况调查",面向31省、直辖市、自治区发放了2633份问卷。调查结果发现,球类、徒步、长跑等体育运动和修身养性的项目以及旅游是公众在日常生活中比较喜欢的三种休闲方式。可见,随着人民生活水平的不断提高,越来越多的人选择以旅游的方式来度过自己的闲暇时间。

那么,人们为什么旅游?是什么推动着他们走出家门前往另外一个地方?他们想通过旅游获得什么?这些都是旅游者研究涉及的基本问题。想回答这些问题,我们首先要借助心理学的动机模型来了解人类行为的动力机制。

一、动机模型

动机是心理学的重要概念之一,这个词来源于拉丁文"Movere",即"推动"(to move)的意思。动机是指引个体行为,维持该行为并引导该行为向某一目标靠近的内在过程。人们的各种行为和活动都是由动机引起的。动机虽然会影响可见的行为,但动机本身并不能看得见或摸得到,它是一种内在过程,我们无法直接测量或观察动机,但它却会影响我们的行为表现。

动机由内驱力和诱因两个基本因素构成。内驱力是个体内部推动行为的力量。诱因是行为目标对行为者的刺激。内驱力是动机中"推"的力量;诱因是动机中"拉"的力量。也就是说,人的行为不仅会受到内在需要的"推动",而且也会受到外部刺激的"拉动"。大多数情况下,人的行为是由内在需要和外在诱因共同驱动的。

内驱力是在需要的基础上产生的一种内部唤醒状态或紧张状态,而需要是指生理上或心理上的缺失或不足所引起一种内部的紧张状态。诱因是驱使人们产生一定行为的外部因素,它与内驱力相对应。在实际生活中,人的行为往往取决于内驱力与诱因的相互作用。但不管诱因的作用有多大,它都必须通过内驱力才能起作用。也就是说,只有当诱因唤醒个体,使处于潜意识状态的内驱力转变为意识状态的内驱力时,才能引发个体的行为,并形成持久的动力。动机模型如图3-7所示。

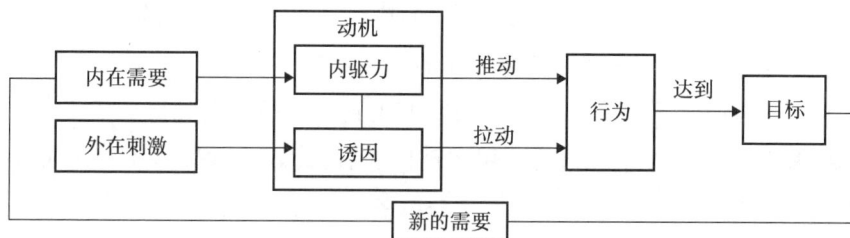

图3-7 动机模型

想象一下,你经过长途跋涉终于抵达目的地,办理好入住手续后疲惫地躺在客房的床上,这时你感到有点饿,想要找点吃的,于是坐了起来,正好客房书桌上有附近餐馆的介绍手册,你拿起手册翻看起来,上面菜品的照片让你感到更加饥肠辘辘,于是你选择了其中的一家餐厅,然后去那里饱餐了一顿。返回酒店的路上,你看到小吃店里摆放着精美的当地小吃,虽然你已经吃饱了,但你还是买了一份尝了尝。在整个寻求食物的过程中,最初去餐馆就餐的行为是生理需要引起的,你因为饥饿而产生内驱力,同时,美食照片对你产生了诱惑,强化了你寻找食物的动机,在内外因素共同作用下,你去餐馆填饱了肚子;从餐厅出来时,很显然你已经不饿了,但在街边小吃的强烈刺激下,即使你对食物没有内在的需要,还是会忍不住品尝一下。

用动机模型来审视旅游,我们可以尝试回答之前提出的问题——人们为什么旅游?旅游是人类的一种行为,而推动人做出这种行为的内在动力源泉是旅游动机。之所以会产生旅游动机是由于人处于缺乏旅游状态而产生旅游需要,为了补偿缺失、恢复平衡,人们要采用旅游的方式来达成目标;旅游动机也可能来自外在的刺激,这种刺激对潜在旅游者具有诱惑力,将他们潜意识里的动机唤醒,让他们意识到内心深处的呼唤,从而踏上旅途;但更多情况下,人们是在内在动机和外在动机的共同作用下走出家门到其他地方去旅游的。当人们通过旅游达成了目标,得到了满足,之前旅游的需要就会相应地消退,新的需要会浮现出来。

二、旅游内在动机——旅游需要

从个体角度来看,旅游需要并非生而有之。与饮食、睡眠这些生理需要相比,旅游需要显然不是人们最基本的需要。这一需要的产生与个体的认知水平、所处生命及家庭周期阶段以及社会环境有着密切的关系。在极端情况下,有些人可能一生都未产生过旅游需要。

从社会角度来看,旅游需要也并非与人类历史同在。在生产力不发达的时期,人们受生存问题的困扰,要解决的第一要务就是满足生理需要,在这种情况下,旅游需要尚未内化到人类需要系统中,即便存在,也是极个别的现象。然而,随着社会生产力的发展,个体自由时间增加,经济能力也不断提升,这为旅游需要的形成提供了外部支持条件;当社会进入富裕阶段后,休闲的重要性日益凸显,旅游作为能够满足人类某些特殊社会需要的一种休闲活动被制度化地培育起来,旅游需要也逐渐内化到人类需要系统中,成为现代人普遍存在的一种需要。

人们对旅游需要的认识,在很大程度上受到了美国著名社会心理学家亚伯拉罕·马斯洛(Abraham Maslow)需要层次理论的启发。这一理论对深入解析旅游需要具有重要参考价值。我们来了解一下马斯洛的需要层次理论。

马斯洛需要层次理论是著名的需要理论之一,对后世的影响非常深远。他在1943年出版的《人类动机理论》一书中提出了五个层次的人类需要金字塔,从低级到高级依次是生理需要、安全需要、归属和爱的需要、尊重需要和自我实现需要。后来,随着马斯洛自身思想的不断成熟,需求层次理论也不断完善。在1954年出版的《动机与人格》一书中,马斯洛补充了认知需要和审美需要。晚年时期,马斯洛发现人类天性中还有一种比自我实现更高的追求——超越自利动机的自我超越需要。1969年,他在《超个人心理学杂志》上发表了《超越的种种含义》和《Z理论》两篇文章,详细阐述了超越者的特征。这样,马斯洛需要层次理论中,除了那些为个体发展服务的需要层次,又增加了为人类发展服务的超越需要(见图3-8)。

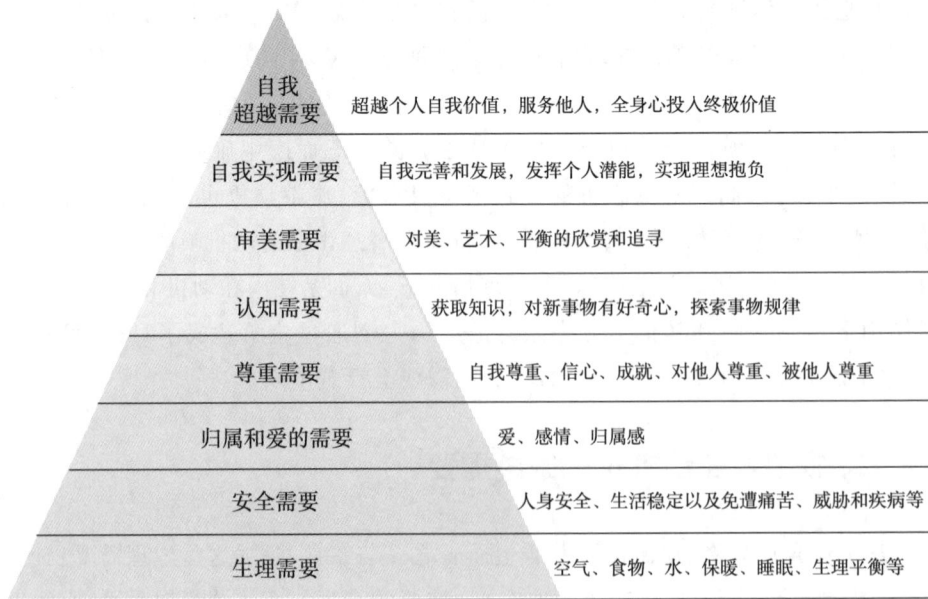

自我超越需要	超越个人自我价值,服务他人,全身心投入终极价值
自我实现需要	自我完善和发展,发挥个人潜能,实现理想抱负
审美需要	对美、艺术、平衡的欣赏和追寻
认知需要	获取知识,对新事物有好奇心,探索事物规律
尊重需要	自我尊重、信心、成就、对他人尊重、被他人尊重
归属和爱的需要	爱、感情、归属感
安全需要	人身安全、生活稳定以及免遭痛苦、威胁和疾病等
生理需要	空气、食物、水、保暖、睡眠、生理平衡等

图3-8　马斯洛需要层次理论示意图

马斯洛认为，人类需要存在一种渐进的层次，通常要先满足基本需要，当较低层次的需要得到满足后，层次结构中更高层次的需要才显得突出和紧迫。一般情况下，人类需要的满足都会遵循这样的秩序，但也有例外，可能存在较低层次需要没有得到满足，而更高层次的需要占主导地位的情况。例如，通常情况下是"衣食足而知荣辱"，但也存在为了旅游而从牙缝里省钱的情况。在理解需要层次时，我们不能把不同层次的需要割裂开去看。马斯洛始终认为，不同层次的需要构成了一个连续统一的系统，所有行为都是由多种或全部基本需要决定的，并非仅由其中的某一种需要而定。

在马斯洛的需要层次中，处于相对中高层次的需要往往是促使人们外出旅游的原动力。虽然从根本上说，旅游需要是追求愉悦、休闲体验，但具体来看，人们实现愉悦的出发点是不同的，有些人需要通过旅游来加深人和人之间的感情从而获得愉悦，有些人则渴望受到优待和尊重，还有些人出于增长见识、享受美好、挑战自我或帮助他人的需要而产生了旅游的念头。总体上看，各种具体的旅游需要所对应的是马斯洛需要层次中偏重精神层面的那些需要。

【知识关联】

新时代我国社会主要矛盾

新时代，我国社会主要矛盾已由"人民日益增长的物质文化需要同落后的社会生产之间的矛盾"转化为"人民日益增长的美好生活需要和不平衡不充分的发展之间的矛盾"。"物质文化需要"已经不能全面概括当前人民群众全方位、多层次的需要，人民对于物质文化的需要层次更高，从追求数量到追求品质，追求更多的是美好生活的需要。"人民日益增长的美好生活需要"，这一科学判断有利于更加全面分析和把握多方面、多样化、个性化、多变性、多层次的人民需要，对于更好地坚持以人民为中心的发展思想，不断满足人民群众追求美好生活的各项需求，与时俱进地研究分析人民群众需要的时代特点和演变发展规律，以及制定具体的方针、政策和战略，都有重要的理论意义和实践意义。

三、旅游外在动机——旅游诱因

需要是支配有机体行动的内部原因，诱因则是能引起人进行活动的外界刺激或情境。由于人类需要的发展性及复杂性，能引发人类活动的诱因也非常丰富和复杂。有些是和人类的物质需要的满足有关的，有些是和人类的精神需要的满足有关的。前者可以称为物质诱因，后者可以称为精神诱因。在商品经济发达的今天，物质诱因和精神诱因无处不在，商家们推出的各种限时促销、满减优惠、买一赠一活动诱使人们产生外出旅行的念头,并引导他们预先做出各种出行选择,而朋友圈里好友的旅游美照也会促使人们产生炫耀性消费的旅游动机。

四、旅游动机相关理论

在有关旅游动机的研究中,影响较为深远的理论有菲利普·皮尔斯提出的旅游动机模型、丹恩提出的"推-拉"理论以及艾泽欧-阿荷拉的"逃避-寻求"理论。

(一)皮尔斯的旅游动机模型

受马斯洛需要层次理论的启发,皮尔斯先后发展出有关旅游动机的两个模型,即旅游生涯阶梯(travel career ladder)模型和旅游生涯模式(travel career pattern)模型。

皮尔斯在马斯洛需要层次理论的基础上提出了旅游生涯阶梯模型,认为旅游动机从低到高包含放松、刺激、关系、自尊和发展以及自我实现五个层级,而随着人们旅游经验的不断积累,旅游动机会沿着阶梯从较低层次向较高层次转变。

这一模型提出后得到了学者和业界人士的认同,但同时也引发了众多学者的讨论。皮尔斯本人也指出该模型并不能有效预测旅游者的动机。在后续研究中,皮尔斯以旅游生涯阶梯模型为原型,提出了旅游生涯模式模型。

该模型摒弃了旅游生涯阶梯模型提出的线性演变方式,将旅游动机重新划分为14种类型,并按照重要程度划分出核心动机层、中间动机层和外部动机层(见图3-9)。最重要的动机嵌入核心动机层,包括猎奇、逃离/放松、各种关系;中间动机层是中等重要的动机,包括内部导向的自我提升和自我实现动机以及外部导向的自然、亲情和自我发展动机;外部动机层由较次要的、相对稳定的旅游动机构成,包括隔离、刺激、社会地位、怀旧和自主。皮尔斯指出,随着人们旅行经历的不断丰富,实现自我发展和体验自然的旅游动机会变得越来越重要,而亲情和自我提升动机的重要性则会减弱。

(二)"推-拉"理论

"推-拉"理论最早是针对人口迁移提出的一个理论。该理论认为,人口迁移是迁出地的推力或排斥力和迁入地的拉力或吸引力共同作用的结果。"推-拉"理论提出以后被广泛应用到其他领域,用来解释某一社会现象或行为发生的原因。

1977年,美国学者丹恩首次将"推-拉"理论应用到旅游研究领域来解释旅游流。其中,推力因素是指游客的社会心理动机,旅游动机在社会方面来自失范的状态(个体在社会中感受到无意义和无规范的状态),而在心理方面则来源于自我提升的需要;拉力因素则是由于被特定目的地吸引所产生的动机。丹恩更钟情于"推力"因素,认为"推力"因素是一种特殊的力量,它能够影响一个人做出外出度假的决定,而"拉力"因素则影响一个人做出到哪里度假的决定。

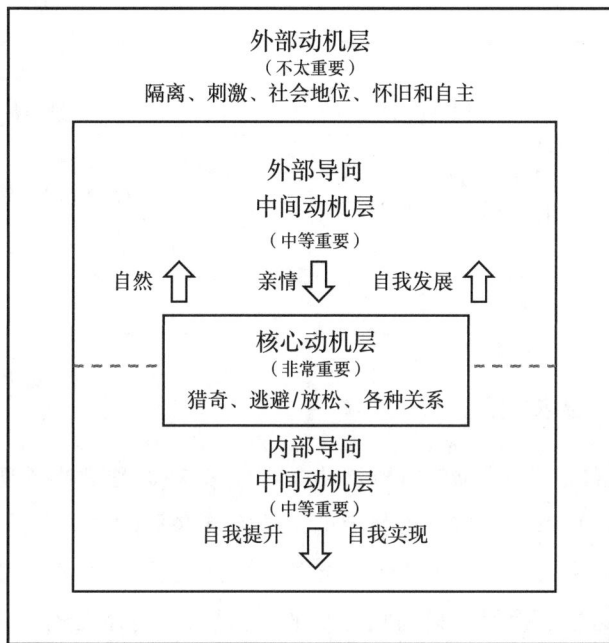

图 3-9 皮尔斯的旅游生涯模型

(引自 MacInnes，Ong 和 Dolnicar，2022)

在这一理论框架下，许多学者们针对不同旅游情境的推力和拉力因素进行了研究，识别出了具体的动机。表 3-1 列出了部分针对旅游动机推力因素和拉力因素的相关研究发现。

表 3-1 部分针对旅游动机推力因素和拉力因素的相关研究发现

研究者	研究发现	
	识别出的推力因素	识别出的拉力因素
Dann（1977）	失范、自我提升	—
Crompton（1979）	逃避、自我探索和评估、放松、获取声望、回归、增进亲情、社交互动	新奇和教育
Yuan 和 McDonald (1990)	逃避、新奇、声望、增进亲情、放松/爱好	预算、文化历史、荒野、旅行便利、都市环境、设施、狩猎
Fodness (1994)	自我防御、知识、报酬最大化、惩罚回避、价值表达、社会调适	—
Uysal 和 Jurowski (1994)	重获家庭和团聚体验、运动、文化体验、逃避	娱乐/度假、户外/自然、遗产/文化、乡村/低价
Turnbull 和 Uysal (1995)	文化体验、逃避、重获家庭体验、运动、声望	遗产/文化、城市飞地、舒适/放松、海滨度假地、户外资源、乡村/低价

73

续表

研究者	研究发现	
	识别出的推力因素	识别出的拉力因素
Oh, Uysal 和 Weaver (1995)	知识/才智、亲属交往、社交、新奇/冒险、娱乐/声望、运动、逃避/休息	历史/文化、运动/活动、安全/高端、自然/户外、低价/廉价
Cha, McCleary 和 Uysal (1995)	放松、知识、冒险、炫耀旅行、家庭、运动	—

(三)"逃避-寻求"理论

美国学者艾泽欧-阿荷拉的"逃避-寻求"理论是在心理学唤醒理论基础上提出的。唤醒理论认为,每一个体都有特定的最佳唤醒水平,人们会通过不断地变换活动,让自身处于一个最佳的唤醒水平。当外界刺激较弱,唤醒水平低于最佳唤醒水平时,人们就会通过变换活动提高唤醒水平。例如,人们处在较舒适安逸的生活环境里,会觉得无聊,从而想寻求一些激烈、有挑战性的活动;而当外界刺激较强,唤醒水平高于最佳唤醒水平时,人们就会通过变换活动降低唤醒水平。因此,人们处在高强度的工作压力下时,会想要逃离到安静的地方,让自己放空一段时间。

艾泽欧-阿荷拉依据这一理论,在1982年和1984年发表的论文中提出了旅游动机的"逃避-寻求"理论,认为旅游行为是一个辩证发展、不断优化的过程,人们会同时受到两种动机的影响:一种是摆脱日常所处个人环境或人际环境的渴望,另一种是寻求个人回报或人际关系回报的渴望。简单来说,旅游动机包含两个维度,一个是逃避,一个是寻求。

无论是逃避动机还是寻求动机,都会涉及个人和人际两个维度(见图3-10)。人们可以逃避个人环境(例如逃离个人的糟心事、困难或失败),也可以逃避人际环境(例如同事、亲朋好友或邻居);可以寻求个人回报(例如驾驭感、了解异域文化、放松休息、重获新生、提升自我以及获得声誉),也可以寻求人际关系回报(例如扩大社交面、与当地人或旅游团其他成员互动、和老朋友去新地方或和新朋友去老地方)。

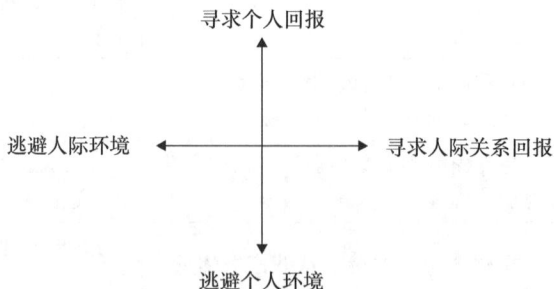

图 3-10 "逃避-寻求"理论

艾泽欧-阿荷拉认为,在大多数情况下,对多数人而言,外出旅游更多的是出于逃避动机而不是寻求动机。出于逃避动机而旅游的人,可能逃避的是过度刺激的日常环境,也可能逃避的是缺少刺激的个人或人际环境。每个人理想的最佳刺激水平是不同的,日常生活中真正体验到的刺激也存在差异,这些会导致人们产生不同的旅游偏好。如果生活中体验到的刺激水平低于理想状态,人们就会期待旅行充满新奇和刺激。而如果生活中的刺激超出了人们想要的程度,人们就会偏爱宁静无扰的假期。为达到最佳刺激水平,人们要在新奇和熟悉之间做出权衡;同样,在人际交往方面也要寻求最优解,确定何时独来独往,何时向他人敞开心扉。

【专家剖析】

"90后"出境旅游动机及价值追寻

邢宁宁等(2018)通过对15位有出境旅游经历的"90后"进行访谈,发现中国"90后"群体出境游动机包含"人文历史、自然风光、购物、自我提升、增长知识、增进人际关系"等推拉动机。同时,"90后"生于改革开放后社会较为稳定、物质相对富足、社会支持度较高的时代环境下,并受其生活经历简单、受教育程度较高、心理年龄较小等个人特征的影响,产生了"自信、张扬、追求物质享受及享乐、刺激"的价值观,消费行为特征表现为"乐于探索、敢于冒险、崇尚独立、乐于彰显个性"。作为独生子女一代,"90后"具有强烈的亲密情感需求,受互联网信息来源手段便利及多元化的影响而塑造出较为开放的思想及社会交往方式。基于此,"90后"又展现了"新奇刺激冒险、低价/高性价比、好友同游、自由、社交交友、住宿体验等"具有代际独特性的出境旅游动机及"幸福感、满足感"的价值追寻。

(资料来源:邢宁宁、杨双双,2018年10月13日,《旅游学刊》,有改动。)

模块三 旅游需求

在上一模块中,我们了解到需要是行为的内在动力,是属于心理学范畴的一个术语。在这一模块中,我们会接触到与需要含义十分相近的另外一个术语——需求。日常生活中,人们通常不会对这两个词加以区分,但从管理学和经济学的角度看,二者还是存在差别的。需求是指消费者在某一特定时期内,在某一价格水平上愿意而且能够购买的商品量。仅仅有购买意愿,不能称之为"需求",需求必须同时具备两个条件:一是要有购买意愿,二是要有支付能力。这样看来,需求指的是实际能够得到满足的需要。比如,一个人很想外出旅游,有着强烈的旅游需要,他梦想着能够开启一次南极探险之旅,只可惜囊中羞涩,无力支付昂贵的旅行费用,于是他放弃了南极之旅,转而选择了自己消费能力范围内的日韩游,这样,日韩游成为他的旅游需求。现实生活中,并不是所有潜在的旅游需要都会转变为实际的旅游需求。在这一模块中,我们将探讨从旅游需要转变为旅游需求所必须具备的条件、存在的客观障碍以及旅游需求的影响因素。

一、旅游需要转变为旅游需求的必要条件及客观障碍

(一)旅游需要转变为旅游需求的必要条件

俗话说:"有钱有闲才能旅游。"这句话表明,个人的旅游需要只有在拥有可自由支配收入和可随意支配时间的条件下才有可能转变为现实的旅游需求。它指出了旅游需要转变为旅游需求的两个重要条件:经济条件和时间条件。

1.经济条件

对个体而言,旅游并不是维系生存的必需品。只有满足了最基本的生活需要后,人们才会考虑将剩余的收入用于旅游消费。经济条件不具备的话,人们对旅游只能望洋兴叹。而是否具备外出旅游的经济条件,要通过可自由支配收入水平的高低来衡量。通常,个人或家庭的收入可划分为可支配收入和可自由支配收入两个部分。

可支配收入是指个人或家庭的总收入扣除全部纳税后剩余的可用于支配的收入。可自由支配收入是指在可支配收入的基础上,再扣除社会性保障消费(按规定应由个人负担的养老保险、失业保险、医疗保险等社会保障费用的预支,这些费用通常在发放工资时扣除)以及日常生活必需消费(衣、食、住、行)后的余额。这部分收入可用于旅游或其他消费。

对个人和家庭而言,首先要确保的是衣、食、住、行等基本的生活消费,如果可自由支配收入用于购买基本生活所需后所剩无几,那旅游的可能性也就微乎其微了。反之,旅游的可能性就会更大。一个家庭可自由支配收入水平的高低可以通过恩格尔系数体现出来。恩格尔系数是指居民家庭中食物支出占消费总支出的比重。19世纪德国统计学家恩格尔根据统计资料得出一个规律:一个家庭收入越少,家庭收入中(或总支出中)用来购买食物的支出所占的比例就越大;随着家庭收入的增加,家庭收入中(或总支出中)用来购买食物的支出比例则会下降。恩格尔系数越低,表明家庭可自由支配收入水平越高,可用于旅游消费的金额越多。2023年,我国居民恩格尔系数已由20世纪80年代的50%以上下降至29.8%,可自由支配收入水平的逐步提升使得越来越多的普通大众具备了外出旅游的经济实力。

2.时间条件

个体的时间分配大致划分为四类:工作时间、满足生理需要的时间、家务和社

交活动时间以及闲暇时间。

（1）工作时间用来从事工作或生产活动,包括法定工作时间和附加工作时间（加班或第二职业等）。

（2）满足生理需要的时间用于维系生命、恢复体力,包括吃饭、睡觉、休息等所用时间。

（3）家务和社交活动时间用于处理家庭事务和从事各种必要的社会活动。

（4）闲暇时间是个体可自由支配的时间。

在人类社会发展历程中,随着生产力水平的不断提升,人们的闲暇时间通过制度化的规定得以逐步增加,这就为旅游活动的发生提供了有利条件。旅游是人们从日常生活抽离出来的一段短暂时光,依赖于生活中可以自由使用的时间板块,比如每周余暇、公共假日和带薪假期。

目前,我国已形成由每周2天休息日、11天法定年节假日以及5—15天的带薪年休假组成的休假制度,年总休假时长达到120—130天。中国旅游研究院发布的《中国休闲发展年度报告（2023—2024）》显示,2019—2023年,我国城镇居民在工作日、周末及节假日的每日平均休闲时间均逐步增长,尤其在2023年有较大幅度的提升。休闲已成为城镇居民在有偿工作后的首要选择,每日平均休闲时间仅比工作时间少1.11小时;在周末和节假日,休闲时间占据第一（见图3-11）。休假制度深刻地影响着国民的生活方式与消费模式,也为旅游发展提供了时间上的支持。

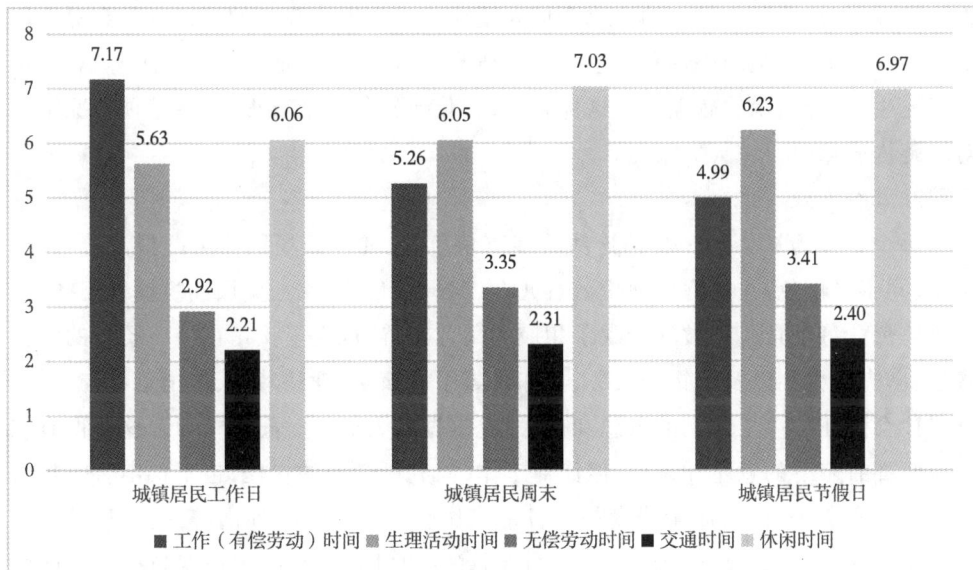

图3-11 城镇居民时间分配情况（单位：小时）

（资料来源：《中国休闲发展年度报告（2023—2024）》,中国旅游研究院。）

（二）旅游需要转变为旅游需求的客观障碍

经济条件和时间条件是人们从事旅游活动的必要条件,但并非有钱有闲就会外出旅游,即便个体有旅游意愿,也很可能会因为生活中的种种羁绊而无法出游。空间隔障、文化差异、社会责任和身心障碍这些因素都可能成为开展旅游活动的客观障碍。

1. 空间隔障

旅游活动中,旅游者要在不同地点之间进行空间位移以获得愉悦体验。现代社会建立起的发达的交通运输体系为人类空间移动提供了便利和安全保障,大大缩短了旅行往返所需的时间,使人类活动的空间范围不断得以扩展,但是,由于很多旅游目的地处于偏远地带,文化上的差异甚至社群或行政上的区隔成为潜在旅游者面前的一道难以逾越的"鸿沟",加大了他们出行的难度,让很多潜在旅游者只能心向往之而实不能至。尽管随着世界各国的进一步开放交融以及交通运输业的发展,人类将在世界更多的角落留下旅游的印记,但个体面对的空间障碍是永远不会完全消除的。

2. 文化差异

人类社会经济生活、政治生活、历史背景、地缘环境以及人种和民族特质等诸多方面存在的差异和多样性,决定了文化之间也存在无法消弭的差异。这也正是吸引人们离开常住地前往异地旅游的主要驱动力之一。一方面,文化差异会促使人们产生好奇心,推动人们外出旅游去追求不同的文化体验;但另一方面,如果文化差异过大,反而会让人产生不安和恐惧的心理。心理学的研究结果表明,趋同的文化会对人缺乏吸引力,而反差过大的文化会使人望而却步。因为较大的文化差异会对人们形成巨大冲击,产生的心理和情感上的不适应,表现为对当地文化的不理解、难以融入当地生活、价值观的碰撞等。这样看来,文化差异是一把双刃剑,在某种情况下会对旅游构成障碍。

3. 社会责任

每个人作为社会的一员都扮演着多重角色,比如在职场层面可能扮演着领导、员工、同事等角色,在家庭层面扮演着儿女、父母等角色,在社交层面扮演着闺蜜、恋人等角色。每个角色都被社会赋予相应的角色期待,规定了该角色应该履行的社会责任、享有的权利以及承担的义务,比如好妻子应该对家庭和家人做出牺牲和奉献。这些社会责任约束了人们的思想和行为,也占据着人们的时间和精力。这使得有些人即便拥有旅游的意愿和条件,但面对工作、家庭所赋予的责任,也不得不暂时将旅游计划搁置起来,因为旅游毕竟是对日常工作生活环境的一种逃避,是对日常责任的摆脱。这样看来,社会责任也是制约旅游的一个因素,其制约程度与社会发展水平、开放程度、家庭结构及成员间关系、社会伦理道德和习俗特征等因素有着密切的关系。

4. 身心障碍

旅游需要人们离开惯常环境去身临其境地感受旅游目的地从而获得具身体验。个体必须在身体和心理状态适宜的前提下才能从事旅游活动。虽然现代旅游服务体系能够帮助人们应对旅游中可能遭遇的诸多困难,但对于身心受限的个体而言,出门旅游仍是举步维艰。旅行家小鹏在他的著作《背包十年》中曾用"把双脚放在地狱,把眼睛搁在天堂"来描述他的旅游感受。可见,虽然旅游能够给人们带来精神上的愉悦和满足,但旅途中体力消耗还是很大的。身体健全的人都难免因旅途劳顿而吃不消,身心障碍人士遇到的难处就可想而知了。在现实和远方之间,身心障碍也是束缚人们外出旅游的一道"鸿沟"。

【慎思笃行】

熊红霞:帮助20万残障人士圆旅游梦想

熊红霞是四川圆梦助残公益服务中心理事长。多年来,她组织了四届"三百残疾人圆梦九寨"、六届"百名盲人看草原""无障碍体验活动""首届全国无障碍旅游发展论坛""定向帮扶残疾人就业和创业"等大型公益活动,帮助20多万残障人士圆了旅游梦。

旅游管理专业毕业的熊红霞,2000年开了一家旅行社。2013年,几位残障人士辗转找到她,希望到九寨沟旅行。得知对方找遍了大小旅行社都没有人愿意接待后,熊红霞决定自掏腰包,征集300名残障人士,以半公益的形式帮他们完成旅游愿望。没想到征集活动一开始,就有很多残障朋友报名,很快300个名额就报满了。洪雅东岳村的一名残障朋友周明芬因为名额已满,便打电话苦苦请求熊红霞给她一次走出家门的机会,她已经20年没有走出家门了。为了核实情况,熊红霞和同事专门开车去了周明芬家中。一见到熊红霞她们,周明芬就哭诉已经20多年没有出过家门,希望给她个机会出去看看外面的世界。周明芬的心愿让熊红霞难以释怀,也让她帮助残障人士圆旅游梦想的决心更加坚定。

为了确保出行安全,熊红霞事先带着一位残障朋友,一起去了趟九寨沟,考察旅游线路、景点、酒店、公共卫生场所等。即便如此,由于当时景区的无障碍设施不足,旅行团正式出发以后,残障朋友们出行的举步维艰和小心翼翼仍让熊红霞深受触动。旅行团成员中有的上肢残疾、有的下肢残疾,还有小儿麻痹症的、截瘫的,甚至有些要插导尿管。有些残疾朋友为了不给志愿者添麻烦,就自己垫尿不湿或者少喝水。吃喝拉撒顺理成章的事情,对残疾朋友来说都是举步维艰、障碍重重。可能一个小小的台阶,对坐轮椅的残障朋友来说,就是珠穆朗玛峰。看到残障朋友们的种种不易,已经去过上百次九寨沟的熊红霞第一次在那里流下了眼泪。回来后,一帮盲人朋友又找到熊红霞,希望她也能带着他们出去旅游,他们想要去看蓝天、白云、草原、去骑马,看花湖。就这样,越来越多的残障朋友联系到熊红霞寻求帮助。

通过和残疾人朋友们的长期接触,熊红霞被他们所感动,她希望尽自己的能力为他们做点事情,呼吁更多的人来关注和帮助他们走出家门,推动无障碍的发展。这个想法得到她们团队方亮、张海燕和导师王川教授以及好友王文轩的支持,于是他们成立了四川师范大学历史文化与旅游学院无障碍旅游研究与发展中心、四川圆梦助残公益服务中心、圆梦之旅无障碍爱心联盟。她希望通过公益、市场、学术、媒体、政府、残疾朋友六方联动,共同促进无障碍环境建设和发展,让更多的残疾朋友走出家门。

在2014年至2019年,熊红霞带领团队先后组织了四届"三百残疾人圆梦九寨"、六届"百名盲人看草原""无障碍体验活动""首届全国无障碍旅游发展论坛""定向帮扶残疾人就业和创业""有爱无碍,推动无障碍"等多次大型公益活动,帮助20多万残疾朋友圆了旅游梦,开展"致公圆梦大讲堂",完成残疾人素质拓展培训4398人次,举办就业创业招聘会36场,帮助2000多名残疾人就业创业,购买无障碍大巴车,推动了全国上百处景区进行了无障碍改造,获得了上百项奖项,被残疾朋友亲切地誉为"圆梦使者"。

为了呼吁更多的人来关注和研究无障碍出行,熊红霞出版了无障碍旅游的学术专著《残障人士无障碍旅游入华史及其发展》。这本书是基于四川师范大学无障碍旅游研究与发展中心与四川圆梦助残公益服务中心一系列公益助残活动的探索与实践,深入、系统地研究残障人士扶助与公益助残模式创新的机制和路径,试图从不同学术视角,运用多学科研究方法,对我国残障人士无障碍旅游与社会管理机制进行研究,揭示残障人士无障碍旅游在我国的发展及其社会管理的现状等问题,并提出有价值的观点及建议。

(资料来源:中国残疾人联合会网站、央视网。)

▌知行合一

二、旅游需求的影响因素

在经济学中,需求被定义为在一定时间内和各种价格条件下,消费者对某种商品或服务愿意而且能够购买的数量。经济学领域的需求是在假定其他因素不变的条件下,去考量需求量与价格之间的变动关系。这样的话,需求就存在一个规律:在其他条件不变的情况下,当一种商品的价格上升时,商品的需求量下降;当价格下降时,需求量上升。但现实中,除了价格,需求量还会受到消费者的收入水平、偏好、预期,以及政策、购买者数量以及替代品和互补品价格的影响。

类似地,我们可以按照经济学中需求的定义来理解旅游需求。那么,旅游需求就是指在一定时间内和各种价格条件下，潜在旅游者对旅游产品愿意并能够购买的数量。在其他条件不变的情况下，旅游需求量会随着价格的上升而下降，随着价格的下降而上升。同样，旅游需求实际上也是多种复杂因素交互作用的结果。这一点可以用下面的函数关系来表示：

$$Dt = f(P_t, P_1, \cdots, P_n, Y, T, L)$$

其中：D_t——旅游需求

P_t——旅游产品价格

$P_1, \cdots, P_n$——其他物品价格

Y——个人收入

T——个人偏好

L——闲暇时间

这个用以反映各种因素变化引起的旅游需求量变化的数学表达式即为旅游需求函数。

（一）旅游产品价格对旅游需求的影响

根据经济学中的需求规律，普通产品的需求量与价格之间存在着反方向变动的关系。对于旅游产品来说，总体上这个规律仍然适用。一般情况下，人们能够理解到这一程度就可以了。但从专业的角度看，我们还需要更进一步来思考一下旅游产品的特殊性。

旅游产品是一个抽象的说法，它既可以指代单一的产品或服务，比如某一景区内的讲解服务；也可以指代由多项产品或服务构成的组合旅游产品。通常情况下，旅游者购买的大多是组合旅游产品，因为商家会尽可能提供满足旅游者多种需要的综合性产品。最具代表性的就是旅行社销售的包价旅游产品，其中包含吃、住、行、游、购、娱在内的各项旅游活动。在这些产品或服务中，有些满足的是人们想通过旅游获得的最根本的愉悦休闲体验的需要，这是旅游者的核心需要；有些则满足的是人们在旅游过程中的综合需要，其中既包含旅游者的核心需要，也包含人们日常所需满足的各种生理和生活需要。相应地，旅游产品可划分为核心旅游产品和组合旅游产品两种类型（关于旅游产品的知识，我们将在专题四中进行详细探讨）。

组合旅游产品的需求规律基本符合一般需求规律，而对旅游过程中一些核心旅游需求项目（如对观赏对象物的需求）的开支，呈现的可能是另一种变化特征（见图3-12）。当价格为 P_0 时，相应的需求量为 Q_0；但当价格上升至 P_1 或下降至 P_2 时，可能都会导致核心旅游产品需求量的减少。其中可能的原因是：核心旅游产品往往是某一旅游目的地的独特之处，垄断性较强，人们习惯通过其价格去衡量它所具有的价值。当这种产品的价格过低时，人们会怀疑其价值，觉得没有必要花费时间精力

去一个没有特色的地方,所以价格下降不一定会吸引来更多的旅游者;而当价格稍微提高但又在潜在旅游者的承受范围内时,需求量可能不会减少反而增加,因为核心旅游产品的价格上涨往往意味着人们对该产品价值的认可或产品内容和品质的提升,从而可能会带动更多的潜在旅游者购买该产品;但当价格过高时,会超出人们的支付能力,需求量自然就会减少。因此,只有适中的价格才会带来最大量的需求量。

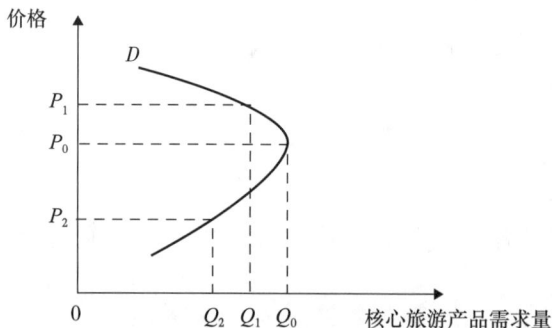

图 3-12　核心旅游产品需求量与价格关系

(二)其他物品价格对旅游需求的影响

日常生活中我们会有这样的经验,当牛肉价格下降时,人们会考虑多买牛肉而减少对猪肉的购买,猪肉的需求量会减少;而当牛肉价格上升时,人们会用猪肉代替牛肉,从而引起猪肉需求量的增加。这样的两种具有相似用途的商品被称为替代品。除了替代品,还有一类属于互补品,互补品通常是配合在一起使用的,例如电脑和鼠标。对互补品而言,当一种商品价格上升,另一种商品的需求量会减少。因为电脑涨价的话,需求量会减少,相应地,对鼠标的需求量也会减少。这样看来,替代品和互补品的价格对某一商品的需求也会产生影响。相应地,旅游需求也会受到其替代品和互补品价格的影响。

旅游产品的替代品可能是非旅游产品,也可能是具有相似功能的其他旅游产品。例如,奢侈品对旅游产品而言就是一种非旅游用途的替代品。当奢侈品价格上升时,潜在旅游者可能会降低购买欲望,转而选择同样具有炫耀功能的旅游产品,从而导致旅游产品需求量增加。具有替代性的其他旅游产品也会产生类似的影响。例如,乌镇和周庄都同属江南古镇,潜在旅游者通常在二者之中选取一个即可,如果乌镇旅游产品的价格上升,周庄旅游产品的需求量就会受到影响而相应增加。

旅游产品的互补品是旅游过程中需要搭配在一起使用的产品。例如,某一度假酒店是潜在旅游者最主要的消费对象,而想要在那里度过一个美好的假期,就需要为飞机、汽车等交通运输产品支付一定的费用。由于潜在旅游者的旅游预算通常都设有上限，无论是度假酒店价格上涨，还是交通产品价格上涨，都会导致另外一种产品需求量的减少。而互补品中任何一种产品价格下降，都会导致另一种产品需求量的增加。例如，中国联合航空推出的"随机飞""盲盒飞行家"等超值优惠产品就带动了相关旅游产品需求量的大幅提升。

（三）个人收入、偏好及闲暇时间对旅游需求的影响

除了旅游产品自身价格和其他产品价格，个人收入、偏好和闲暇时间都会对旅游需求产生影响。一般来说，个人收入与旅游需求之间的关系最为紧密。收入的增长不仅仅意味着国民的富裕程度，它还有更深刻的社会意义，可以用来间接解释国民的文化素质、期望寿命、消费观念等重要指标。在对旅游需求进行预测时，家庭收入往往比个人收入更有说服力。如果一个家庭的收入仅够勉强度日，那么这个家庭中的成员外出旅游的概率就很小，而一旦这个家庭的收入水平超过某个临界点，该家庭用于旅游的消费支出便会以更快的速度增长。当然，这个临界点在各国和各时期甚至对每个家庭或个人都是不同的。

偏好是个体基于自身感受和理性判断形成的对不同选项的喜好和偏好顺序，它影响着个人的决策和行为，以及人们满足其需要的行动方式。例如，在"十一"假期期间，有的人喜欢宅在家里做自己喜欢的事情，而有的人则偏爱通过旅游来获得身心的放松，不同的偏好使得他们选择了不同的休闲方式。但是，我们也要意识到，偏好虽然是个人的选择倾向，但同时也受到周围环境的影响。例如，社会环境的变化、个人生活环境的改变或重要他人的影响都可能改变个人的偏好。

闲暇对于旅游产品需求来说是一个决定性的制约条件，这一点我们在前文中已经探讨，在这里就不再赘述。

模块四　旅游决策

在消费者行为研究领域，学者们根据消费者收集信息或解决问题的程度将决策模型划分为有限决策模型和复杂决策模型。有限决策模型适用于重复性购买的日用品，消费者对购买介入的程度较低。复杂决策模型适用于感知风险较高的产品，消费者介入程度高，收集信息和评价备选方案在购买决策过程中举足轻重。而旅游消费毕竟不是日常消费，虽然一些短途旅游可能是临时兴起而"说走就走"，但多数情况下，旅游对人们来说还是一项重要的决定，属于复杂决策类型。

█ 行业资讯

当代年轻人旅行图鉴

一、旅游决策选择组合理论

人们在消费决策过程中总是试图减少备选方案的数量,直至做出最后决策。从经济学的角度来看,这其实是消费者对决策的效用与成本之间进行权衡的结果。心理学相关研究也为这一假设的存在性提供了依据:在决策过程中,面对众多的备选产品及相似的产品属性,消费者处理信息的能力是有限的;与此同时,消费者具有储存信息的需要,这使得消费者总是试图简化决策程序,而分类方法就是消费者减少信息量、简化决策过程的有效方法。

美国学者克朗普顿在1992年提出了选择组合理论,揭示出旅游决策所经历的三个阶段的筛选过滤过程(见图3-13)。

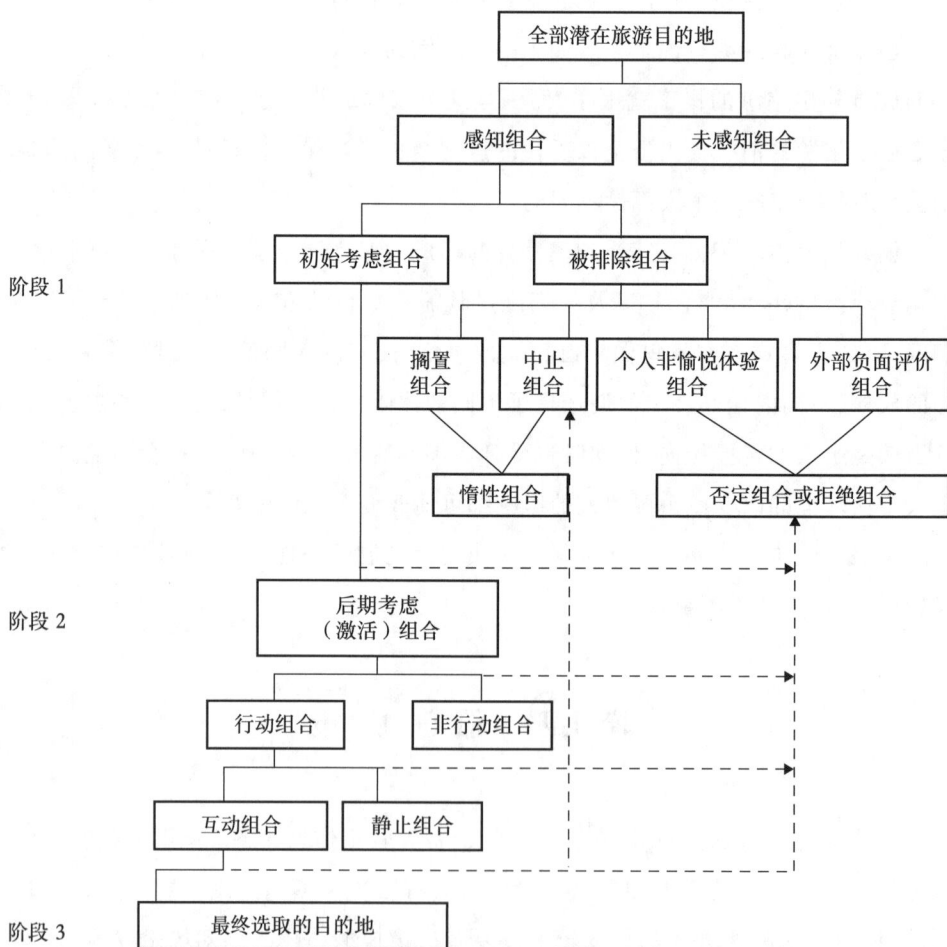

图 3-13　旅游决策选择组合

第一阶段形成旅游决策的感知组合。潜在旅游者中意的目的地类型所涉及的所有目的地构成了一个包含全部可能性的"总组合",但是他们不可能知晓所有的目的地,他们知道的目的地构成了"感知组合",而不知道的那些则构成了"未感知组合"。

第二阶段形成旅游决策的激活组合。感知组合中那些潜在旅游者认为未来可以去游玩的目的地构成了"初始考虑组合"。而那些因潜在旅游者掌握的信息不充分而无法判断的目的地就构成了"惰性组合",它们被搁置或暂缓考虑,最后很可能成为被排除的选项。还有一些选项因为以往的不愉快经历或其他消费者的负面评价而成为"否定组合(拒绝组合)",从而被排除在外。当潜在旅游者开始进行目的地决策时,"初始考虑组合"中那些因条件限制而无法前往的目的地被筛除掉之后便形成了"后期考虑组合",也就是"激活组合"。

第三阶段确定最终的旅游目的地。在激活组合中,潜在旅游者对某些目的地并未采取诸如搜索信息或问询价格这类行动,所以这些组合被称为"非行动组合";而反之则称为"行动组合"。对于"行动组合"中的目的地,如果潜在旅游者与相关商家产生互动,这些目的地就成为"互动组合",它们距离购买决策就只有一步之遥了;但有些目的地则止步于此,潜在旅游者虽然采取了行动,例如到旅行社去看了看目的地宣传手册,但随后就离开了,并没有与销售人员产生互动,这样的目的地构成了"静止组合"。这样,经过一系列的分析、评价和筛选,潜在旅游者将从互动组合中确定最终要出游的目的地。

二、个体旅游决策

瓦哈布、克朗蓬和罗斯菲尔德在1976年提出的模型是解释旅游购买决策行为较早的模型之一(见图3-14)。他们认为旅游产品购买决策具有四个特点:第一,投入带来的收益是无形的;第二,开支较大;第三,购买行为不是偶然或随意的;第四,旅游开销需要事先积攒并做好计划。

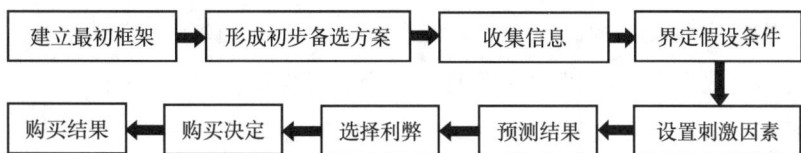

```
建立最初框架 → 形成初步备选方案 → 收集信息 → 界定假设条件
                                                      ↓
购买结果 ← 购买决定 ← 选择利弊 ← 预测结果 ← 设置刺激因素
```

图3-14　瓦哈布、克朗蓬和罗斯菲尔德模型

古道尔和库珀提出的模型较为全面清晰地概括了个体旅游者的旅游决策过程(见图3-15)。该模型将度假决策过程划分为五个环节:旅游需要识别、旅游信息收集、备选方案评估、决策形成以及旅游体验。

```
            ┌─────────────┐
            │  潜在旅游者  │
            └──────┬──────┘
                   │
            ┌──────┴──────┐
            │    动机     │
            └──────┬──────┘
                   │
        ┌──────┴──────┐
        │   个人偏好   │
        └──────┬──────┘
    ┌──────┐      ┌──────┐
    │走出家门│      │留在家里│
    └──────┘      └──────┘
      ┌──────────────┐
      │  特定的旅游目标 │
      └──────────────┘
      ┌──────────────┐
      │   信息调查    │
      └──────────────┘
   ┌──────┐  ┌──────┐
   │现有知识│  │信息收集│
   └──────┘  └──────┘
   ┌──────────────────┐
   │  目标产品的初步筛选 │
   └──────────────────┘
   ┌──────────────────┐
   │  选择可接受的产品  │
   └──────────────────┘
   ┌──────────────────┐
   │ 评估与目标有关的备选产品 │
   └──────────────────┘
   ┌──────┐  ┌──────┐
   │ 满意 │  │ 不满意 │
   └──────┘  └──────┘
   ┌──────────┐ ┌──────┐
   │保留用于比较│ │ 放弃 │
   └──────────┘ └──────┘
┌──────┐┌──────┐┌──────┐┌──────┐
│方案优选││调整旅游目标││重新调查││放弃旅游│
└──────┘└──────┘└──────┘└──────┘
   ┌──────────────────┐
   │ 预订或开始旅游体验  │
   └──────────────────┘
```

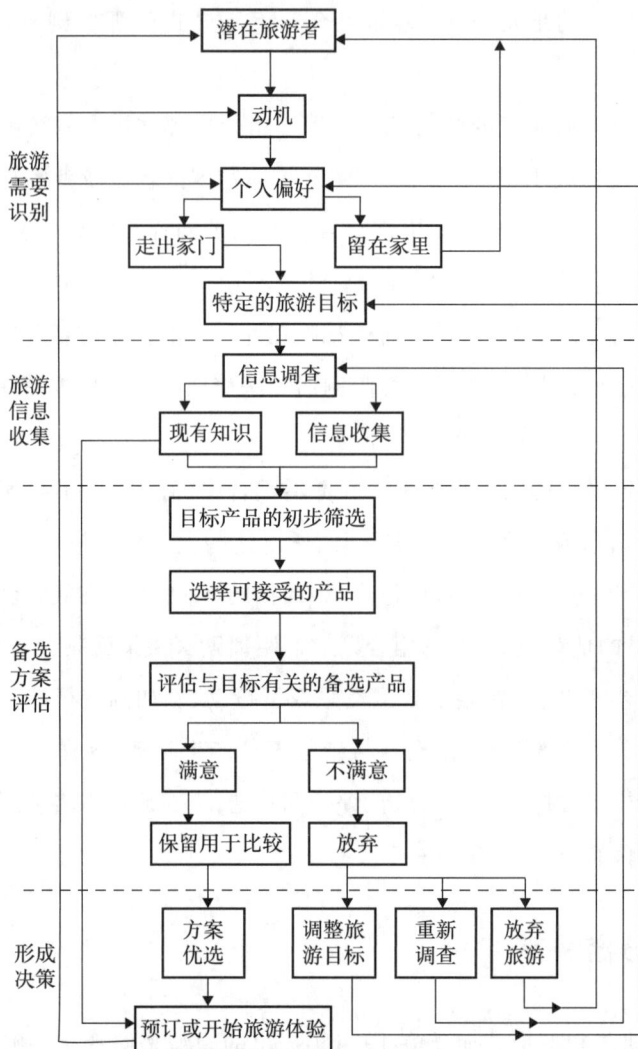

图 3-15　个体旅游决策模型

这个模型让我们了解到,旅游决策的发生源于潜在旅游者识别出自己的旅游需要,决定用外出旅游的方式来满足特定的目标,比如欣赏美景或体验异地文化。随后,为了确定实现目标的具体行动,潜在旅游者开始收集信息。不同类型的潜在旅游者投入在信息收集上的时间和精力各有不同。冲动型购买者容易被打折信息吸引而较为迅速地做出判断,而谨慎型计划者会收集大量相关信息,并反复进行比较,而不会轻易做出决策。通过将各种途径收集来的新信息和潜在旅游者现有知识相结合,形成对目标产品的初步筛选。然后,潜在旅游者会根据自己对产品价值的判断以及可否获得产品将那些自己可以接受的产品留下来作为备选。接下来要做的就是对备选方案进行筛选。那些能够较大程度满足旅游目标的方案用于最终的决策。但是,如果在这个阶段旅游者发现没有可以满足其需要的目的地,那么就需要调整旅游目标,或重新进行调查,最糟糕的情况就是最终放弃这次旅游。最终的选择确定下来后，接着就要进行预订，并深入了解更多相关出游细节，然后开启旅游体验环节。需要注意的是，旅游体验是旅游决策中的一个环节，它构成了一个反馈环，影响着旅游者下一次决策的动机和个人偏好。

三、群体旅游决策

群体旅游决策比个体旅游决策涉及更多人员，需要进行多人之间的协商互动，因此决策过程也相对复杂一些。群体旅游决策包括个体旅游需要的萌发、共同旅游动机的确认、旅游信息的收集、方案的共同评价和旅游决策的形成这5个环节（见图3-16）。

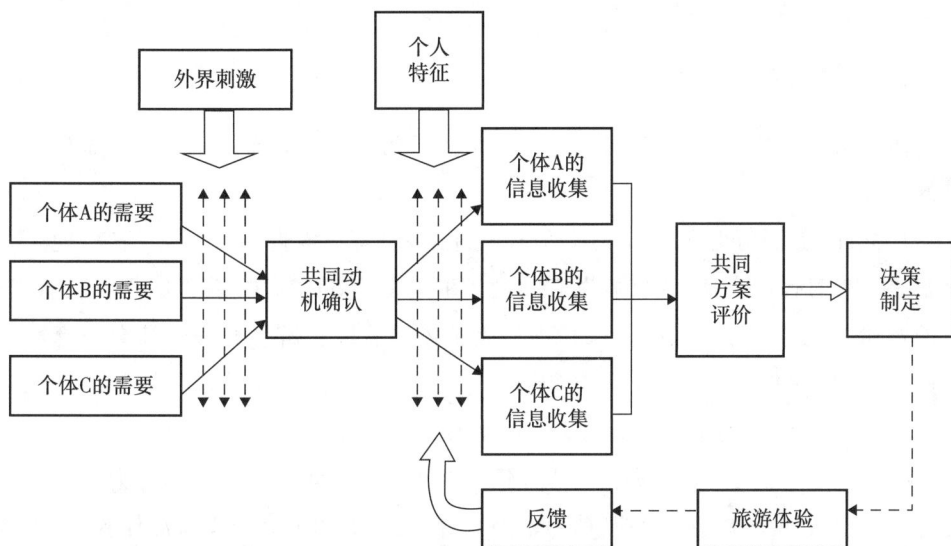

图3-16 群体旅游决策过程模型

（引自谢彦君《基础旅游学》，2015）

首先是个体旅游需要的萌发。这个环节同样也是群体旅游决策的起点。在萌发出旅游需要后，个体可能期待与他人结伴同游来满足自己的需要，这就涉及同游者的选择问题。通常，人们习惯于和家人、朋友或同一圈层较为熟络的人结伴而行，由于相互比较熟悉或偏好相近，所以比较容易确认共同的旅游动机。这种形式是先确定出游群体，再确定共同动机。但有时，出游群体是由于认同某一旅游动机才汇聚在一起的，也就是先有了明确的出游动机，然后才形成了出游群体。自组织形式的"旅游搭子"或"驴友"就是这种模式。那些找不到同伴又不愿独自出游的潜在旅游者会将自己事先确定好的旅游目标发布到旅游论坛、社交媒体等公共平台，寻找认同该旅游目标的其他潜在旅游者组成临时性的旅游群体。在明确了群体共同的旅游动机后，接下来群体成员会不同程度地进行相关信息的收集。一般来说，信息来自个人的知识积累和旅游体验形成的反馈，还有亲朋、邻居、同事等周围人的意见,相关团体的信息以及商业性信息等。群体成员对方案共同进行评价时会将自己中意的旅游方案和其他成员的方案进行综合考虑,通过群体协商达成统一,形成最终决策。而群体决策一旦制定,每个成员都应遵从于群体共同的规范,以确保群体目标能够实现。

模块五 旅游体验

一、旅游体验的定义和基本属性

(一)旅游体验的定义

体验与旅游相伴而生,旅游的过程就是体验的过程。旅游体验一直是旅游学研究的内核。

1964年,美国历史学家布尔斯廷(Boorstin)首先将"体验"引入旅游研究,他认为旅游是一种时代的病症,现代旅游者满足于事先设计好的假象,获得的是虚假的、肤浅的体验。麦坎内尔(MacCanne1)则把旅游体验看成旅游者对现代社会失真性和虚假性的积极响应,他认为旅游者想要寻求"真实"的体验,但旅游发展的结构化导致旅游者只能体验到精心设计好的"舞台化"的真实。科恩(Cohen)综合了二者的观点,认为不同的人需要不同的体验,不同的体验对不同的旅游者和社会具有不同的意义。他按照个体与"中心"(精神家园)之间疏离的程度来定义旅游体验,认为体验的意义来自个体的世界观,取决于个人是否依附于某个"中心"。瑞恩(Ryan)在前人研究的基础上将旅游体验概括为一种休闲活动,具有综合性特征,娱乐成分和求知成分共存。

国内学者谢彦君在20世纪90年代末率先将旅游体验引入旅游学研究框架内,并通过对旅游体验领域数十载深耕,开创了我国旅游学术领域具有代表性的三大学术流派之一——旅游体验流派。谢彦君认为旅游本质上是一种休闲体验活动,并强调旅游体验是旅游世界的核心。他将旅游体验定义为"**处于旅游世界中的旅游者在与其当下情境深度融合时所获得的一种身心一体的畅爽感受**",认为这种感受是旅游者的内在心理活动与旅游客体所呈现的表面形态和深刻含义之间相互交流或相互作用后的结果,是借助于观赏、交往、模仿和消费等活动方式实现的一个序时过程。

从上述学者对于旅游体验的认识可以看出,旅游体验涉及复杂的心理过程,是一种复杂的主观感受,具有主观建构性,对个人而言意义重大。

（二）旅游体验的基本属性

旅游体验具有四个基本属性：具身性、情境性、流动性和生成性。

1.具身性

一般而言，旅游体验会涉及对身体位置和姿势感知的本体感觉，对手臂、肌肉等身体移动感觉的运动觉，以及以眼、耳、鼻、舌、手的感知为主导的多感官知觉，这三种感觉的共同作用使体验中的身体能够在旅游对象物中产生身临其境的感受，获得更真实和具象化的体验。从这一点上说，旅游体验是具身的，即建立在具体的身体感知之上。正如一位旅游者在游记中所描述的她用身体去体验海底世界的过程："落日时分，迎来了人生中第一次夜潜。带着几分雀跃、期待和小紧张，带着小手电，开启新的征途。当光照亮前进的路途，当你看见夜晚宁静的海底，色彩斑斓的世界，那种美好，不禁让人赞叹大自然的鬼斧神工。当你把灯光按在BCD上，让眼睛适应黑暗，听着水下均匀的呼吸声，将手伸到眼前晃动，那飘动着的荧光色的浮游生物，星星点点如同萤火虫围绕在你眼前，此刻的浪漫，无以复加，只能赞叹和感恩大自然的神奇和美好。"

2.情境性

旅游体验发生于旅游情境中，是旅游者与周遭事物相遇而产生的种种反应。一项研究通过对游客在旅游景点的实时体验进行皮肤电反应测试，显示出游客因为游览的具体地点、参加的活动和遇到的人不同而表现出各种不同的情绪变化，这从科学实证的角度为旅游体验的情境性提供了证明。

旅游情境中包含着稳固因子和动态氛围因子，使得特定情境下的旅游体验既具有相对稳定性，又存在着新的可能性。稳固意味着物的状态是相对稳定的，那些在短期内不会发生重大变化的人造物和自然物，如建筑、山川等，都属于稳固因子。而动态氛围因子则为稳固的物质空间增添了动态变化的可能，让相遇具有了不确定性，给旅游者带来了期待和惊喜。动态氛围因子赋予稳固因子以特色，可细分人为氛围和物造氛围。喜庆的场面、光线、色彩、声音、气味、自然现象等都是营造氛围的重要因素。

3.流动性

旅游体验不是静止固定的，它在一个连续性的流动过程中随着时间流逝而不断变化、发展和演变。旅游中，当人们全情投入时，会获得一种身心一体的畅爽体验，在这种状态下，动作与动作之间似乎受到一种内在逻辑的指引，无须行为主体进行有意识的干预，人们感受到的是贯穿各动作间的一股整体的流动。自我和环境之间，刺激与反应之间，过去和现在以及未来之间被这种流动所贯穿和交融。除了现场体验，旅游体验还包括行前和游后阶段。在行前阶段，因为旅游者本身在生理上和心理上都不是静态的，每一次过去的体验都会产生学习过程，从而塑造未来的期望和需要；当某次的旅游期望成为现实后，它一方面会影响未来的旅游体验，另一方面也会在体验的过程中做出积极的调整。在游后阶段,旅游者对自己的体验质量和水平的评价会依赖于前两个阶段,同时,旅游者也会通过回忆、书写、分享等过程进行新一轮的体验修复过程。由此可见,旅游体验不是一个闭合的概念,而是具有某种动力学特征,处于持续的进行和建构之中。图3-17所示为德国海德堡城堡前的游客画面。

图3-17　德国海德堡城堡身穿古装的旅游者成为古堡的一道风景线
(李森　供图)

4. 生成性

旅游是由人和非人要素构成的一个复杂网络,旅游地、旅游节事活动等都是这些要素之间相互作用而形成的动态生成物。旅游者身处其中,他们不只是旅游体验产品的被动消费者,同时也是生产者,与旅游企业服务人员、当地居民和其他旅游者一起共同参与旅游体验的创造。旅游者不仅是自身体验的创造者,同时也是旅游目的地的生产者。旅游体验是一个生成自身和世界的能动过程。

二、旅游体验的类型

旅游体验按照不同的划分依据可以分为不同的类型。从现象学入手,学者科恩将旅游体验划分为娱乐模式、转移模式、经验模式、实验模式和存在模式五种类型。从体验功能入手,学者谢彦君将旅游体验划分为补偿体验、遁世体验、认知体验和极端体验。从体验的时序过程入手,旅游体验可分为场前体验、在场体验和场后体验。

(一) 按现象学划分的旅游体验类型

学者科恩从现象学的视角通过观察旅游者所需的不同的旅游体验,按照旅游者的"精神中心"与常住地的疏离程度将旅游体验划分为五种类型。在一个极端上,旅游者的"精神中心"完全处于家乡社会,并且个体无法在任何其他地方找到意义的存在,这意味着旅游者家乡环境的各个方面对他而言都是充实且令人满意的,因此,旅游者个体并不注重体验和学习他人及其文化。而处在另一个极端的旅游者则异化于家乡社会的意义和价值观,将自己的"中心"定位于别处。这类个体经历着"无地方感",坚信归属感只有通过在别处旅行才能获得。因此,在这种情况下,旅游者通过旅游寻找真实和意义或本真性的体验。连接这两个极端便构成了一个连续的谱系,包括这两个极端在内,科恩在这一连续谱上共划分出五种类型的旅游体验。

1. 娱乐模式

这类旅游者的"中心"位于其所在社会,他们在旅游中寻求的是娱乐性体验,本质上同看电影、电视类似,旅游者对学习或体验旅游目的地社会文化的兴趣极少或者毫无兴趣。旅游者不追究是否真实,他们甘愿接受虚假,如同观看戏剧。旅游充当了现代人的"减压阀",调节来自社会的压力,从而帮助维持人们对社会的忠诚,通过暂时离开"中心"的方式最终起到强化人们对"中心"的依附作用。

2. 转移模式

虽然旅游者在自身所处的社会中感到异化,精神上没有依附的中心,但这类个体并不在别处寻找本真性旅游体验。他们的目的在于暂时忘却,旅游完全是一种消遣方式,仅仅为了逃避对日常生活的厌倦感和无意义感,是没有"中心"的人所追求的没有意义的愉悦。

3. 经验模式

经验型旅游者游离于社会中心之外,他们逐渐意识到日常生活中的疏离、无意义和平庸,而旅游是他们寻找意义的一种方式。他们失去了自己的"中心",无法在家里找到一种真正的生活,力图通过去体验他人的生活而获得某种生活的真实。但是,他们并不认为自己适合那样的生活,实际上,他们是以审美的方式去体验他人真实的生活。

4. 实验模式

实验型旅游者不愿意依附自身社会的精神中心,试图重新定位自己的"中心",但是却处于家乡"中心"与别处"中心"的中间地带。实验模式下的旅游者参与了他人真实的生活,但拒绝完全投入其中,他们更愿意尝试和对比不同的方式,希望最终找到一种符合自己需求和愿望的生活方式。在一定意义上,这种旅游者探寻的是某种自我,在一个不断试错的过程中,借以发现那种能引发自我共鸣的生命形式。

5. 存在模式

存在模式是与娱乐模式相对应的另一个极端。存在模式的旅游者完全投身于一个被他选中的精神中心,而这个中心处于他自身主流社会文化之外。旅游者在新选择的"中心"里寻找意义和归属,凭借着造访"中心"期间所获得的人生体验维持他们的日常生活,类似于朝圣者在朝圣之旅中获得了精神力量,重获新生。

(二)按体验功能划分的旅游体验类型

国内学者谢彦君从体验功能的视角对旅游体验进行了划分。他认为旅游体验具有情感放飞和精神救赎的功能,不同模式的旅游体验会带来不同的愉悦。在对旅游体验进行观察归纳的基础上,他将旅游体验划分为如下四种类型。

1. 补偿体验

补偿体验起因于旅游者心理和生理匮乏的需要,人们寄希望于通过旅游体验来补偿自我的生理和心理匮缺,实现人体、人格和人性的平衡,具体包括机能补偿体验、关系补偿体验和环境补偿体验。机能补偿体验能够让人们的身体机能获得恢复,温泉游、森林游提供的就是典型的机能补偿体验。关系补偿体验则满足了人们对社交的需要,那些因繁忙而疏于沟通的家人可以通过亲子游增进感情,平时没有机会结交朋友的年轻人也可以通过结伴同游扩大自己的朋友圈。环境补偿体验则满足了人们对区别于自己所处环境的景观的渴望,例如生活在内陆城市的人们通常渴望去海边度假,大都市的居民倾向具有原始风貌的自然景观。

2. 遁世体验

遁世体验在很大程度上是对世俗生活的一种逃避。日常生活中,人们被俗务羁绊,为衣食拖累,受常情困扰,于是便会萌生逃逸现实,沉湎于另类世界的渴望。在旅游欠发达的社会,人们可以借助戏剧、小说等方式"神游"到另一个世界,使自己短暂地摆脱生活世界的烦恼。而现代社会快节奏的工作和生活让人们承受着巨大的压力,同时,人们逃离现实的渴望也变得愈发强烈,而发达的现代旅游服务体系为人们逃离现实提供了一个重要的出口。遁世体验几乎是旅游体验中的主旋律。

3. 认知体验

认知体验起因于人们对世界充满好奇,渴望了解外部世界,目的在于获得对外部世界的了解。中国人推崇"读万卷书,行万里路",可以看出,国人对旅游的认知功能十分认同。不仅如此,国外也十分重视通过旅游的方式增长见识、体会异地文化并理解奇风异俗,欧洲17世纪开始在贵族阶层流行的"教育旅游"就是为了达到这样的目的。

4. 极端体验

极端体验是一种对常规体验的否定或挑战,注重的是对生命本性的超越和张扬,是对规训社会的反叛,是一种追求解除个体化束缚、复归原始自然的体验。越来越多的都市人反抗由工具理性和市场抽象量化的统一性逻辑所铸造的"铁笼",对千人一面的大众也非常痛恨,他们在工作之余走向户外,寻求蹦极、高山滑雪、险滩漂流、紧张刺激的飞降、惊心动魄的牵引横渡以及令人头晕目眩的时空转椅等释放激情的极端体验。这种体验是对都市生活的整一化和日常生活的单调、重复、刻板和枯燥的反抗。

（三）按发生时序划分的旅游体验类型

从时序过程来看，旅游体验包括场前体验、在场体验和场后体验三种类型。

1. 场前体验

场前体验产生于旅游者的日常生活世界中，发生在旅游世界外部，是旅游者开展旅游活动前形成的体验。场前体验的结果是潜在旅游者形成对在场体验的某种期待。这一期待的形成不仅源于旅游者的日常生活经验，同时还受到旅游者个体与各种媒介或他人之间互动的影响。在旅游正式开始前，伴随着信息收集、旅游决策制定、旅游线路设计、咨询预订这些前期准备工作，旅游体验就已经开始酝酿了。旅游广告、宣传手册以及网络平台传播的内容建构起旅游者对旅游世界的臆想和想象，个体社会交往和社会互动不断对潜在旅游者的认知进行形塑，产生累积性的影响，逐渐形成潜在旅游者的预期。

2. 在场体验

在场体验是旅游体验最重要的构成部分，也是旅游区别于其他休闲活动的突出特征。在这一阶段，旅游体验的生成过程是旅游者与旅游地之间对话的过程，要通过旅游者身体的具身实践与旅游地建立关系才能够得以实现。"他人带入"和"自我浸入"是旅游者与旅游地物质空间建立关联的两种基本途径。"他人带入"指的是旅游者在他人引导下与旅游地物质空间建立关联，具体包括叙事带入和人际互动带入两种方式。"自我浸入"指的是旅游者自身直接与旅游地物质空间建立关联，具体包括感官调动、正向游离、改变身体图式和留痕等方式。例如，加强感官刺激或剥夺感官体验、激发联想与想象、与以往经验对接、改变身体习惯的做法、改变视阈范围或留下存在的痕迹都是"自我浸入"旅游地的典型做法。

3. 场后体验

旅游体验并非终止于旅程的结束，场后体验同样重要。场后体验阶段是旅游者行程结束后的体验回味阶段，也是建构其他潜在旅游者的预期体验的过程。如果说预期阶段是旅游者将群体经验内化为个人经验的过程，那么场后体验阶段就是个人经验外化为群体经验的过程。旅游者一方面可以通过回忆、联想等心理过程，再现并重塑自身的旅游体验；另一方面可以借助自身的社会网络，通过"口口相传"的方式或朋友圈、自媒体等媒介，向身边亲友圈或更广阔的网民群体分享旅游体验，建构其他潜在旅游者的预期体验。因此，场后体验不仅存在重构旅游在场体验的可能性，还有可能帮助纠正文化误读和偏见，形成更正确的个人及群体认知。

【专家剖析】

旅游中的自然体验

相对于城市景点来说,自然体验是一种更加全方位的体验,视觉的享受当然还是其中的重要组成部分,同样的感受还来自体验森林的气味、流水的声音、风中的感觉,以及陡峭岩壁的体能挑战。与自然相遇还包括情感上的体验,如对于个人来说具有特殊性的地点或景观,"热爱生命"的自然亲近感和对自然永恒性和整体性的"畅爽"体验。

希尔、科廷和高夫(Hill,Curtin和Gough,2014)根据对澳大利亚丹特里雨林、墨西哥下加利福尼亚州和西班牙安达卢西亚的研究,把旅游者与自然的相遇归纳为以下四类。

(1)感官互动,包括看、走、听、嗅和触等多感官感受。

(2)喜爱或情感共鸣,包括五种基本形式:①敬畏与赞叹的巅峰体验;②感受到与环境的一体性和共鸣;③感觉完全摆脱都市而融入自然界;④感受到生命的脆弱,包括对野生动物和未知世界的恐惧;⑤兴奋程度从平和冥想的宁静状态到被极度唤醒(如与野生动物相遇时)的兴奋。

(3)主观和主体间表演性:同样的环境下,不同的人有不同的反应,反映出每个人过往的经历和人们如何通过对自然的回应表演表现自我。

(4)时空移动:指基于自然的旅游者在移动过程中依据自己对环境的熟悉程度、舒适度和当地规范(包括导游)不断调整自己的移动速度、时间、方向和路径。

人们受到基于自然的旅游体验的吸引是因为"能看到植物和动物构成的生态系统是很感性的,而且能有精神层面的提升,能摆脱日常生活规律更专注于体验"。与自然的相遇也存在一定的风险性,因为不论我们多了解自然界,那里仍然存在一些我们未知的要素,与未知的相遇是这种旅游体验中最有意义的部分。

(资料来源:斯蒂芬·威廉斯,《旅游地理学——地域、空间和体验的批判性解读》,第三版,商务印书馆,2018年。)

三、旅游体验相关理论

(一)旅游凝视理论

1992年,英国社会学家约翰·厄里(John Urry)提出旅游凝视理论,对英国大众旅游发展历程进行分析。厄里认为可以用凝视来诠释旅游,旅游凝视的概念涵盖了旅游体验,是对旅游者在假期里和远离工作时所寻找和所做事情的一种诠释。旅游者凝视遇到的事物,但凝视是社会建构的。他们在假期中找寻的是一系列在旅游公司的宣传小册子或电视节目上早已看过的照片图像。旅游者出游时,便开始一路寻找并捕捉那些图像,并以展示自己拍摄的出游前早已看过的图像来证明他们真的去过那里作为终结。尽管厄里在其著作中并未给出"旅游凝视"的确切概念,但却对旅游凝视的性质做了分析并且划分出不同类型的旅游凝视。

关于旅游凝视的性质,厄里认为主要有以下几点。

第一,"反向的生活"性。厄里认为人们之所以不定期地离开日常生活地和工作地而到异地旅行,是希望通过凝视那些与自己世俗生活完全不同的独特事物与景观以获得愉悦、怀旧、刺激等旅游体验。

第二,支配性。在厄里看来,尽管还存在嗅觉、味觉、触觉等旅游体验,但视觉是起到组织作用的感觉,凝视是旅游体验的中心。

第三,变化性。不同的历史时期,不同的社会以及不同的社会群体里,旅游凝视是存在差异、发展和变化的,这皆因为人们的平时生活经历不同,这同时也是人们存在不同旅游动机和旅游消费偏好的重要原因。

第四,符号性。厄里认为旅游就是一个收集照片、收集符号的过程。旅游凝视就是某特定景点意义符号的生产与消费:当看见在巴黎街头相拥的恋人时,旅游者凝视的就是"永恒浪漫的巴黎";当看见英国某一农庄时,旅游者凝视的就是"真正的古老的英格兰"。

第五,社会性。厄里认为现代社会里,某些专家负责不断地生产出旅游凝视的常新目标,他们与大众传播媒体、旅游书籍、营销图片等共同定制、操纵和掌控了旅游凝视,即旅游凝视被社会性地组织和系统化了。

第六,不平等性。厄里认为社会依据代际、性别和族群等因素呈现分层,这使得到访游客与旅游地居民之间的凝视与被凝视关系隐含着一种实际的不平等。旅游者的摄影行为以及他们对目的地的视觉呈现规定了凝视的对象(旅游地居民及文化),其中包含着权力/知识的关系。

同时,厄里还将旅游凝视划分为浪漫凝视和集体凝视。浪漫凝视强调游客与被凝视物体之间产生孤独而隐秘的个人化的关系,游客期望获得深度和私人的体验。集体凝视则意味着和其他人一起联欢,众人一起观景才能有热闹或狂欢的感觉。大家都来就意味着这个地方来对了。后来,学者们在此基础上又提出了观望凝视、环境凝视和人类学凝视等其他类型(见表3-2)。

表3-2 旅游凝视的类型

凝视的类型	特征	说明
浪漫凝视	孤独的, 持续不变地沉浸, 与幻想、敬畏、灵韵相关的凝视	多是中产阶级、自助旅游者、背包客、探险旅游者等

凝视的类型	特征	说明
集体凝视	集体行动；持续参与；凝视常见的事物	多是工人阶级，喜欢集体狂欢的方式，如海滨度假地
观望凝视	集体行动；一系列短暂相逢；走马观花，收集不同的符号	大众旅游、全包价旅游
环境凝视	集体组织；持续的，说教的；扫视环境足迹以便做调查和指导；选择人迹罕至的场所推荐给环保人士	绿色旅游
人类学凝视	孤独的；持续沉浸的；扫视各种符号和场所并结合历史加以解释	人类学家

（二）旅游本真性理论

学界对旅游本真性问题的思考源于对现代社会失真性的认识。美国历史学家布尔斯廷认为旅游者所经历的其实是被旅游工业设计好的、失真的旅游体验，而大众旅游者放弃了对本真性的追求，满足于虚假的伪事件。但美国社会学家麦肯耐尔则采取了积极的态度，他认为，旅游者在接受自己所处的现代社会的不真实性和虚假性的同时，仍然在寻求旅行的意义，想要通过旅游去寻找真实。麦肯耐尔在拟剧论的启发下提出了"舞台化本真性"理论，他借用戈夫曼的前、后台分析路径对旅游空间进行剖析，指出旅游者为了追求具有本真性的体验试图进入旅游地的后台区域，但这个后台实际是旅游管理人员为迎合旅游者的需要而设计出来的舞台化的"后台"。

学者们在此基础上不断深化对旅游本真性的认识。国内著名学者王宁总结了本真性概念的发展历程，将各阶段形成的认识归纳为客观本真性、建构本真性和后现代本真性，并提出了存在本真性。

客观本真性强调旅游对象是否真实，旅游者评判旅游吸引物是否真实的标准是它们是否在本地由本地居民根据习俗与传统制造或表演。但本真性在现实中并不是非黑即白，而是存在许多不确定性。建构本真性认为绝对客观的、静态的本真性是不存在的，没有绝对的真实；游客从自身角度去诠释真实，真实与否是人们看待事物的主观结果，会因人而异。后现代本真性对原物的真实性不再关心，认为人们追求的是一种超真实的"逼真"世界。在这个超真实的后现代世界里，虚构的事物会产生虚假的幻象，代替真实的世界，它们遍布生活世界的每一个角落，以至于人们根本分辨不出何为真实，何为幻象。存在本真性认为旅游者体验的真实性可以与旅游吸引物的客观真实性无关；在旅游过程中，旅游者受旅游活动的激发，可以处于一种"忘我"的存在状态，他们并不关心旅游客体是否真实，只是借助于这种旅游的独特经历寻找真实的自我。从旅游本真性概念的演变可以看出，学者们对本真性的关注点逐渐从注重旅游吸引物的客体真实性转向注重旅游者主体体验的真实性。

（三）最优体验理论

著名心理学家米哈里·契克森米哈赖（Mihaly Csikszentmihalyi）在"心流"（flow，有时也翻译为"畅爽"）概念的基础上，提出了最优体验理论，认为心流体验是一种最优体验。米哈里通过研究发现，人们对最优体验的描述极为相似，都存在一种心流，"好像漂浮起来""一股洪流带领着我"。米哈里将这种体验称为"心流体验"，也就是流动的最优体验。当一个人从事一项任务难度与技能相当的活动，内心从无序走向有序，不受外物干扰，全身心投入其中，沉浸于物我两忘状态时的心理体验就是心流体验。心流状态是最接近幸福的一种状态。

米哈里指出，构成心流体验的要素一共有8项。人们获得最优体验时，至少会具备其中的一项。这8项要素如下：

第一，具有挑战性的活动。当挑战和技能相匹配时，乐趣会出现。

第二，知行合一。全神贯注于所做的事情，一切动作不假思索，几乎完全自动自发。

第三，目标明确。对自己要做什么事先有强烈的认知。

第四，即使回馈。回馈与追求的目标有合理的关联就能产生乐趣。

第五，全神贯注。能够深入而毫不牵强地投入行动中，不受日常生活烦恼的干扰。

第六，掌控自如。充满乐趣的体验使人觉得能自由控制自己的行动。

第七，浑然忘我。进入"忘我"状态。

第八，时间感异常。感到时间过得很快或很慢。

产生最优体验的前提是挑战和技能的高度平衡。如图3-18所示，横轴和纵轴分别代表技能和挑战，数字代表从事某项活动的四个阶段。例如，一位网球初学者最开始没有任何技能，唯一的挑战就是把球打过网，处在A①的状态，虽然挑战很小，但他可以打得很愉快，因为这个难度正适合他粗浅的技能。经过一段时间的练习，他的技能进步了，如果还只是把球打过网（A②），他会感到厌烦。想要达到心流，他就必须增加挑战难度，确立一个和自己技能相平衡的新目标。如果向A③方向行动，他会发现更具挑战性的击球技能，但他因为技能还达不到这个水平而产生焦虑。此时，他需要提升技能，这样才能重新回到心流状态（A④）。但A④和A①的心流体验是存在程度上的差别的，显然，在经过反复练习提升技能并征服难度更大的挑战之后，A④的心流体验要比A①更加丰富而深层。

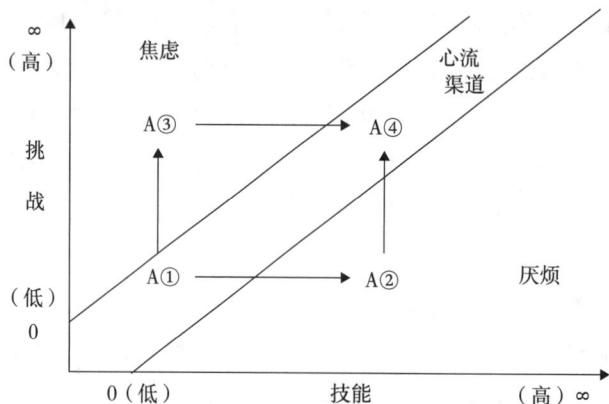

图 3-18　心流体验"挑战-技能模型"

（四）峰终定律

峰终定律是美国心理学家丹尼尔·卡恩曼（Daniel Kahneman）经过长期实验研究而得出的一个人类体验行为规律。该定律认为，人对一段体验的评价是由两个因素决定的，一个是过程中的最强体验，另一个是结束前的最终体验，过程中的其他体验对人们的记忆几乎没有影响（见图3-19）。也就是说，人们对于一段体验的记忆大多数来源于"峰点"和"终点"的感受，并会以此作为评价这段体验好坏的标准。需要注意的是，峰点不仅存在正向的，同时也存在负向的。正向的峰点是人们在体验过程中的兴奋点，而负向的峰点通常会转化为痛点。"峰点"和"终点"是体验中的"关键时刻"，如何把握住这两个关键时刻对一段体验来说尤为重要。经济学中主张把有限的成本进行峰终分配，将资源集中在体验的关键节点上，从而使体验结果达到最佳。迪士尼在产品设计中就很好地运用了峰终定律，尽管游览过程中绝大部分时间都被排队占据，但回顾一天的经历时，人们想到的多半都是极速光轮、加勒比海盗、漂流，还有闭园前绽放在夜幕中美轮美奂的烟火秀。

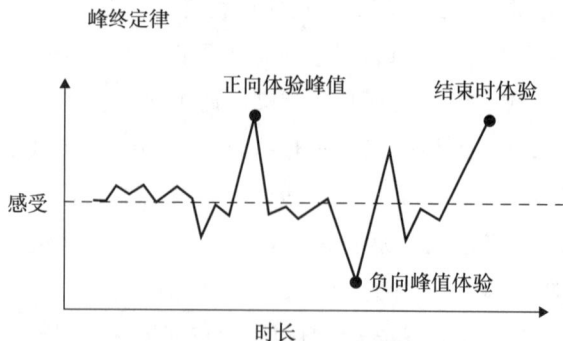

图 3-19　峰终定律示意图

峰终定律揭示出体验的一个重要规律：记忆的世界里人们关注的是若干重要的瞬间，旅游体验也是如此。虽然旅游体验是一个连续的过程，但旅游者对旅游体验的记忆呈现为非连续的片段。旅游中那些强度较弱的"人事闷场"会被记忆删减，而那些强度较大的片段会留存在记忆里，其中发生的事件和体验到的感受往往成为人们聊天叙旧的素材，抑或深深埋进身体里面等待某一时刻被重新激活。

四、旅游体验的测量方法

旅游体验对旅游者而言意义重大，体验质量水平也是旅游产品乃至旅游企业能否长久立足的重要指标。但由于旅游体验是一个涉及较多因素的复杂过程，主观性又很强，如何对其进行较为科学准确的测量是旅游企业、目的地管理者以及旅游学界日益关注的一个问题。

从现有成果来看，可以通过两种路径来测量旅游体验：一种是实时测量；另一种是回顾式评价。实时测量强调从心理层面认识旅游体验，关注旅游者的在场体验，并尽可能地捕捉到旅游体验的动态性，通常使用自我报告法、观察法和生理心理学方法捕捉旅游者的动态体验过程。回顾式评价是指在旅游结束后的某个时刻使用满意度或旅游体验质量量表、旅游体验量表对整个旅游过程进行评价。

（一）旅游体验实时测量

1.自我报告法

自我报告法要求调查对象全面地报告其随时间发展而呈现出的情绪进程，包括体验抽样法、昨日重现法、每日问卷调查法3种具体方法。

体验抽样法是在随机的时间通过发送信息、打电话或使用特殊的对讲机设备联系调查对象，以了解调查对象在不同调查时间点的体验。昨日重现法需要调查对象花费两个小时将他们昨天的生活分为多个片段并详细叙述出来。调查对象需回答关于每个片段的一些问题，列出自己参与过的活动，与自己在一起的人，哪个活动最吸引注意力以及各项活动的感受强度等级。每日问卷调查法是让调查对象每天评估他们出现的较强烈的几种情感及其强度水平，从而进一步探讨旅游者情感随时间发展的变化情况。

2.观察法

观察法是研究人员通过对调查对象的面部表情、姿态、言语等进行观察来获得体验数据。面部表情的变化可以反映人们喜、怒、哀、惧、惊、厌等情绪，紧握的拳头（愤怒）、耷拉的脑袋（垂头丧气、悲伤）、手舞足蹈（喜悦）等身体姿态，以及说话时的语音、语调、语速都能够体现内心的波动。虽然观察法可以不引人注意地进行观察，不会打断观察对象的体验，但这种方法对感官数据无法进行情境解读，并且要求研究人员具有较强的察言观色能力。

3.生理心理学方法

情感的变化伴随着生理反应，而生理反应是自发的并且超出了主体的控制范围。因此,获取生理反应数据能够更客观地反映主体的体验。这种方法借助眼动仪、皮肤电传导仪等仪器收集调查对象的客观情感数据,以进行皮肤电分析、面部肌肉活动分析等,从而了解其旅游过程中体验动态变化的情况。

(二)旅游体验回顾式评价

与实时测量不同,一些研究者通常在旅游结束后的某一时点采用问卷调查法让旅游者对整个旅游过程进行回顾式评价以了解其旅游体验,这些研究主要使用旅游满意度、旅游体验质量和旅游体验量表来评价旅游者的体验过程。

1.旅游满意度评价

旅游领域借鉴消费者行为领域的做法,常常将满意度与旅游体验质量等同起来,使用满意度来衡量旅游体验质量。在满意度测量中,占统治地位的是"期望—不一致"模型。该模型认为,当产品或服务的实际体验达到或超过期望时,顾客会感到满意;当产品或服务的实际体验没有达到期望时,顾客会感到不满意。尽管许多旅游企业都采用这种满意度调查的方式来评价游客的体验质量,但这种做法将满意度与体验质量相混淆,并不能准确反映旅游者的体验。

2.旅游体验质量评价

旅游体验涉及的是旅游者当下的感受,而旅游体验质量是旅游者对自身旅游体验优劣程度的评价。在某些情境中,旅游者体验到恐惧、不安等消极情感,但是他们对旅游体验的评价可能很高,也就是旅游体验质量可能非常高。因此,用旅游体验质量来衡量旅游体验能够对体验做出总体的、回顾式的评价,对实际工作更具有指导意义。一些研究者尝试在不同的旅游情境下识别出旅游体验质量的维度以评价旅游体验。例如,用愉悦度、融入度、难忘度和满意度来衡量在遗产旅游地的体验,用剧场产品、环境质量、服务管理和主观能力来衡量对民族节事活动的体验。

3.旅游体验量表

很多研究者还尝试开发出旅游体验量表来测量旅游体验,代表性量表包括心流体验量表和难忘旅游体验量表。心流体验量表是在米哈里心流体验特征的基础上开发出来的测量心流体验的量表。难忘旅游体验量表(见表3-3)由7个维度构成,分别是享乐、新奇、地方文化、精力恢复、意义、参与度、知识。

表3-3　难忘旅游体验量表包含的维度及其题项(Kim,Ritchie和McCormick,2012)

维度	题项
享乐	·对新体验感到兴奋 ·沉浸在活动里 ·真的很享受这次旅游体验 ·令人兴奋

续表

维度	题项
新奇	·难得的体验 ·独具一格 ·与以前的体验不同 ·体验到新事物
地方文化	·对当地人的印象很好 ·深度体验当地文化 ·目的地居民很友好
精力恢复	·自由自在 ·享受自由的感觉 ·精神振奋 ·满血复活
意义	·我做了有意义的事情 ·我做了重要的事情 ·更了解自己
参与度	·我游览的地方是我想去的地方 ·我很高兴参与了我真正想从事的活动
知识	·探索 ·知识 ·新的文化

在实时测量和回顾式评价两种路径中，无论哪一种测量方法都有其自身的优缺点。在对旅游体验进行测量时，可以同时使用不同的测量方法以更好地保证测量的准确性。

行业资讯

旅游服务机构
用户体验地图
与体验效果

专题小结

旅游者是旅游活动的主体，旅游动机、旅游需求、旅游决策和旅游体验是旅游者行为涉及的重要方面。旅游者的概念性定义和技术性定义能够将旅游者和其他旅行者区分开来，旅游者也因出行时间、出行空间、组织形态、生活方式和人格特征上的差别可以细分为多种类型。旅游需要是产生旅游动机，引发旅游行为的起点。旅游生涯阶梯模型、旅游生涯模式模型、"推一拉"理论以及"逃避一寻求"理论揭示出旅游动机的形成机制。旅游需要转变为旅游需求不仅在经济和时间上要满足一定条件，同时还要克服空间隔障、文化差异、社会责任和身心障碍等制约条件。旅游需求会受到产品自身价格、其他产品价格，以及个人收入、偏好、闲暇时间等多种因素的影响。旅游决策的制定也要经历一系列的筛选流程。旅游体验是旅游学研究的核心内容。旅游体验涉及复杂的心理过程，具有具身性、情境性、流动性和生成性四个基本属性。旅游凝视理论、旅游本真性理论、最优体验理论和峰终定律为我们提供了开启旅游体验魔盒的钥匙。旅游体验的实时测量和回顾式评价为掌握旅游者体验效果提供了具有实操性的方法。

▍在线答题

专题训练

一、项目实训

1.通过网络收集某一景点的游记，游记需以记录体验为主，数量不少于10篇。阅读游记内容，找出游客描写自身感受的词语并将它们进行归类，然后谈一谈游客在该景区主要获得了怎样的体验。

2.前往某一景区或景点，用文字记录自己在该景点不同地点游览时的情境和体验，并将体验强度变化过程制作成可视化图形进行展示。

二、案例分析

人在纽约：时区、定位和朋友圈

去纽约之前，我像以往每次出行一般，从图书馆借回了一堆相关书籍，其中含有"纽约"二字的就有《癫狂的纽约》《纽约三部曲》《纽约文学地图》《纽约客》《Lonely Planet旅行指南系列：纽约》等，这还不包括《金翅雀》《钟形罩》和《了不起的盖茨比》。难得去一趟，总要先把功课做足，尽可能让自己的阅读和目的地产生更多的联结，以提高旅行的质感。彼时的我这样想。

不含"纽约"二字的作品在出发前我都顺利读完了，其中《了不起的盖茨比》算是重读。出发前一晚，我把本该用来打包行李的时间赶着读完了《癫狂的纽约》，因为它很贵又没有电子版，不像保罗·奥斯特的作品已经被我放在Kindle里。旅途漫漫，我有很多时间可以看书。彼时的我这样想。

也因为如此，我没有带Ipad。事实上，整趟旅途我也没有打开过Kindle，它一直在行李箱的夹层里，陪我往返了一趟美国。国泰的机上娱乐比较丰富，去程16个小时的航班，我看了好几部电影，拿了好几盒杯面，横躺在各种没人的连座上休息，最终忘记了阅读这件事。出发前的我，一定没想到我会连一页纸都没看。

不像日本，那些早就读过的小说，和我所到之处完美地切合在一起，像是打通关的俄罗斯方块。我爬上小动岬，可以看到太宰治当年下坠的那片海；走进镰仓文学馆，就能贴近三岛由纪夫圈圈点点的原稿；甚至迷路中试探着拉开铁闸，还能一窥川端康成故居的原貌。这些都被我理想化成了旅行中最诗意的组成部分。我以为它是私人的，从而变得独特，成为旅行的意义。事实上，这也确实一定程度上影响了我。从日本回来后，连走进全家便利店都会觉得有什么不同，旅行的意义最后变成了生活的意义，商标、冰柜和店员的制服带给我双倍生命的体验。好像没去过日本，你就没办法在便利店里多得到一些什么。那瓶三得利乌龙茶，就只是一瓶500 ml的饮料。

所以初到纽约，我是失落的。方块之地上，我找不到曾构建的那个文字里的世界。坐在机场大巴的靠窗座位，看着窗外哈德逊河的两岸，我试图和之前看过的美剧、小说产生重合的轨道，好让旅行有一个好的开始，"终于在年轻的时候来了纽约"，这句充满仪式感的对白终于找到了属于它的时间轴。可是在稍有颠簸的巴士上，零星几个乘客却没有带给我过多的异乡感。就像任何城市的夜班车，他们可能是赶着回家陪伴老婆的白领、给女儿讲睡前故事的母亲还有回校上课的留学生。大家的神情都略带疲惫，不像《布鲁克林》里睁大了眼睛迎接新世界的罗南。飞了16个小时，却好像没有离开过。我又怎么会满足于此，遂拿出手机，开了定位，发了朋友圈，好让离开的感觉更明确。

绝大多数乘客都在时代广场下车了，只剩我自己。行至终点，司机目送我下车，并对我说"have a good night"。我开心地告别，走去之前预订好的住处。穿过巷子的时候看到帝国大厦的屋顶，我停下来拍了张照片。房东还没睡，当他得知这是我在美国、在纽约的第一晚，显得比我还兴奋。我看着他的表情，仿佛看到了自己。

之后的几天，每到一处，我都不可避免地要和原本的想象进行确认，而结果总是无法匹配。不知是因为美国的文化输出太过强盛以至于我们都很自信于自己的解读，还是因为一个人的旅行过于投入而产生想要融入环境的错觉，总是觉得相似又很陌生。不像东京，彻底地相似或完全地陌生。形单影只行走于午夜的东京街头，你会发现很多和你一样的人，一样兴奋，一样寂寞，一样疲惫。纽约的地铁里，三个中国面孔坐在空荡荡车厢的斜对角，夫妻俩正在兴奋地讨论着儿子的工作；亚裔女白领和白人聊着办公室里的八卦，对我略带目的性地偷听稍有提防；黑人情侣起了纷争，路程过半时女子又把男友的头搬过来放在自己的肩膀上。

这和我想的不一样吗？来之前就知道纽约是地球村，是多元文化和包容姿态的温床。在中央公园的桥洞下听到的萨克斯，在地铁里听到的非洲鼓，在街对面看到的持枪闹事，都和想象的没有不同。自信、性感，都是计划里标下的重点，若把纽约比作一首诗，我也都能流畅地背诵。

可是真的一样吗？那些规划、八卦和争吵，乡音、眼神和肩膀，是我没想过的熟悉，是生活里最显而易见的错过，也是最易被"生活"二字所掩盖的盲点。我忽略了生活本身，假借标签化和仪式感，对纽约进行一种自我建构。在来之前长达半年的时间里，借由书本和数码，对大洋彼岸一个需要飞行16个小时的城市完成了一次事先的旅行。而抵达时刻的所得，一定以未抵达时的忽视为代价。我没准备的，我没想到的，最终成为这趟旅行的意义。

辗转到波士顿，终于不用一个人面对这些被放大的旅行落差。在此读博的同学L把我带到他和同学租下的独栋别墅，看到厨房里各种写满汉字的调味品，生活才被拼凑回了原貌。一屋三人，L的房间最小，我住的房间稍大，住客是已经放假回国的学弟。最大的房间住的是数学系的在读博士，璐姐，我跟着L这么称呼她。刚到的那天晚上，璐姐熬了一锅骨头汤，热情地邀请我们一起喝，我拿着L递过来的柠檬味鸡尾酒谢绝了。后来回到房间，L看我有些微醺地躺在床上怕我睡着，让我早点去洗漱，"太晚了水流声会影响到璐姐休息"。

可能是囿于琐碎的日常生活，可能是小群体构建出的相似性，到了波士顿，我的旅行才开始放松起来。我不用想着周几的哪个时间段新美术馆免费，不用想blue notes这一周的表演者是谁，特纳的特展在 The MET 的第几层。那天和 L 吃完饭，我们跑去城郊的一个公园，他坐着刷 BBC，我躺着刷微博，然后吐槽面前不如查尔斯河的景致。将近傍晚，走去地铁站的路上经过一座桥，对面的护栏上插着一面美国国旗，衬着背后的落日余晖，充满了流落异乡的故事感。

再回到纽约，我依旧奔波于各大博物馆和美术馆，在一个又一个展厅里，我看到安静观赏的一家人，互相捧着脸颊对视的情侣，进行美术赏析的一群小学生。我穿梭在人群中，像挂在墙上的画作一样感受时间的流动，好像在追赶又好像静止地在体验着什么。本来计划好要去克莱斯勒大厦看夜景的那个晚上，我还是错过了登顶的开放时间。而那个晚上我不过坐在楼下水池的护栏上，看着来来往往的人群。我不知道自己想在纽约得到什么，只想把原本用来印证想象的时间换成一种全然无知的体验。我看到的每一个纽约客，好像不是刚从聚会离开，就是赶往下一个酒吧。回到住处我和房东说第二天要去 PS1，他说那里是跳舞的好地方，问我是不是去跳舞。那一刻，面对着生活里最习以为常的选择，我却成为陌生城市里的失语者。构建了半年的归属感，曾短暂存在于波士顿一间三室的别墅内，曾短暂停留在那张日落下的星条旗的照片上，而后又跟着我消失在纽约的人群中。就像《无为大师》里的 Dev，瘫坐在任何一处的面无表情。时区、定位和朋友圈制造出的归属感，被面前充盈的生活气息吹得散乱，我甚至跑进曼哈顿的 coco 奶茶店，喝下了一杯过分甜的珍珠奶茶。

去纽约之前，我曾想过一大早要去中央公园跑步，正好绕一圈 10 千米，还特意为此穿了跑鞋。甚至朋友圈的内容我都想好了，跑步的轨迹图加上"仪式感"三个字。最后也没有这样做。之前手机里存了好几张纽约的夜景图，最终也没有登上任何一个观景台。在日本的时候那种验证想象、产生记忆黏性的游历好像被彻底否定，我放弃了古根海姆博物馆、High Line Park 等游览，放弃了和《5 to 7》剧情对话的机会，放弃了俯瞰纽约的夜景，放弃了绕中央公园一圈，却好像更自由了。那个时候，我好像才真正到了纽约。

回国后，我把那几本带有"纽约"的书拿去还掉。从图书馆出来，我点开了朋友圈的消息提醒，那是我在各个美术馆偷拍的观众组照，最后一条评论写着："你还没回来啊？"

（资料来源：marrón，豆瓣网，https://www.douban.com/note/567030845/?_i＝4369845eXkEslJ。）

思考：

（1）作者在出游前通过何种方式去了解纽约这座城市？他的旅游期望与旅游感受之间存在着怎样的差别？旅游者的旅游期望与真实感受之间的关系会对旅游

推荐阅读

体验质量产生怎样的影响？

（2）通过各种媒体去了解一个城市与通过旅游去了解一个城市有着怎样的不同？

（3）在旅游前、旅游中以及旅游后三个不同阶段，旅游体验是怎样被建构起来的？

专题四　认识旅游活动的客体：
旅游资源和旅游产品

专题概要

　　本专题介绍旅游活动的客体——旅游资源和旅游产品的相关知识。讲解如何理解旅游资源和旅游产品，它们各自的特征以及如何进行分类；开发旅游资源应坚持的原则；保护旅游资源可采取的措施；旅游产品生命周期理论；旅游资源或产品管理中旅游容量概念的重要性；旅游容量超越极限的状态和后果；旅游可持续发展理念及管理工具。

学习目标

● 知识目标

　　1.理解旅游资源的含义和特征，了解旅游资源的分类。

　　2.理解旅游产品的含义和特征，了解旅游产品的分类。

　　3.掌握旅游资源开发应坚持的原则，了解威胁旅游资源的因素以及旅游资源的保护措施。

　　4.掌握旅游产品生命周期理论。

　　5.了解旅游可持续发展理念产生的背景，理解旅游可持续发展的定义，掌握旅游可持续发展的管理工具。

● 能力目标

　　1.能够指出不同类型旅游资源的代表性景区景点，并且能够判断某一旅游资源或旅游产品的类型。

2.能够指出旅游资源开发不应违背的原则。

3.能够分析出可能威胁旅游资源的因素，并指出可以采取哪些措施对旅游资源加以保护。

4.能够指出处于不同生命周期阶段的旅游产品具有的特征。

5.能够对旅游可持续发展理念做出解释。

6.能够指出旅游可持续发展的三种管理工具。

◉ **素养目标**

1.通过学习旅游资源，学生能够深入了解我国旅游资源的多样性，了解祖国的大好河山和多元文化，从而增进对祖国的热爱之情。

2.通过学习旅游容量及旅游可持续发展相关知识，学生能够了解到旅游资源的脆弱性以及秉持旅游可持续发展理念的重要性，增强旅游资源保护意识和责任意识。

知识导图

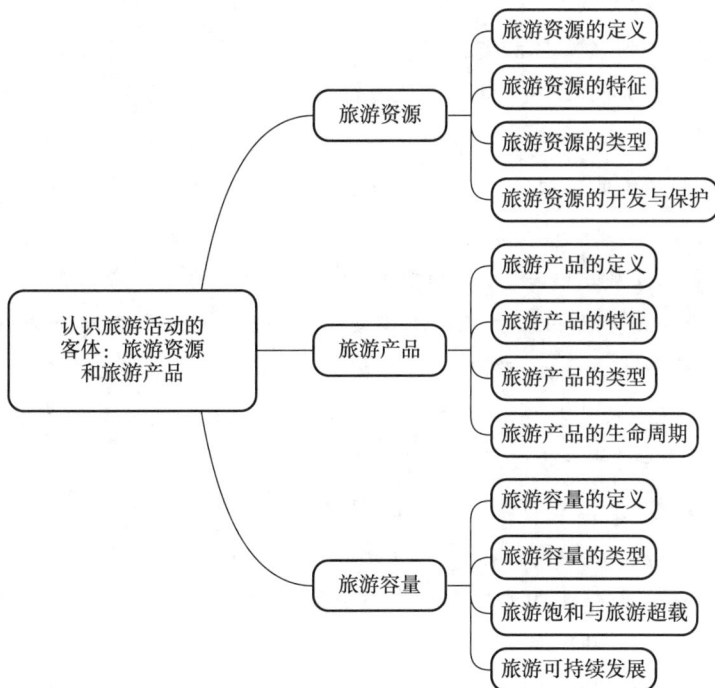

专题要点

旅游资源　旅游产品　旅游容量　旅游饱和　旅游超载　旅游可持续发展

案例导入

江西瑞金红色旅游发展之路

瑞金是一个红色资源与绿色资源并存的城市,是闻名中外的红色故都、共和国摇篮、苏区时期党中央驻地、中华苏维埃共和国临时中央政府诞生地、中央红军二万五千里长征出发地等,是全国爱国主义和革命传统教育基地,是中国重要的红色旅游城市之一。

"上海建党,开天辟地;南昌建军,惊天动地;瑞金建政,翻天覆地;北京建国,改天换地。"红都瑞金的历史可以上溯至20世纪30年代,从井冈山到瑞金,从创建工农武装到建立革命政权,从土地革命到打破围剿。星星之火,终成燎原之势,最后燃出了一个红彤彤的新世界。重视对瑞金红色旅游的开发对于感受革命先辈的光荣历史和弘扬红色革命、发挥艰苦奋斗的精神具有重要的指导意义。

一、红色景区与红都城市的一体化打造

瑞金为中华苏维埃共和国临时中央政府的诞生地,这里的每一寸土地都记载着神奇的故事和奋斗的精神,红色故事已经和这座城市、每一个村庄、每一条河流血脉相连。其中,共和国摇篮旅游区(国家5A级景区)包含叶坪、红井、二苏大、中华苏维埃纪念园四大红色景区;红色景区与城市的一体化打造、场景培育和设施共建成为瑞金红色旅游成功的基础,与村庄、自然环境的不脱节、不干扰、一体化打造是红色景区打造的关键。

二、基于旅游要素、旅产融合的红色业态创新

瑞金在发展过程中,杜绝红色资源、红色业态的完全标本化、静态化,重点突出旅游资源核心主题的旅游要素化,让红色元素融入饮食、住宿、购物、娱乐等多个方面,强化基于创意、科技等多种手段的业态创新;重点突出基于城市产业特色和方向的旅产融合,强化产业支撑旅游发展,旅游带动产业升级,进一步促进旅游业态的创新。

三、红绿呼应、乡村休闲、文化筑基的产品体系

强化红色的绝对核心地位,依托红色文化主线实现绿色资源的融入和产品捆绑,让游客在青山绿水中体会红色情怀;以特色农业、美丽乡村为契机,实现休闲产品培育;以客家地域民俗为补充,实现产品体系的完善,强化市场的广泛吸引。

四、中央苏区、红军长征、赣江绿源的空间架构

瑞金是中华苏维埃共和国临时中央政府诞生地,立足已有优势和地位,有责任积极引领"中央苏区"大旅游及经济区块概念;作为万里长征出发地,有必要立足全局诠释长征精神和重要价值;作为赣江源头,有空间助力打造江西重要的生态旅游骨干。瑞金正在依托三大战略性资源,创

新国家级、省级宏观战略空间架构,培育大瑞金旅游,打造闽粤赣区域旅游龙头、全国旅游区域增长极。

瑞金在激烈的红色旅游市场竞争中不断发展壮大。2023年,全市接待旅游人次达2221.3万,实现旅游收入140.1亿元。瑞金旅游产业加快转型升级,由单一的红色、绿色观光型向体验型、互动型、休闲度假型转变,铿锵迈步全国著名红色旅游目的地、赣闽边际区域旅游集散中心和海西休闲度假区后花园,并成功入选"第二批国家全域旅游示范区"创建名单。瑞金的红色旅游发展之路为红色旅游目的地建设留下了诸多启示。

1.景城一体的场景构建

突出核心红色资源与所处空间的一体化融合,突出景区与城市建设的脉络对接,突出红色景区与乡村复原的空间融合,突出红色景区与自然山水的场景依存,最终实现红色主题场景的培育,增强游客的代入感。

2.故事主题的游线打造

突破以时空为唯一参照游线培育手段,创新以红色主题故事为文化线索,强化游客"主人公"的体验感的游线打造方法,让游客"听故事、游故事、演故事"。

3."以红带绿"的市场战略

"以红带绿""以绿促红""红绿呼应",强化产品的融合,实现"红色吸引市场、绿色疏散市场、红绿做大市场"。以红色对接中远程、专项市场,以绿色休闲吸引近程休闲市场,亦可增加中远程游客停留时间,"又红又绿又专"是红色旅游目的地重要的市场战略之一。

4.旅产驱动的全域融合

瑞金红绿互动引领培育深层次的旅产融合,以旅游撬动关联产业的培育和升级,旅游牵引红色文化的创意化表征,实现影视、文创、教育、培训等业态集聚;旅游扩展绿色农业的品牌化路径,实现以脐橙种植园为代表的现代农园、空间架构和产业的延展,以文化、农业两条主线,升级全域空间的打造,实现旅游扶贫致富。

（资料来源:《中国旅游好案例》,内容略有改动。）

| 案例分析

模块一　旅游资源

一、旅游资源的定义

在理解旅游资源这个概念之前,先来了解一下资源的概念。资源的概念源于经济学,是作为生产实践的自然条件和物质基础提出的。一般认为,资源是指在一定的技术、经济条件下,能为人类利用的一切物质、能量和信息,是创造人类社会财富的源泉。其中,资源既包括现在正为人类所使用的资源,也包括现在虽然还未被人类所利用,但将来可能被人类利用的潜在资源。

马克思在《资本论》中提出这样的认识:创造社会财富的源泉是自然资源和劳动力资源。恩格斯在《自然辩证法》中明确提出:"劳动和自然界一起才是一切财富的源泉,自然界为劳动提供材料,劳动把材料变为财富。"由此可见,资源体现了人与自然界之间的物质转换关系。

如果我们仔细思考什么是资源,就不难发现,资源是因人类需要而存在的,它反映的是人与世界的关系,只要是能(或者人们认为能)满足人类需要的物质和精神存在,就可以被视为资源。比如煤炭,如果人类不需要或者没有能力利用它,那它就不是资源。也就是说,资源相对人而言是具有潜在用途的。最典型的资源就是自然界中人类能开发利用的物质条件,比如阳光、土地、矿产、森林、海洋等,它们属于物质资源。除此之外,精神资源作为一种重要的资源形态,对人类自身的发展和进步同样起到重要的作用,比如知识、理论、经验、传统、道德、习俗等,它们作为特定的精神资源形态,成为人类生存发展和社会演化的推进力量。

在资源概念的基础上,我们需要从以下角度来理解旅游资源。

第一,旅游资源既可以是有具体物质形态的单体或复合体,比如山川、建筑或艺术品,也可以是综合利用复杂的物质形态而呈现的社会文化现象,比如民情风俗、昆曲或竹编技艺等非物质文化遗产。

第二,旅游资源对旅游者具有潜在价值。旅游资源必须具备满足旅游者愉悦性休闲体验需要的潜在能力,能够对旅游者构成某种吸引力。否则,任何资源形式都不是也不会成为旅游资源。

第三,旅游资源主要处于一种潜在的待开发的状态,同时也包括已开发但尚未得到完全开发的那一部分资源。例如,一个世外桃源般的少数民族小村庄虽然具有旅游吸引力,但因地处偏远山区而尚未开发为旅游目的地,它就属于典型的处于原始状态的旅游资源;而秦始皇陵已有部分陵墓开发成旅游产品用于获得经济收益,但还有大面积陵墓尚未挖掘开放,它就属于已经部分开发利用了的旅游资源。

第四,旅游资源是先于旅游目的而存在的物象。也就是说,旅游资源不是为了满足旅游者的需要而生产出来的,它们在人们尚未发现其旅游价值之前就因其他目的而存在,只是人类社会的发展和需要的变化使其在一定社会历史条件下成为旅游资源。比如,大学本不是为旅游目的而建,但很多人会冲着大学校园浓厚的人文气息慕名而来,所以知名学府游人如织,如今也变成了热门的旅游打卡地(见图4-1)。

图 4-1　上海交通大学校园颇受研学旅游团的青睐

（李淼　供图）

综上所述，旅游资源是指先于旅游而客观地存在于一定地域空间并因其对潜在旅游者所具有的休闲体验价值而可供旅游产业开发的潜在财富形态。

二、旅游资源的特征

旅游资源作为一种资源形态，除了具有资源普遍具有的稀缺性和有用性之外，还具有可体验性、自在性、潜在性以及不可移动性四个特征。

（一）可体验性

旅游资源对于旅游者而言具有潜在价值，而价值主要体现在旅游资源能够使旅游者获得愉悦性休闲体验。但实际工作中，旅游目的地管理人员在对当地旅游资源进行摸底评价时，往往根据国家标准重点对旅游资源的观赏游憩使用价值、历史文化科学艺术价值、珍稀奇特程度和规模、丰度与几率以及完整性进行考察。其评分越高，旅游资源等级越高，意味着旅游资源的潜在价值越大。可是，若从旅游者的角度来审视旅游资源,最重要的就是旅游资源的体验价值,无论资源多么独特、多么珍贵,如果不具有体验性,不能让旅游者获得愉悦体验,那么就不会成为旅游资源。

(二)自在性

旅游资源是一种是先于旅游目的而存在、不以旅游产品生产企业的意志为转移的自在的物象,旅游企业只能对它加以开发利用,而不能生产。例如,人类社会发展过程中形成的风土人情、修建的街道院落都是独立于旅游而存在的物象,它们能否成为旅游资源,是所处时代、地域、社会、政治、科技、思潮、群体等多种因素共同作用的结果。现存的能够代表某地历史文化特色的标志性景区景点大多都是依托旅游资源开发修建而成,比如长城、雅典卫城、英国巨石阵,这些遗址最初都不是为旅游目的而建的。

(三)潜在性

潜在性指的是旅游资源具有潜在的开发和利用价值,它的存在形态总是潜在的。旅游资源要经过旅游产业的加工和追加一定量的为旅游而投入的劳动,这种旅游资源才能为旅游者所利用。比如,修建道路以改善可进入性,或是为游客提供餐饮住宿服务。但是,需要注意的是,旅游资源一旦经过这个加工过程,就会从潜在状态的资源转变为现实状态的资源。

(四)不可移动性

旅游资源是在一定地理环境或人文环境中出现的物象,存在于特定的地域范围内,从而对旅游者构成吸引力。旅游资源本身是不可移动的,旅游者需要向旅游资源移动。与煤炭等物质资源不同,旅游资源是在特定地理区域塑造而成的,如果离开了所在的地域,它便失去存在的本源。更重要的是,如果旅游资源可以移动到客源地的话,那么原本被旅游资源吸引而前往旅游资源所在地的旅游者则不再需要移动就可以享受到资源,他们将因此失去旅游者的身份,成为本地休闲游客;而失去旅游者的资源也不能称为旅游资源,因为旅游资源是以旅游者的存在为前提的。按照这一逻辑,依托旅游资源开发出来的旅游产品同样是不可移动的,而旅游者是必须移动的。

三、旅游资源的类型

五花八门的旅游资源各有特点,通过比较、认识、归纳及划分,所形成的不同的旅游资源分类系统,能够为人们从整体上或局部上认识旅游资源创造有利条件。旅游资源分类是研究、认识旅游资源及开发利用旅游资源的重要基础,具有重要的实践意义。

旅游资源通常可以划分为自然旅游资源和人文旅游资源两种类型。此外,根据

《旅游资源分类、调查与评价》(GB/T 18972—2017)国家标准,旅游资源还可以划分为实体资源和现象资源两种类型,进一步可细分为8个主类、23个亚类、110个基本类型(见表4-1)。但仔细观察就会发现,国标中列出的8个旅游资源主类可以分别归入自然旅游资源和人文旅游资源两类之中。因此,本书还是依循惯常做法,将旅游资源分为自然旅游资源和人文旅游资源。

表 4-1 旅游资源基本类型释义

主类	亚类	基本类型
A 地文景观	AA 自然景观综合体	AAA 山丘型景观　AAB 台地型景观　AAC 沟谷型景观　AAD 滩地型景观
	AB 地质与构造形迹	ABA 断裂景观　ABB 褶曲景观　ABC 地层剖面　ABD 生物化石点
	AC 地表形态	ACA 台丘状地景　ACB 峰柱状地景　ACC 垄岗状地景　ACD 沟壑与洞穴　ACE 奇特与象形山石　ACF 岩土圈灾变遗迹
	AD 自然标记与自然现象	ADA 奇异自然现象　ADB 自然标志地　ADC 垂直自然带
B 水域景观	BA 河系	BAA 游憩河段　BAB 瀑布　BAC 古河道段落
	BB 湖沼	BBA 游憩湖区　BBB 潭池　BBC 湿地
	BC 地下水	BCA 泉　BCB 埋藏水体
	BD 冰雪地	BDA 积雪地　BDB 现代冰川
	BE 海面	BEA 游憩海域　BEB 涌潮与击浪现象　BEC 小型岛礁
C 生物景观	CA 植被景观	CAA 林地　CAB 独树与丛树　CAC 草地　CAD 花卉地
	CB 野生动物栖息地	CBA 水生动物栖息地　CBB 陆地动物栖息地　CBC 鸟类栖息地　CBD 蝶类栖息地
D 天象与气候景观	DA 天象景观	DAA 太空景象观赏地　DAB 地表光现象
	DB 天气与气候现象	DBA 云雾多发区　DBB 极端与特殊气候显示地　DBC 物候景象
E 建筑与设施	EA 人文景观综合体	EAA 社会与商贸活动场所　EAB 军事遗址与古战场　EAC 教学科研实验场所　EAD 建设工程与生产地　EAE 文化活动场所　EAF 康体游乐休闲度假地　EAG 宗教与祭祀活动场所　EAH 交通运输场站　EAI 纪念地与纪念活动场所
	EB 实用建筑与核心设施	EBA 特色街区　EBB 特性屋舍　EBC 独立厅、室、馆　EBD 独立场、所　EBE 桥梁　EBF 渠道、运河段落　EBG 堤坝段落　EBH 港口、渡口与码头　EBI 洞窟　EBJ 陵墓　EBK 景观农田　EBL 景观牧场　EBM 景观林场　EBN 景观养殖场　EBO 特色店铺　EBP 特色市场

主类	亚类	基本类型
E 建筑与设施	EC 景观与小品建筑	ECA 形象标志物　ECB 观景点　ECC 亭、台、楼、阁 ECD 书画作　ECE 雕塑　ECF 碑碣、碑林、经幢 ECG 牌坊牌楼、影壁　ECH 门廊、廊道　ECI 塔形建筑 ECJ 景观步道、甬路　ECK 花草坪 ECL 水井　ECM 喷泉　ECN 堆石
F 历史遗迹	FA 物质类文化遗存	FAA 建筑遗迹　FAB 可移动文物
	FB 非物质类文化遗存	FBA 民间文学艺术　FBB 地方习俗　FBC 传统服饰装饰 FBD 传统演艺　FBE 传统医药　FBF 传统体育赛事
G 旅游购品	GA 农业产品	GAA 种植业产品及制品　GAB 林业产品与制品 GAC 畜牧业产品与制品　GAD 水产品与制品 GAE 养殖业产品与制品
	GB 工业产品	GBA 日用工业品　GBB 旅游装备产品
	GC 手工工艺品	GCA 文房用品　GCB 织业、染织　GCC 家具 GCD 陶瓷　GCE 金石雕刻、雕塑制品　GCF 金石器 GCG 纸艺与灯艺　GCH 画作
H 人文活动	HA 人事活动记录	HAA 地方人物　HAB 地方事件
	HB 岁时节令	HBA 宗教活动与庙会　HBB 农时节日　HBC 现代节庆
8个	23个	110个

（资料来源：《旅游资源分类、调查与评价》（GB/T 18972—2017）国家标准。）

（一）自然旅游资源

自然旅游资源是依照自然发展规律天然形成的旅游资源,是可供人类旅游享用的自然景观与自然环境,它位于自然界的一定空间位置,有其特定的形成条件和历史演变阶段。自然旅游资源主要包括地文景观、水域景观、生物景观和天象与气候景观四种类型。云南石林喀斯特地貌、贵州黄果树瀑布、江西婺源油菜花海和四川峨眉佛光都是典型的自然旅游资源。

（二）人文旅游资源

人文旅游资源是在人类历史发展和社会进程中由人类社会行为促使形成的具有人类社会文化属性的悦人事物,其形成和分布不仅受到历史、民族和意识形态等因素的制约,而且还受到自然环境的深刻影响。人文旅游资源主要包括建筑与设施、历史遗迹、旅游购品和人文活动,例如福建特色民居土楼、上海红色革命遗址、江西景德镇匠心独运的陶瓷烧制技艺以及云南彝族火把节都属于人文旅游资源。

四、旅游资源的开发与保护

（一）旅游资源的开发原则

旅游资源开发是人类通过向旅游资源追加物化劳动和活劳动而使之成为可以被旅游者所利用或享用的对象的技术经济过程。当这种开发出自商业性目的时，旅游资源就成为旅游产品；当这种开发出自非商业性目的时，旅游资源则由潜在形态转变为现实形态，可以供大众旅游者无偿享用。

旅游资源是旅游业赖以发展的物质基础。同其他资源一样，旅游资源只有通过开发利用，才能发挥其经济、社会和环境效益。随着旅游业的发展，旅游者的需求选择多样化、个性化趋势日益明显，只有不断地对现有旅游资源进行深层次开发或开发新的旅游资源，才能不断满足旅游者的需要，确保旅游业持续健康发展。特别是在旅游业竞争日趋激烈的今天，如何发挥旅游资源的多种功能，开发出富有区域特色的旅游资源，满足旅游者的不同需求，已成为在激烈的市场竞争中立于不败之地的关键问题。但由于旅游资源的特色不同，所处地域社会经济环境也存在差异，旅游资源的开发需要因地制宜。为避免出现开发即破坏的现象，旅游资源在开发过程中需要坚持以下几个原则。

1. 保护性开发原则

旅游资源具有较强的脆弱性，不但会受到自然因素的破坏，在被旅游业利用的过程中也会遭到耗损，然而相当多的旅游资源又不具有再生性，一旦毁掉了就难以复原。在我国旅游发展历程中，令人痛心的破坏性开发屡见不鲜。生态植被的破坏、历史遗迹的损毁以及当地居民的离去是旅游开发中经常会出现的问题。所以，旅游资源保护在旅游开发中极其重要。旅游资源的保护性开发，既体现在开发的工程建设阶段，也体现在后期的运行阶段。在工程建设阶段，要通过严格的环境效应评估，从可持续发展的高度对项目的环境、经济、社会文化效应进行评价，以避免项目运行所带来的环境破坏、资源耗竭、社会震荡和文化颓败。总之，要处理好开发与保护的关系，二者虽然存在矛盾但也相互依存，保护性开发并不是把保护绝对化，开发依然是目的，但保护是前提。

2. 总体规划原则

旅游开发必须以总体规划为依据，规划先行，这样才能确保旅游资源的可持续开发和利用。总体规划是为了保护、开发、利用和经营管理旅游目的地，使其发挥多种功能和作用而进行的各项旅游要素的统筹部署和具体安排。旅游资源调查和评价是进行总体规划工作的基础，只有掌握了旅游资源的翔实情况，才能对其做出客观、系统、全面的评价，然后基于这些评价编制规划，对旅游资源进行合理的开发利用。此外，总体规划还要考虑旅游开发涉及的不同群体之间的关系协调与利益平衡,要从社会全体利益的角度做出长远规划。总之,秉持总体规划的原则可以有效地避免无序开发给旅游资源造成的不可逆转的破坏。

3.独特性原则

旅游资源的吸引力在于它能够体现特定地域空间内特色突出的自然留存或人文现象。旅游资源的独特性是其对旅游者构成吸引力的重要因素之一。因此,在旅游资源开发过程中,应尽可能保持自然和历史形成的原始风貌,突出其独特性,反映当地的自然和文化特点。但在旅游资源开发实践中,诸多项目都违背了这一原则,盲目地模仿复制成功案例,失去了个性和特色,结果造成同质化严重的现象。例如,古镇旅游近年来出现"千镇一面"的现象,游客纷纷抱怨各地古镇高度相似,都是小桥流水、红灯笼,卖的都是义乌小商品,甚至连特色小吃都变成千篇一律的臭豆腐、烤肠和海棠糕。因此,资源开发时应坚持独特性原则,保护好资源的独特性,才是旅游发展的长远之道。

(二)旅游资源的保护

旅游资源是自然界客观存在和人类社会创造的美好事物,是大自然和祖先留给我们的宝贵财富。意识到旅游资源的宝贵价值,提升资源保护意识并采取实际行动保护资源是每个人肩负的使命。

旅游资源的保护要注重两个方面。一是旅游资源本身的保护。要限制资源的损耗、延缓衰减的自然过程,将人为损耗降到最低点,绝不允许人为随意破坏。二是旅游资源的开发存在对环境的保护。旅游资源的开发既要和自然环境相适应,有利于环境保护和生态平衡,控制污染,又要与社会环境相适应,遵守旅游目的地的政策法规和发展规划,不危及当地居民的文化道德和社会生活。

旅游资源受到的威胁来自自然和人为两个方面,因此,应采取针对性措施加以保护,坚持以预防为主,以整治为辅,采取防治结合的保护原则。

针对自然灾害及长期风化等自然因素造成的资源破坏,应抢救性保护与预防性保护并重,注重加强预防性保护措施,监测环境影响要素,正确识别风险,建立风险危害档案,进行科学预测,进而采取更有效的技术手段和管理办法进行资源保护。比如,针对木结构古建筑,监测降水量、空气湿度、风力、结构稳定性等因素,并对重点位置进行监测,以便采取有效措施进行修缮加固,让古建筑能够"延年益寿"。罗马斗兽场内的石料曾因缺乏有效的保护和管理而被当地人搬回家里用于修建房屋,如图4-2所示。

针对人为因素造成的资源破坏,可以采取完善规划设计、加强宣传教育、进行行为引导等柔性管控措施,以及制定法律法规、加强行政管理等硬性管控措施加强对旅游资源的保护。例如,为杜绝游客在名胜古迹上乱涂乱画的"签名"现象,很多景区通过设立留言墙、电子涂鸦墙或付费制作"留言砖"的方式来满足游客的留念需要,有效减少了乱涂乱画的破坏行为。为保护世界文化遗产大足石刻,重庆市颁布实施《重庆市大足石刻保护条例》并印发《重庆市加强石窟寺保护利用工作方案》，为大足石刻的保护利用提供了有力支撑。

图4-2　罗马斗兽场曾因保护不利而遭偷窃的石料
（李森　供图）

【慎思笃行】

文保路上的城墙记忆

　　作为中国现存历史最悠久、规模最宏大、保存最完整的古代城垣建筑，西安城墙在600多年的沧桑岁月里，历经风霜，仍坚强屹立在三秦大地，见证了辉煌历史，也见证了崭新时代。

　　西安城墙也曾千疮百孔、满目疮痍，甚至还经历了几乎被拆除的厄运。所幸在危急时刻，老一辈领导人、文物工作者极力保护，使得西安城墙得以保存。

　　1961年，西安城墙被列为第一批全国重点文物保护单位。至此，西安城墙挺过了最艰难的时期，迎来了修护的曙光。

　　1983年，西安环城建设委员会成立。同年4月1日，环城建设工程正式开工。这是中华人民共和国成立以来西安市最大的一次文物保护工程，更为西安人留下了"铁市长"张铁民的故事。

　　饱经沧桑的西安城墙开始重放光彩，她的巨大价值已经深深藏在了人们心里。

　　1998年，护城河综合治理工程开工。2002年，工程主体基本完成，护城河水质和生态环境都得到了改善。

　　2004年，火车站城墙段连接工程竣工，全长13.74千米、历史悠久的西安古城墙在断缺几百年后正式连接贯通。那一刻中华民族象征的历史价值彰显无遗，我们似乎看到了1400多年前隋唐皇城、600多年前明朝西部重镇的宏伟风貌。

伴随着"中国梦"的腾飞，正在崛起的西安加速了城市建设的步伐，秉持高度的文化自觉性，呵护文物，尊重历史，搭建起历史与现代对话的时空隧道，在文物保护与现代城市建设矛盾中实现突围。

2009年11月1日，《西安城墙保护条例》开始实施。现在，为了让更多市民游客亲近城墙，感触历史，西安城墙将每年的11月设立为"西安城墙文物保护亲近月"。

至此，发生了巨大变化的西安城墙已经成为西安历史文化的一个核心板块，也是体现人文西安、古都西安特色的一个重要品牌和西安通往世界的一张特色名片。

如何将她保护好、传承好、利用好，彰显出时代精神，绽放出光彩，不仅是每一位西安市民的心愿，也是所有热爱西安和中华优秀文化的有识之士的共同夙愿。

经过多年的调研论证和具体实践，2014年，西安城墙南门区域全新开放。承载着"保护文物、传承文明、弘扬文化、提升城市、惠及百姓"意义，完成了文保展示、交通改造、生态提升、文化复兴、城市发展五个方面的蜕变。

2018年，西安市城墙·碑林历史文化景区成功晋级国家5A级旅游景区；西安护城河成功入选第十八批国家水利风景区。

2020年10月1日，经过西安"城墙人"17年接力式的不懈努力，提升改造后的护城河及环城公园全线贯通，以全新姿态展现在市民游客面前的护城河景区，向市民游客免费开放。

护城河景区的改造提升，不仅让古老的西安城墙焕发新姿，更是让护城河景区成为生态西安、美丽西安建设的一张靓丽名片。

2021年，西安城墙入选国家第一批文物预防性保护试点单位。近年来，西安城墙在文物保护的理论和方法技术上有了更多探索，对建筑遗产的预防性保护探索也在逐步增强。

如今，西安城墙已经全面建立起科学化、规范化、制度化的预防性保护体系，为阅尽风雨沧桑的古老城墙开启安全基础、筑牢安全防线，继续守望城市的发展。

除此之外，西安城墙还应用物联网、大数据、云计算等先进技术，在智慧平台搭建、数字藏品开发、手机客户端小程序研发等方面积极探索，加强文物保护和文化遗产传承。

2022年10月，西安城墙"数字化助力西安城墙文物保护和文化遗产传承"项目入选2022年文化和旅游数字化创新实践十佳案例，成为文物保护和文化遗产传承的标杆。

从军事防御设施，到国宝级文物，再到城市公共空间，今天的西安古城墙历久而弥新，焕发出更加年轻开放的姿态以迎接世人的瞩目。

（资料来源：https://www.xacitywall.com/zhuantizhuanlan/wenwu-baohu/2023-03-15/4778.html；https://www.xacitywall.com/zoujinchengq-iang/lishiwenmai/chengqianglishi/2022-06-01/4460.html。）

▌知行合一

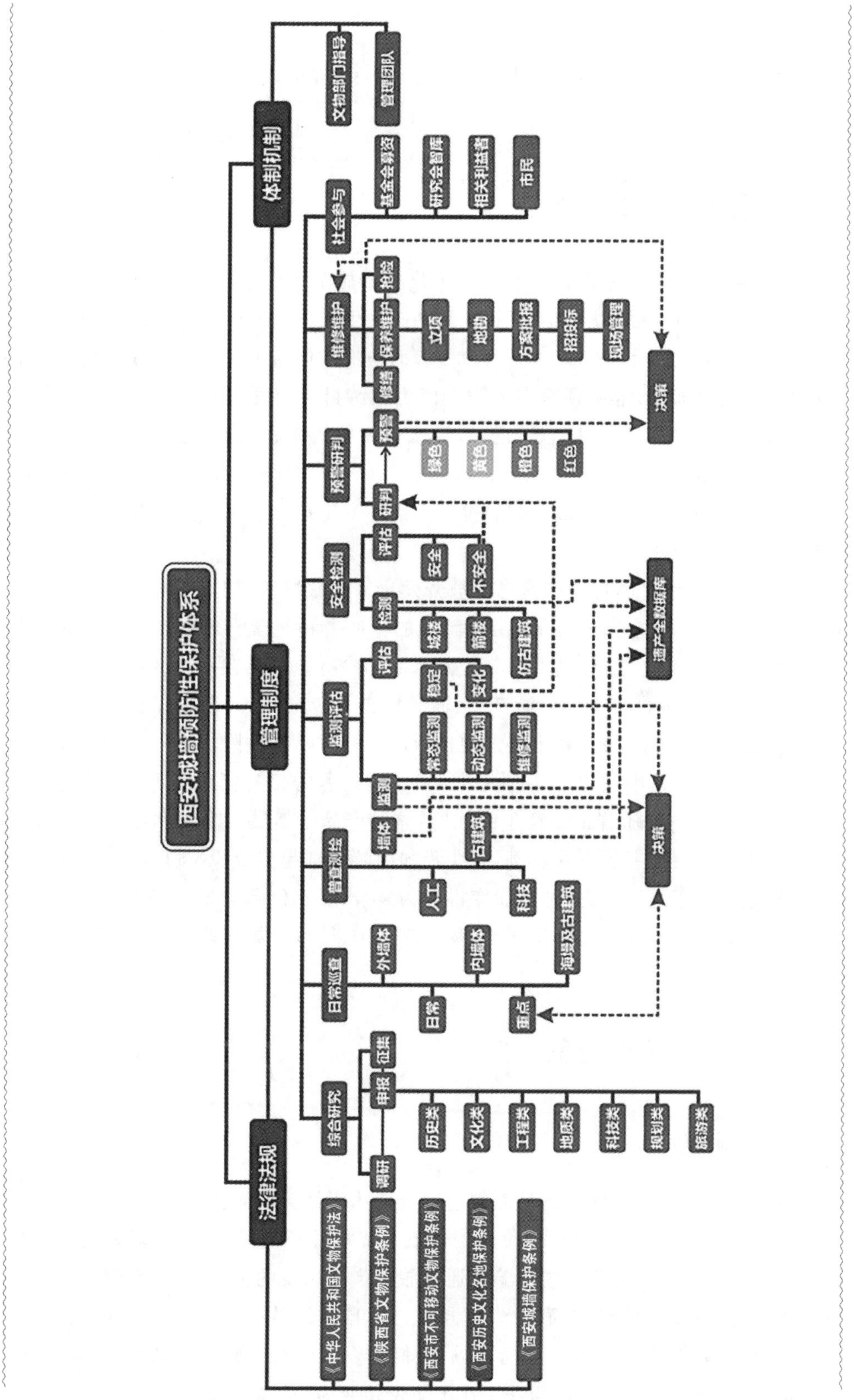
西安城墙预防性保护体系
体制机制
文物部门指导
管理团队
社会参与
基金会募资
研究会智库
相关利益者
市民
管理制度
维修维护
修缮
保养维护
抢险
立项
勘察
方案批报
招投标
现场管理
决策
预警研判
研判
预警
绿色
黄色
橙色
红色
安全检测
检测
评估
安全
不安全
城楼
箭楼
仿古建筑
遗产全数据库
监测评估
监测
评估
稳定
变化
常态监测
动态监测
维修监测
普查测绘
墙体
古建筑
人工
科技
决策
日常巡查
外墙体
内墙体
海墁及古建筑
日常
重点
综合研究
调研
申报
征集
历史类
文化类
工程类
地质类
科技类
规划类
旅游类
法律法规
《中华人民共和国文物保护法》
《陕西省文物保护条例》
《西安市不可移动文物保护条例》
《西安历史文化名城保护条例》
《西安城墙保护条例》

模块二 旅游产品

一、旅游产品的定义

与旅游资源不同,旅游产品是专门为出售给旅游者而生产或开发出来的商品。它可能是对旅游资源加以开发利用,在其基础上生产出来的一种资源依托型的旅游产品,也可能是凭借拥有的人、财、物力资源而仿造或创造出来的一种资源脱离型旅游产品,但无论如何,都必须含有人类专门为旅游目的而投入的劳动。人们之所以生产这种产品,主要目的是满足旅游者追求愉悦休闲体验的需要,它既可以是物质实体,也可以是非实体的某种现象。基于以上对于旅游产品的认识,学者谢彦君将旅游产品定义为:为满足旅游者的愉悦需要而在一定地域上被生产或开发出来以供销售的物象与劳务的总和。

最典型的旅游产品形式就是已经被开发出来的旅游地,例如国家A级旅游景区和旅游度假区。这些旅游产品是由旅游地的生产者和经营管理者创造出来的。但现实生活中,人们往往自然而然地将旅游产品和旅行社联系在一起,但实际上,旅行社作为中间商并不直接生产旅游产品,而是转销旅游产品,或者围绕旅游产品附加多种利益成分。例如,旅行社出售的包价旅游产品就是一种附加多种利益成分的整体产品,它将旅游地串联起来并提供贯穿旅游全过程的相关配套产品。在旅游市场相对成熟的环境中,随着市场竞争的加剧,旅游产品必然要以多种利益复合的形式出售,才能获得旅游者的青睐。例如,在我国旅游业刚起步阶段,景区功能以观光为主,而经过几十年的发展,景区功能变得更为复合化,不仅要满足游客观光娱乐等核心需求,还要满足餐饮、住宿、交通、购物等其他需求,因此旅游产品的内容构成也变得更加复杂多样。

二、旅游产品的特征

(一)愉悦性

生产旅游产品的目的是满足人们追求愉悦休闲体验的需要,所以愉悦性是旅游产品必须具备的效用,是其使用价值的体现。需要注意的是,我们不能将愉悦简单地理解为开心、高兴,有些愉悦体验是通过旅游产品引发的负面情绪获得的。例如,在高大、深邃或雄伟的景物面前,人们起初会因自身的渺小而产生恐惧或紧张等负面情绪,但这种惊惧只维持一瞬间,而后人们会发现景物如此让人敬仰、钦佩,这时欣喜就会伴随而来,人们会经历一个从不愉悦转变为愉悦的心理过程。

（二）不可移动性

在上一模块中,我们探讨了旅游资源的不可移动性。与其类似,旅游产品同样具有不可移动性。无论是资源依托型旅游产品还是资源脱离型旅游产品,都离不开特定的地域空间条件,旅游者需要移动到旅游产品所在地。这一点也是旅游产品与一般产品之间的差别,是判断一个产品是否为旅游产品的最基本标准。正是由于这一特点,旅游与居家休闲才有了根本的不同。

（三）生产与消费的不可分割性

旅游产品是一种体验产品,突出特征之一就是产品在生产开始的同时消费也即刻启动,消费结束时生产也不再进行。也就是说,只有旅游者到场,旅游产品的生产才开始启动。旅游产品的生产离不开旅游者的参与。一个旅游地在旅游者没有到来的时候并不是真正意义上的旅游地,只有旅游者在场才能让它充满活力,旅游者、当地居民、旅游服务人员都是旅游地的共同生产者。这一特性使旅游产品与一般产品在产品营销推广、产品质量管控以及员工管理等诸多方面都存在巨大差异,因此旅游企业的管理人员必须要在深入了解旅游产品特征的基础上进行经营管理,而不能简单照搬一般产品的经营管理模式。

（四）不可存储性

由于旅游产品的生产和消费是同时进行的,这就意味着旅游产品不能像一般产品那样提前生产出来存储在仓库里以备销售。也就是说,旅游产品如果在当天没有销售出去,那么为生产该种旅游产品所付出的人力、财力、物力资源就会被浪费掉,当天的销售价值就会归零。因为当天的旅游产品是无法转移到未来进行销售的。比如,景区原本每日可以容纳1000人,但如果某天只销售出100张门票,那么当天没有销售出去的900张门票就不再具有任何价值,企业将为此承担人力、物力等浪费而造成的相应损失。

（五）所有权的不可转让性

消费者购买一般产品后会获得产品的所有权,但是旅游者在购买旅游产品后,获得的仅仅是一定时间内的旅游产品的使用权,而不是所有权,而且这个使用权也并非归一人所有,而通常要和其他人共同使用某一旅游产品。因此,旅游地往往会面临不同群体使用同一空间从而引发各种矛盾的问题。比如,古镇景区往往是各种人员汇集的地方,可能有参加研学游的青少年群体、跟团旅游的"银发"团队、亲子家庭、年轻情侣、旅游服务人员以及古镇居民等,他们之间可能会因为空间使用、语言、拍照、噪声、垃圾等问题而产生矛盾,如何协调不同使用群体之间的关系,是旅游地经营管理者面临的一大挑战。

三、旅游产品的类型

（一）按照与旅游资源的关系进行分类

按照旅游产品与旅游资源之间的关系，可以将旅游产品划分为资源依托型旅游产品和资源脱离型旅游产品。资源依托型旅游产品是在旅游资源基础上开发而成的。资源脱离型旅游产品则是凭借拥有的人、财、物力资源而仿造或创造的旅游产品。我国旅游资源丰富，很多知名的旅游产品都是依托旅游资源开发修建而成的。截至2024年8月，我国列入《世界遗产名录》的遗产总数已达59项。这些大自然的神奇造化和珍贵的历史遗存很多都已经开发为旅游产品供旅游者进行消费，如秦始皇陵、龙门石窟、苏州古典园林、平遥古城都是资源依托型旅游产品。但是，还有一类旅游产品，如环球影城、迪士尼乐园、长隆欢乐世界、欢乐谷这些主题公园，它们是从无到有，是人类创建而成的，是典型的资源脱离型旅游产品。这两种类型的旅游产品在产权归属、价值衡量、产品功能、管理模式等方面都应区分对待。

（二）按照产品构成进行分类

旅游产品从构成上看，可以分为核心旅游产品和组合旅游产品。核心旅游产品是旅游产品的原初形态，具有满足旅游者愉悦休闲体验需要的效用和价值，比如，旅游景区或度假区就是典型的核心旅游产品。组合旅游产品是旅游产品的扩展形态，是旅游企业或旅游相关企业围绕旅游产品的核心价值而做的多重价值追加。这种追加既可以发生在生产领域，也可以发生在流通领域；既可以由旅游产品的生产企业来完成，也可以由旅游产品的销售企业来完成。例如，旅游景区面向旅游者提供一站式产品和服务，将观光游览和景区内的交通、餐饮以及其他娱乐活动组合起来销售；旅行社将核心旅游产品或旅游资源与交通、住宿、餐饮、导游等其他产品组合在一起打包销售，这些都是组合旅游产品的形式。

组合旅游产品是不能脱离旅游的核心成分而存在的，也就是说，组合旅游产品中必须包含能够满足旅游者愉悦休闲体验需要的部分，这部分可能是核心旅游产品，也可能是尚未开发的旅游资源。比如，上海外滩是上海的标志性景点、外地游客的必到之处，但它却是免费的旅游资源，被旅行社包含在上海线路的旅游产品中。所以，虽然组合旅游产品不能脱离旅游的核心成分而存在，但旅游可以脱离旅游产品而进行，因为旅游的对象既可以是旅游产品，也可以是旅游资源。

四、旅游产品的生命周期

1980年，学者巴特勒（Butler）在营销理论中的产品生命周期模型的基础上，对旅游地生命周期进行了系统阐述,将旅游地生命周期分为探索、参与、发展、巩固、停滞、衰落或复苏的六个发展阶段。巴特勒认为,旅游地就像其他产品一样,也会经历"从生到死"的过程,而产品的销量就是旅游者的数量(见图4-3)。

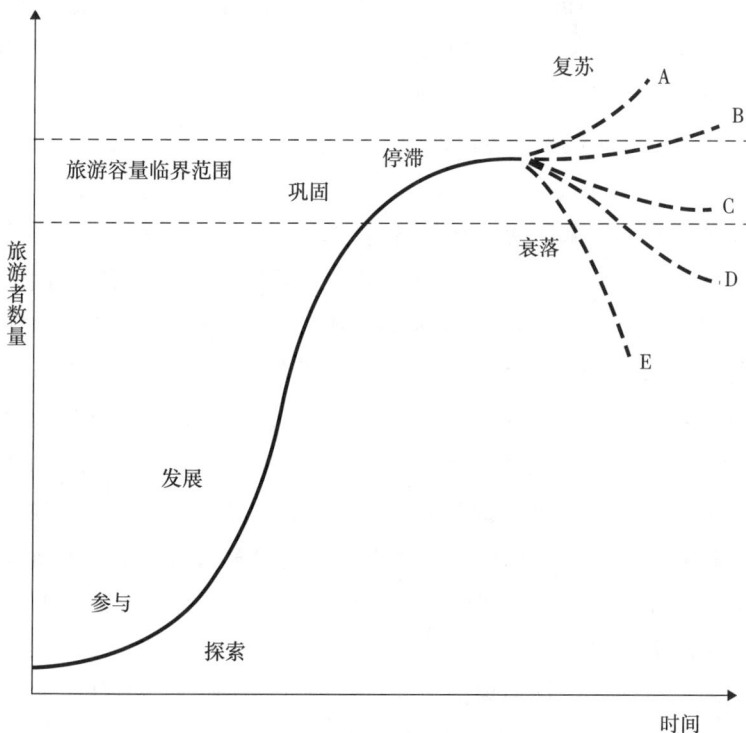

图4-3 旅游地生命周期曲线

在探索阶段,只有数量有限的、偏爱探险的游客来到旅游地,他们在旅游地分布零散,与当地居民的接触会比较频繁。很多旅游地生命周期的起点是具有冒险精神、偏爱原生态环境的科考学者、摄影爱好者或艺术家的到访。

在参与阶段,旅游者的人数逐渐增多,当地居民发现为旅游者提供一些简易设施和服务可以获得收入,于是部分居民开始提供旅游相关服务。旅游者与当地居民的交往依旧频繁。旅游季节逐渐形成,广告也开始出现,旅游市场范围也已界定出来。

在发展阶段,一个庞大而完善的旅游市场已经形成,这一阶段会吸引大量的外来投资。旅游者人数继续上涨,在高峰时期甚至会超过居民数量。旅游的发展促使当地交通条件、基础设施等得到极大的改善,广告促销力度也大大增强,外来公司提供的大规模、现代化设施已经改变了目的地的形象。旅游业发展之迅速使其部分依赖于外来劳动力和辅助设施。这一阶段,应防止对设施的过分滥用,因而国家或地区的规划方案显得尤为重要。

在巩固阶段,目的地经济发展与旅游业息息相关。游客增长率已经下降,但总游客量将继续增加并超过常住居民数量。为扩大市场范围,延长旅游季节,吸引更多远距离游客,广告促销的范围得到进一步扩大。当地居民对旅游者的到来已产生反感。以前的景区景点已经过气,不再是人们向往的地方。

在停滞阶段,旅游地的旅游环境容量已达到或超过最大限度,导致许多经济、社会和环境问题,旅游地的流行势头已过。这一阶段,游客数量达到最大,旅游市场在很大程度上依赖于重游游客、会议游客等。自然或文化吸引物被人造景观所取代,接待设施出现过剩,旅游地形象与地理环境脱离。

停滞阶段过后可能进入衰落阶段或复苏阶段。在衰落阶段,旅游者会被新的目的地吸引,该旅游地的旅游市场缩小,只留下一些周末度假游客或不露宿的游客。大批旅游设施被其他设施取代,房地产转卖率很高。这一时期,本地居民介入旅游业的程度又恢复增长,他们以相当低的价格去购买旅游设施。宾馆可能变为公寓、疗养院或退休住宅,旅游地逐渐失去旅游功能。另一种情况是,旅游地在停滞阶段之后进入复苏期,有两种途径可以帮助旅游地重新迎来生机:一是创造一系列新的人造景观,但是如果邻近地区或竞争对手模仿这种模式,这种策略的功效将大大降低;二是发挥未开发旅游资源的优势,开展市场促销活动,以吸引原有的和未来的游客。但可以预见,复苏的旅游地最终也会面临衰落。独一无二的目的地也会因为旅游者需求与偏好的改变而不能永远具有吸引力。只有根据旅游者不断改变的旅游偏好更新旅游产品,才能使旅游地或产品具有长久的竞争力,人造旅游产品迪士尼便是一个成功的案例。

巴特勒的旅游地生命周期理论为分析各种不同旅游地的具体生命周期特点及规律提供了理论框架,为旅游地规划、建设和管理工作提供了具有指导意义的理论参考。

模块三　旅游容量

一、旅游容量的定义

旅游(环境)容量,有时也称作旅游(环境)承载力,是指对某一旅游地而言无碍其可持续发展的旅游活动量。旅游容量这一概念告诉我们,任何环境都有一定的容量,超过这个容量界限就会对环境造成不同程度的破坏或者会使旅游者满意度下降。

根据巴特勒的旅游地生命周期理论,当旅游地进入停滞阶段,旅游环境容量会达到或超过最大限度,这也意味着旅游地距离衰退阶段不远了。有关旅游环境容量的研究起始于20世纪60年代,随后的20年是这一领域研究的高峰期。当时,欧美国家旅游趋向大众化发展,旅游的人数不断增多,学者们关注到旅游负面效应问题,由此提出旅游环境承载力的概念。他们通过研究发现，在一个旅游景点内，特别是山区类生态旅游景点，如果旅游人数超过环境最大承载力，就会引发各种旅游环境问题。例如，承载力超标情况下容易发生踩踏事件，造成严重后果。我国在20世纪80年代旅游环境问题开始突显，部分学者开始研究旅游环境容量问题。随着研究的深入，学者们对旅游环境容量有了更深入的理解，认为容量不仅既涉及人的主观感受，也涉及物质世界的客观条件；环境指的不仅仅是自然环境，还包含心理的、社会的、经济的环境。而且需要注意的是，旅游活动量是一个综合量度，既包括旅游者活动，也包括旅游产业活动，还包括旅游者与旅游目的地居民的互动关系。

二、旅游容量的类型

按照内容进行区分，旅游容量可以分为旅游空间容量、旅游生态容量、旅游者心理容量、旅游社会容量和旅游经济容量等。

（一）旅游空间容量

旅游空间容量是指在一定时间条件下，旅游资源依存的游憩用地、游览空间等有效物理环境空间能够容纳的最大旅游活动量。在旅游活动空间中，旅游者可能会与导游、商贩、景区工作人员、当地居民等共享同一空间，处于不同类型空间的旅游者会拥有不同的行为模式，所需旅游空间的范围也存在差异。比如，旅游者在滑雪场和游乐场所需活动空间范围会存在较大差异。旅游空间容量是确保每位旅游者能够正常开展相关旅游活动的极限量。

【知识关联】

国家旅游局下发《景区最大承载量核定导则》

2015年，国家旅游局下发《景区最大承载量核定导则》（简称《导则》），要求各大景区核算出游客最大承载量，并制定相关游客流量控制预案。《导则》指出，景区应结合国家、地方和行业已颁布的相关法规、政策、标准，采用定量与定性、理论与经验相结合的方法核定最大承载量。同时，《导则》还给出了明确的测算方法和公式，供各景区参考使用。例如，景区瞬时承载量 C_1 的计算公式是：

$$C_1 = \sum X_i / Y_i$$

式中，X_i——第 i 景点的有效可游览面积；Y_i——第 i 景点的旅游者单位游览面积。

此外，《导则》在景区调研的基础上给出了不同类型景区的基本空间承载标准示例，并对景区客流量预警做出了规范要求：当景区内旅游者数量达到最大承载量的80%时，启动包括交通调控、入口调控在内的若干措施控制旅游者流量。当景区内旅游者数量接近最大承载量时,应当向社会公告并同时向当地人民政府报告,在当地人民政府的指挥、指导、协助下,配合景区主管部门和旅游行政主管部门启动应急预案。

文物古迹类景区示例

文物古迹类景区	空间类型	核心景区	洞窟等卡口	游步道
八达岭长城	人均空间承载指标	1—1.1 m²/人	—	
故宫博物院	人均空间承载指标	0.8—3 m²/人	—	
龙门石窟、敦煌莫高窟	人均空间承载指标	—	0.5—1 m²/人	2—5 m²/人

(资料来源:《景区最大承载量核定导则》。)

(二)旅游生态容量

旅游生态容量是指一定时间内在不导致旅游地自然生态环境发生退化的前提下,该地域所能容纳的旅游活动量。无论是旅游者活动,还是旅游产业活动或政府活动,都可能对旅游地生态环境造成负面影响。虽然生态系统具有一定的自我调节能力,但是当旅游相关活动超出其临界值,生态系统就会遭受不可逆转的损毁。内蒙古草原的休牧期、南海伏季休渔期等,都是为了避免生态系统超载现象的发生而采取的一些措施。

(三)旅游者心理容量

旅游者心理容量指的是维持旅游者最低可接受的旅游体验品质所能容许的旅游活动量。旅游者心理容量通常可以用游客密度、满意度、偏好相遇人数、拥挤感知作为评估指标。虽然旅游者心理容量是一种主观感受,会因时、因地、因人而呈现出很大的不同,但旅游者在不同类型景区空间的心理容量也是存在一定规律性的。例如,博物馆类景点的最佳同游者群体规模在3—4人,而海滨浴场则在3—9人范围内浮动。参考两类景点的最佳同游者群体规模可以推断,博物馆类景点的旅游者心理容量要远小于海滨浴场类景点。其原因可能在于,人们大多偏爱在博物馆里静气凝神、细细品味,而在海滨浴场可以嬉戏玩耍、亲近自然。

(四)旅游社会容量

旅游社会容量也称为旅游地居民心理容量,指的是旅游地的人口构成、宗教信仰、民情风俗、生活方式和社会开化程度所决定的当地居民可以容忍的旅游活动量。换而言之,旅游社会容量就是不会导致旅游目的地居民出现不可接受的负面情绪的最大可接受旅游活动量。很多地区的旅游业发展严重影响到当地居民的生活,使得当地居民对旅游者产生抵触心理。例如，美国夏威夷每年要接待920万人次的游客，而当地人仅有140万，一些原来非常原生态的海滩在众人踩过之后变得脏兮兮没法下脚，有些当地人甚至在自己常去的海滩挂出标语牌，禁止游客入内。

微课

社会容量

（五）旅游经济容量

旅游经济容量是指一定时间、一定区域内由经济发展的整体水平所决定的旅游活动的极限。旅游是与国民经济其他部门密切相关的，旅游的接待能力依赖于当地的经济发展水平，旅游活动规模也因此受到当地经济的制约，具体需要考虑五个方面的经济因素：①基础设施与旅游专用设施的容纳能力，即设施容量；②投资和接受投资用于旅游开发（含基础设施）的能力；③当地产业中与旅游相关的产业所能满足旅游需求的程度及自区域外调入的可能和可行性；④如果发展旅游业不可避免地要使某些产业萎缩甚至完全终止，旅游业与这些产业之间的比较利益如何；⑤区域内所能投入旅游业的人力资源的供给情况。

三、旅游饱和与旅游超载

旅游地承受的旅游活动量达到其极限容量，称为旅游饱和，而一旦超出极限容量值就是旅游超载。旅游饱和与旅游超载会让旅游地超负荷运转，同时也会降低旅游者的旅游体验质量。

旅游饱和与旅游超载存在几种典型的形式：周期性饱和与超载、偶发性饱和与超载；长期连续性饱和与超载、短期性饱和与超载；空间上的整体性饱和与超载、局部性饱和与超载。例如，江苏无锡市太湖鼋头渚风景区享有"中华赏樱胜地"的美誉，每年3月中下旬樱花盛开的时节，景区内都会人满为患，举步维艰（见图4-4），但樱花季一过，游客数量就会锐减。该景区具有典型的周期性超载和短期性超载的特征。此外，从空间角度来看，该景区的几个热门景点，如樱花谷和长春桥，在旺季时会明显超载，而距离主要景点较远的空间则尚未达到饱和，这就会存在整体容量显示未超载但局部容量实际已超载的现象，假象掩盖真相，为景区管理埋下安全隐患。因此，管理人员要对局部超载保持警觉。

旅游饱和与旅游超载除了会给环境带来严重后果，可能还会对游客的生命安全造成极大威胁，一种极端的情况就是出现踩踏事件。而一旦发生踩踏事件，便是灾难性的事故。2001年，在陕西渭南华阴市玉泉院南门通往华山主景区的陇海铁路人行涵洞内，因人员拥挤、踩踏挤压发生特大伤亡事故，造成17人死亡，5人受伤。2010年，在柬埔寨金边传统送水节的最后一天，300多万来自各地的游客涌向金边观看洞里萨河上举行的龙舟大赛，因桥体产生晃动导致游客相互拥挤踩踏，造成400多人死亡，700多人受伤。2014年12月31日，上海外滩举办跨年夜活动，由于陈毅

图 4-4　"黄金周"期间古镇里人满为患

（陈思　供图）

广场东南角通往黄浦江观景平台的人行通道阶梯处底部有人失衡跌倒,继而引发多人摔倒、叠压,造成 36 人死亡,49 人受伤。这些伤亡数字令人痛心和警醒,通过有效的管理手段实现旅游容量控制是旅游管理者不容忽视的问题。

实际工作中,可以从需求和供给两个方面着手解决旅游饱和与旅游超载问题。从旅游需求方面来看,要将旺季的高峰流量控制在饱和量以内,可以采取限流措施或通过大众媒介及时将旅游地实时流量通报给潜在游客,从而影响其旅游目的地决策行为。从供给方面来看,可以通过提高供给能力来提升接待能力,或通过调控旅游供给的内部结构对游客进行分流,从而改善各区域间流量不平衡状况,将游客引导至不饱和区域。

四、旅游可持续发展

（一）可持续发展理念

可持续发展概念最早可以追溯到 1980 年由国际资源和自然保护联合会、联合国环境计划委员会及世界野生生物基金会共同发表的《世界自然资源保护大纲》。1987 年,世界环境与发展委员会发表了报告《我们共同的未来》。该报告中,可持续发展被定义为:既能满足当代人的需要,又不对后代人满足其需要的能力构成危害的发展。

2015 年 9 月 25 日,联合国通过了《2030 年可持续发展议程》的 17 个可持续发展目标以及 169 个子目标。这些目标涉及生活中的方方面面,从消除饥饿、减少不平等,确保所有人共享繁荣,到在世界范围内构建可持续发展社区,这些目标致力于在

2030年前联合世界各地的不同力量共同建设一个更加和谐、可持续发展的地球环境。

可持续发展是一个涉及经济、社会、文化、技术及自然环境的综合概念，是一种立足于环境和自然资源角度提出的关于人类长期发展的战略和模式。这并不是一般意义上所指的在时间和空间上的连续，而是特别强调环境承载能力和资源永续利用对发展进程的重要性和必要性。

（二）旅游可持续发展理念

旅游可持续发展理念是在可持续发展理念得到认同的时代背景下提出的。1990年，在加拿大温哥华召开的全球可持续发展大会(Globe'90)上发表了《旅游持续发展行动战略》草案，构筑了旅游可持续发展的基本理论框架，并阐述了旅游可持续发展的主要目标。

世界旅游组织（2024年更名为联合国旅游组织）在1993年提出了旅游可持续发展的理念。1995年，联合国教科文组织、联合国环境规划署和世界旅游组织在西班牙召开了可持续旅游发展世界会议，会议通过了《可持续旅游发展宪章》和《可持续旅游发展行动计划》，标志着可持续发展模式在旅游业中主导地位的确定。

世界旅游组织将可持续旅游定义为：既要能满足当前旅游目的地与旅游者的需要，又要能满足未来旅游目的地与旅游者的需要。旅游可持续发展是可持续发展思想的延伸，其含义是在不损害环境持续性的基础上，既满足当代人高质量的旅游需求，又不妨碍后代人对高质量旅游的要求；既保证旅游经营者，又保证旅游者的利益、旅游地居民的利益，实现旅游业长期稳定和良性发展。其实质就是不断保持环境资源和文化的完整性，并能给旅游地居民公平地分配旅游业的社会效益、经济效益。

（三）旅游可持续发展管理工具

1. 游客管理

游客管理是旅游可持续发展中常用的管理工具。游客管理具体包括以下三种方法：空间分区、使旅游者活动空间集中或分散、限制进入或限定价格。

空间分区就是将旅游活动限定在某些适合于旅游发展或有较强承载能力的区域内，使旅游与环境更好地进行互动的一种成熟的土地管理战略。分区让游客避开最敏感的保护区，把对环境伤害较大的活动集中到专门为这类活动辟出的指定区域。分区可以将具有环境损耗性的活动限定在一些对此有所准备的地区，或将一般旅游者的活动范围限定在一定地区，这些地区既能满足旅游者的需求，又能有效地通过对旅游活动的管理控制影响。

除了分区政策，还可以将旅游者集中到管理者希望他们去的某些地方，也就是被规划者称为"蜜罐"的区域。有些地方由于旅游接待压力过大，规划者会引导旅游者转向其他地方。"蜜罐"区域通常会起到拦截作用,通过积极推广并提供一些服务设施(如游客信息中心、饮料小食店、停车场等),能够有效防止旅游者流失到"蜜罐"以外那些环境比较脆弱的地方。

价格控制或准入控制也是游客管理的常用方法。各地的做法不同,例如,在美国进入国家公园是要付费的,而英国的国家公园则是免费开放的,但英国国家公园内限制进入的区域比美国多。我国三江源国家公园也是免费开放的,但是公园部分区域采取准入控制,旅游者只能报名参加指定特许经营机构提供的项目才能进入这些区域。例如,三江源国家公园澜沧江源园区自然观察项目是经澜沧江源园区管委会、昂赛乡管护站授权后,由当地接待家庭成员担任生态体验向导、司机等工作的体验类项目。体验者通过官方网站"大猫谷"进行预约申请,由管护站进行审核,审核通过后,生态体验者在当地接待家庭的带领下可以在昂赛大峡谷开展观察拍摄雪豹、金钱豹,认识格吉部落文化、深入牧区生活等体验活动。

部分景区/景点限流人数如表4-2所示。

表4-2　部分景区/景点限流人数

景区/景点	故宫	秦始皇帝陵博物院	八达岭长城	龙门石窟	华山	珠海长隆海洋王国	法国卢浮宫	雅典卫城
日限流人数/位	80000	65000	65000	68900	15000	100000	30000	20000

(资料来源:根据互联网信息整理而成。)

2.可接受变化极限法

可接受变化极限法(Limits of Acceptable Change)是美国人首先使用的一种解决保护和冲突的方法。该方法强调发展带来改变是不可避免的,也是必须接受的,关键是要为可容忍的环境改变设定一个极限。当一个地区的资源状况到达预先设定的极限值时,必须采取措施,以阻止进一步的环境变化。可接受变化极限法的特点是要制定一套公认的开发标准;让所有利益群体参与决策过程;规定开发所期望达到的效果和预计开发后的变化程度;建立监督机制,不断监控变化情况,同时监督战略实施情况,将变化的影响控制在可接受的限度内。这种方法的主要实施步骤如下。

(1)了解背景情况,评价开发区现状及所面临的问题。

(2)找出可能的变化及适用的变化指标。

(3)根据变化指标进行考察,以确定基本情况。

(4)具体制定出发展的质量标准与细则。

(5)预先确定开发区域希望达到的目标状况。

(6)保持质量的统一管理。

(7)实施、监督和评估。

可接受变化极限法最大的进步在于不再将固化的公式推导计算出来的简单数字作为控制指标，而是充分考虑自然环境、游客、社区、管理者等各种利益相关者的利益诉求，并在此基础上制定一套指标体系。

3. 环境影响评价法

环境影响评价法（Environmental Impact Assessment, EIA）已被广泛应用于评价各类发展模式可能造成的环境后果。这种方法是对由于实施某些项目而对地球的生物物理环境和人类的健康及福利产生的各种可能后果进行辨识，并在能够实际影响决策的阶段向负责批准该项目的有关人员或机构传递其分析结果的过程。它需要遵循以下四个原则。

（1）评价应指出开发项目计划以及可能引起的活动的性质。

（2）评价应指出受到重大影响的环境要素。

（3）要评价初期影响和可能造成的二次影响的性质和程度。

（4）评价要提出控制影响和确保项目利益最大化的管理战略。

环境影响评价法的优点是在项目规划阶段就考虑到环境标准，这样可以有效减少事后调整的可能性，更易于实现可持续发展的总体目标。

为了落实可持续发展战略，我国于2003年9月1日正式实施《中华人民共和国环境影响评价法》，确立了规划的环境影响评价制度，由对建设项目进行环境影响评价扩展到对发展规划进行环境影响评价。其中规定，国务院有关部门、设区的市级以上地方人民政府及其有关部门，对其组织编制的旅游有关专项规划，应当在该专项规划草案上报审批前，组织开展环境影响评价，并向审批该专项规划的机关提出环境影响报告书。报告书应当包括以下三方面内容：①实施该规划对环境可能造成影响的分析、预测和评估；②预防或者减轻不良环境影响的对策和措施；③环境影响评价的结论。

▎行业资讯

低碳与旅游方式创新：英国的探索

专题小结

旅游资源或旅游产品是旅游活动的客体。旅游资源通常可以分为自然旅游资源和人文旅游资源两种类型。旅游资源具有可体验性、自在性、潜在性和不可移动性四个特征。旅游资源先于旅游目的而存在，而一旦对其进行旅游开发并加以销售，旅游资源便转变为旅游产品。旅游资源通常是十分脆弱的资源，在对旅游资源进行开发时，应坚持保护性开发原则、总体规划原则以及独特性原则。由于旅游资源受到自然和人为两方面因素的威胁，因此应采取针对性措施加以防治。虽然很多旅游产品都依托于旅游资源而存在，但这并不意味着没有旅游资源就不能发展旅游，旅游产品可以脱离旅游资源而通过人力、财力、物力资源创造出来。旅游产品具有愉悦性、不可移动性、生产与消费不可分割性、不可存储性和所有权的不可转让性特征。旅游产品按其与旅游资源的关系，可以划分为资源依托型旅游产品和资源脱离型旅游产品；按其构成，可以划分为核心旅游产品和组合旅游产品。与一般产品类似，旅游产品也存在生命周期。无论旅游资源还是旅游产品，都存在旅游活动量的极限值，一旦超出旅游容量达到饱和或超载状态，将对旅游资源或产品造成极大破坏，降低旅游体验质量甚至威胁到游客的生命安全。旅游发展应秉持可持续发展的理念，运用游客管理、可接受变化极限法、环境影响评价法等管理工具协调旅游地与旅游者之间以及代际之间的关系，使旅游地获得长期稳定的良性发展。

专题训练

在线答题

一、项目实训

1.学生通过查阅资料了解世界遗产类别及评选标准，列举中国的世界遗产资源并选取其中一项做简单介绍。

2.收集某一旅游目的地历年的游客人数，绘制出该旅游目的地的生命周期曲线，并结合旅游目的地发展相关资料对其生命周期进行分析。

二、案例分析

"世界最佳旅游乡村"——西递

2021年，在联合国旅游组织全体大会第24届会议上，安徽省黟县西递村获得"世界最佳旅游乡村"称号。这是对西递丰富的文化和自然资源以及可持续发展的充分肯定。

西递村村落面积12.47平方千米，景区核心面积0.13平方千米，辖9个村民组，常住人口1245人（2021年）。西递村现有明清祠堂3座、牌楼1座、古民居224幢，是徽州古村落的杰出代表，2000年列入世界文化遗产名录，是世界文化遗产地中唯一的村落型遗产，入选"中国历史文化名村""全国重点文物保护单位"。

一、保护利用推动旅游可持续发展

20世纪80年代发展旅游，1994年成立村办的西递旅游开发公司，优先雇佣村民，形成以社区为主导的经营管理模式，公司的门票等旅游收入一部分分红给村民，一部分用于旅游开发和遗产保护。2015年起，为了更好地发展西递旅游，黟县国有企业徽黄旅游集团开始承接西递的独家开发、经营与管理，以村民为主体，以政府为主导，通过保护和活化利用文化遗产来进行旅游开发，每年按一定比例分红给村民；村民在村内将自己的房屋改造以经营民宿、餐厅、旅游纪念品店等，也吸引了外来移民开店创业。

西递每年开展世界遗产日活动和旅游可持续监测与宣传活动，旅游促进了文化遗产的保护和传承。依据遗产保护相关法律法规，西递村先后出台了《世界文化遗产——皖南古村落西递保护规划》《黟县西递、宏村世界文化遗产保护管理办法》等，并编制遗产保护知识宣传品分发给村民，在村中小学中开展遗产保护知识宣传教育。西递村与镇政府签订了文物保护责任书，联合镇文旅办、景区管委会及执法大队定期在景区开展景区文物、古建筑、古民居等的安全排查工作，做好环境整治工作，将破损严重的建筑上报修缮。西递村委会还以百分制考核每个村民在遗产保护过程中的表现，年度考评得分与村民年终分红相结合，构筑村集体与村民间联动的保护网络，让村民主动参与到遗产保护中来。此外，西递村每年定期开展世界遗产日活动，并定期开展遗产保护的宣传教育活动，举办知识竞赛等活动，向村民、游客、旅游企业主及员工全力宣传和保护西递村的文化资源，促进社会各界对古建筑等文化资源的保护和认识。

积极宣传节约用水和水资源的再利用，鼓励商家使用环保用品，减少一次性制品的使用，监督商家的固体垃圾处理，严禁将垃圾倾倒进水体中，维持村落的水景观。通过厨余垃圾集中收储外运，安装隔油装置，水体水草物理隔离，杜绝民宿经营户油污直排，完善垃圾泔水清运机制。实施西递景区民宿水污染整治项目，实施生态治理工程，投资1000万元开展虞山溪水环境治理工程，改善西递村水域整体水质。实施村庄环境卫生工程，常态化开展村庄日常保洁，加大西递村周边田园风光及公路沿线环境整治力度。与中山大学旅游学院合作，每年开展旅游可持续发展监测，持续监测并反馈西递的环境变化。同时，与居民、游客共同开展推动可持续发展的活动，加强各类人群对可持续发展的认识。西递也是可持续旅游监测网络的一员，与国内其他省份的几个监测点有持续的互动，促进了多级政府协调。

二、文化赋能驱动乡村高质量发展

旅游发展改变了村民对古建筑的认识，从拆旧改新，变为维护古建筑，村民依然居住其中，利用古建筑进行旅游经营；利用传统非物质文化遗产如手工技艺、民俗活动、本地美食制作技艺等开发旅游体验产品，如传统婚嫁习俗和本地竹雕、砖雕、腊八豆腐等。西递也作为安徽省"十四五"期间重点推进的非物质文化遗产密集区，成为徽州文化生态保护的核心区之一，并对周边区域进行辐射带动。西递还通过旅游来传承和发展非物质文化遗产技艺，如将篆刻、砖雕、制茶和酿酒等传统技艺开发为旅游产品。

将非物质文化技艺与旅游结合开发旅游新产品，并给予手工艺人资金支持，既可以创造就业机会，实现经济和社会可持续发展，也可以有效保护、传承和活化非物质文化遗产和手工技艺。西递现有国家级非物质文化遗产项目"徽州三雕"、徽州祠祭，以及徽州楹联匾额、余香石笛制作技艺、利源手工制麻技艺、腊八豆腐制作工艺、黟县石墨茶制作技艺、利源手工麦芽糖果制作技艺等省市级非物质文化遗产代表项目，同时拥有多位非遗传承人。"余香石笛"是西递人余香所创，它是徽州传统石雕工艺的绝技，是乐器制作工艺和徽州石雕工艺的完美结合，其流传已近300年历史。

三、产业融合促进经济创新性发展

西递打造了大型水幕秀《西递传奇》，投资西递夜游等大型创新项目，石林水滑道、彩虹滑道等新业态建成运营。西递正全面融入杭州都市圈、"长三角"一体化发展，推进"融杭"工作，与德清县乾元镇明星村结成友好乡镇。落地了泊心云舍、西递·驿、士山度假等新兴文旅项目。

坚持创新旅游业态，不断培育新项目，如自行车赛事、西递音乐节等节庆赛事，研学旅游、写生旅游、民俗旅游等体验型旅游，鼓励村民开设特色民宿和本地特色餐厅；与本地手工艺匠人合作开发新旅游商品如砖雕、竹雕、花茶、石墨茶和酿酒等，以满足新兴年轻游客的需求和吸引更多类型的年轻游客，提高旅游收入。

旅游发展与传统文化相结合，打造"千古黟技，匠人圣地"百匠堂，包含"非遗传承体验区""农耕文化体验区"和"徽食文化街区"三大板块，成为西递独特的文化名片。旅游发展与研学开发相结合，成立了研学旅游大师工作室，自主开发设计研学旅游产品，主要包含古村落游学、非遗项目体验、农耕文化体验、徽州大讲堂、徽州民俗体验五大类别。旅游发展与传统民俗相结合，西递着力打造地方特色传统民俗活动，结合原有西递特色"抛绣球"和"徽州祠祭"表演，以"抛绣球选夫婿"的表演形式，进一步丰富参与性、体验性业态。

（资料来源：安徽文旅。）

思考：

（1）西递推动旅游可持续发展的举措有哪些？

（2）西递属于哪一类旅游产品？在打造旅游产品过程中，西递挖掘了哪些旅游资源？

（3）在西递提供的旅游项目中，最吸引你的是哪一种？为什么？

推荐阅读

专题五 认识旅游活动的媒介：旅游业

专题概要

本专题介绍旅游活动媒介——旅游业的行业构成及发展状况，学习内容包括旅游业的定义和特征、旅游业的构成要素（旅游观赏娱乐业、旅行社行业、餐饮住宿业、交通通信业、旅游购物品经营业）以及发展现状、旅游业的转型升级与发展趋势。

学习目标

● 知识目标

1.了解国内外有关旅游业的界定及依据。

2.理解旅游业的行业构成及产业特征。

3.掌握旅游业（旅游观赏娱乐业、旅行社行业、餐饮住宿业、交通通信业、旅游购物品经营业）的发展历程、现状及趋势。

4.理解旅游业转型升级的背景因素以及新兴业态的发展情况。

● 能力目标

1.能够运用系统思维全面认识旅游业的行业体系及各行业之间的关系。

2.能够运用前瞻性的视角来洞察旅游各行业的发展走向与动态变化。

3.能够辩证理解旅行社行业的发展脉络，具备接纳和运用各类在线旅游平台的基本能力。

4.能够正确判别不同景区、娱乐经营场所、运输方式、餐饮住宿及购物经营业的特点，具备策划个人出游的初步能力。

5.能够深刻理解现代旅游业转型升级的发展态势。

◉ **素养目标**

1.通过不断深化学生对旅游行业整体的认知，深刻理解旅游行业的多元性和复杂性，鼓励学生从更宽广的视角审视旅游产业的发展，理解其内在的运行规律和外在的影响因素，激发他们对旅游专业的热爱和兴趣，为未来的职业发展奠定坚实的基础。

2.通过引导学生深刻理解旅游产业转型升级背景下产业融合的发展趋势，引导他们拓宽专业视野和专业领域，培养学生对创新事物和新兴产业的敏感度与应用能力，坚定对职业前景的信心与期待，以能够在快速变化的市场环境中迅速适应并抓住机遇。

知识导图

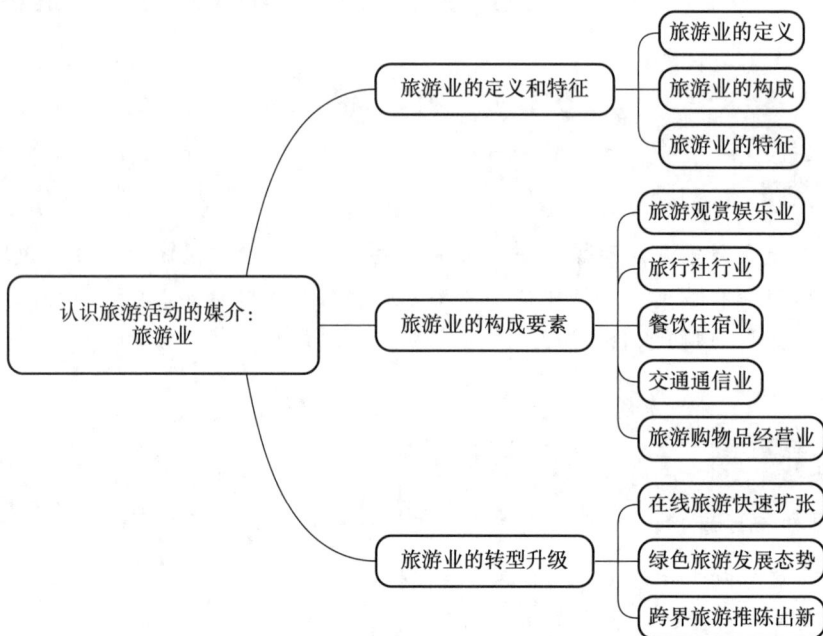

认识旅游活动的媒介：旅游业
- 旅游业的定义和特征
  - 旅游业的定义
  - 旅游业的构成
  - 旅游业的特征
- 旅游业的构成要素
  - 旅游观赏娱乐业
  - 旅行社行业
  - 餐饮住宿业
  - 交通通信业
  - 旅游购物品经营业
- 旅游业的转型升级
  - 在线旅游快速扩张
  - 绿色旅游发展态势
  - 跨界旅游推陈出新

专题要点

旅游业特征　旅游观赏娱乐业　在线旅游　非标准住宿　旅游交通系统
旅游购物品经营业　旅游业转型升级

案例导入

"文旅+电竞" 跨界融合助力产业升级

近两年，洛阳文旅在与网游电竞的频频"邂逅"中，擦出了亮丽的"花火"，成为洛阳市文旅产业转型升级的创新尝试。诸多洛阳文化旅游元素在游戏《大话西游》中呈现，让玩家在游戏中与洛阳实现一场充满乐趣的

"邂逅"；《王者荣耀》全国大赛两次在洛阳市举办，吸引众多年轻人关注。

1.游戏IP赋能文旅，用青春语言讲好"洛阳故事"

如果文旅和网游联动，推出可玩可游的限定之旅，你会心动吗？2023年，洛阳市文旅部门与网易《大话西游》达成合作，双方将推动文旅与网游跨界融合，以更多线上线下联动的方式为玩家带来沉浸式体验。

这样的线上线下联动合作在2023年牡丹文化节期间进行了尝试。在线上，玩家可在《大话西游》游戏中培育牡丹、游园赏花、拜谒花神，沉浸式感受洛阳历史文化的独特魅力；在线下，国家牡丹园和隋唐洛阳城国家遗址公园九洲池景区都设有《大话西游》互动点位，玩家前往现场打卡抽奖就有机会获得《大话西游》周边好礼。

这不是洛阳文旅首次和网游跨界合作。2022年，市文旅部门与腾讯《QQ飞车》合作，《QQ飞车》将融合隋唐洛阳城国家遗址公园、龙门石窟、二里头夏都遗址博物馆等洛阳文旅元素开发游戏新赛道，并将推动全国性赛事落地洛阳。

"利用游戏IP进行跨界联动，将洛阳深厚的历史文化以年轻化表达的方式展现给玩家，对文旅产业转型升级具有很好的促进作用。"市文广旅局相关负责人表示，今后将推动更多优秀游戏IP与洛阳文旅相结合，用青春语言讲好"洛阳故事"，面向年轻群体广泛宣传推介洛阳。

2.电竞赛事吸引年轻群体，为文旅市场"引流"

2023年第七届王者荣耀全国大赛河南赛区晋级赛在洛邑古城景区举行。赛场上，精彩的比赛吸引了全国各地年轻观众的关注；赛场外，主办方结合洛邑古城非遗文化增设非遗文化体验互动区，让非遗传承人现场展示剪纸、宫灯制作等非遗技艺，为电竞爱好者打造了一场独具洛阳特色的电竞盛宴。

"本次比赛是我们引进新业态，推动文旅产业转型发展的一次探索和尝试。"老城区委宣传部相关负责人表示，希望能够利用电竞在年轻群体中的影响力，将洛阳文化旅游辐射至更多人群当中，同时以承办电竞赛事为契机，推动"文旅＋电竞"融合发展，助力文旅产业转型升级。这不是电竞赛事第一次亮相洛阳。2022年8月，第六届王者荣耀全国大赛城市海选赛在栾川县竹海野生动物园举办，为期两天的赛事，迎来了全国各地百余支战队近千名选手，吸引数万人次在线上线下观看。

栾川县文旅部门相关负责人介绍，比赛之余，不少参赛选手还游览了该县景区，通过电竞选手的网络影响力推广当地文旅资源，为当地文旅"引流"，也有效促进了当地文旅消费增长。

3.跨界联动带来沉浸式文旅新体验

近两年，包括重庆、成都、南京等在内的国内多个城市纷纷探索"文旅＋电竞"新模式，利用当地特色资源，不断延伸开发相关的电竞文化、周边文化等,进一步释放文旅产业新动能。

中国旅游研究院于2023年5月发布的《守正创新,融合共生——游戏IP赋能文旅实践报告》显示,游戏IP对于弘扬优秀传统文化和传播城市文化品牌具有重要作用,通过创造新内容、构建新场景、触发新消费等形式,游戏IP正在为文旅行业开启技术赋能、内容赋能与流量赋能。

(资料来源:《"文旅+电竞"跨界融合助力产业升级》,洛阳日报,2023-06-17,第2版。)

模块一　旅游业的定义和特征

一、旅游业的定义

产业是社会分工的产物。随着社会生产力水平不断提高,产业的内涵不断充实,外延不断扩展。《辞海》将"产业"界定为:产业是指由利益相互联系的、具有不同分工的、由各个相关行业所组成的业态总称,尽管它们的经营方式、经营形态、企业模式和流通环节有所不同,但是,它们的经营对象和经营范围是围绕着共同产品而展开的,并且可以在构成业态的各个行业内部完成各自的循环。

旅游业作为旅游产品的供给方,的确是由相关行业组成的,但是各行业及其下属企业的主营业务或主要产品却不尽相同,且大多数的旅游企业实际上都隶属于某一传统的标准产业。例如,饭店企业隶属于住宿业,主要提供以住宿为核心的服务;航空公司隶属于交通运输业,主要提供旅客及行李的运输服务;餐饮企业隶属于饮食业,主要提供饮品、食品的堂食以及外卖服务等。但其中值得我们注意的是,尽管各类旅游企业所经营的业务或所生产的产品存在差异,但它们都有一个共同点,即它们都是通过各自产品和服务的提供去满足同一市场,即旅游消费者的需要。

正是基于对"市场相同"这一共性或者说特殊性的认识,学者们比较倾向于基于旅游消费者的需求取向对旅游业进行概念界定。其中,比较具有代表性的是南开大学李天元教授对旅游业的界定,即"旅游业是以旅游消费者为服务对象,为其旅游活动的开展创造便利条件并提供其所需商品和服务的综合性产业"。

此外,这些服务于旅游者不同需求的各类行业及企业是如何聚拢到旅游业的旗帜之下的呢? 库珀等学者曾在2007年提出,从产业发展的角度来看,一个新产业的形成通常有三种路径:一是从旧产业内部独立出一个新的产业;二是从各产业内部分化出一部分企业,经过重新组合而形成一个新的产业;三是相关产业之间有一定的业务关系,在不分化或难以分化的情况下,以某种中介关系联系起来而形成一个新的产业。显然,经过前述分析,我们知道,旅游业既不是单纯地从旧产业内部独立出的一个新的产业,也不是从各产业内部分化出一部分企业经过重新组合便形成的。构成旅游业的各类型企业并未从原隶属的传统行业中完全分化出来,也可以说是很难分化出来,但是基于"市场共性"这一服务基础,各行业之间的关系看似独立又有着紧密的业务联系,而这其中的业务联系便是通过一类中介关系组织和关联起来的。这种中介关系即所谓的旅游中间商,也就是通俗所说的旅行社行业。

因此,从产业形成路径的角度来看,旅游业是一种新兴产业,是相关产业通过旅游中间商联系起来而形成的一种综合性产业。

二、旅游业的构成

旅游业的综合性在于满足旅游者旅游过程中的行、住、食、游、购、娱等各项活动需求,那构成旅游业的具体行业有哪些呢?

(一)国际旅游及相关组织对旅游业的分类

旅游卫星账户(Tourism Satellite Account,TSA)是专门衡量旅游业经济规模和经济贡献的虚拟账户。 2001年,世界旅游组织、经合组织以及欧共体统计局联合推出了《旅游卫星账户:推荐方法框架》(TSA:RMF)作为国际上统一的旅游产业统计准则。该框架将传统产业中生产旅游商品的各个零星部分结合在一起,创建一个综合的旅游业,通过剥离这些零星部分中由于旅游消费而引致的产出,来准确全面地测度旅游业的经济影响。该框架根据与旅游活动的紧密程度,将旅游业细分为旅游特征产业、旅游相关产业和其他产业(见表5-1)。2001年3月,联合国统计署正式认可并推广了旅游卫星账户。实际上,TSA不仅仅定义了旅游业的分类标准,更是一个综合性的统计体系。

表5-1　《旅游卫星账户：推荐方法框架》对旅游业的具体分类

类别	具体产业类型
旅游特征产业	①宾馆和类似服务业 ②第2处住所 ③饭馆和类似服务业 ④铁路客运业 ⑤公路客运业 ⑥水路客运业 ⑦航空客运业 ⑧交通运输支持服务业 ⑨交通设备制造业 ⑩旅行社和类似服务业 ⑪文化服务业 ⑫体育和其他娱乐业等

续表

类别	具体产业类型
旅游相关产业	①纪念品销售与零售业 ②餐饮业等
其他产业	①饮用水与食品生产 ②汽油销售等

TSA作为首个全面、科学的旅游业统计体系,其推出对于获取精准、全面的旅游业数据以及准确评估旅游业的经济效应具有极其重要的意义。

(二)我国旅游及相关产业统计分类

为科学界定旅游及相关产业的统计范围,依法开展旅游统计调查监测,我国国家统计局于2015年发布《国家旅游及相关产业统计分类(2015)》。该统计分类是我国第一次单独将旅游业及其相关产业作为一个独立的产业进行明确分类,承认了旅游业作为一个特殊产业的地位,是一大进步。

2018年,国家统计局发布了《国家旅游及相关产业统计分类(2018)》。该统计分类的编制依据《国民经济行业分类》(GB/T 4754—2017),对《国家旅游及相关产业统计分类(2015)》进行了修订。本次修订延续2015版的分类原则、方法和结构框架,根据新旧国民经济行业的对应关系,仅进行了行业结构的对应调整和行业编码的对应转换,在内容变更上主要是在"城市旅游公共交通服务"(编码为1121)中增加"公共自行车服务"等内容。

该统计分类中对旅游、游客、旅游业及旅游相关产业给出了明确定义,将旅游及相关产业划分为三层,共有9个大类、27个中类和65个小类被列入其中。该统计分类分为旅游业和旅游相关产业两大部分。其中,旅游业是指直接为游客提供出行、住宿、餐饮、游览、购物、娱乐等服务活动的集合(包括7个大类、21个中类和46个小类);旅游相关产业是指为游客出行提供旅游辅助服务和政府旅游管理服务等活动的集合(包括2个大类、6个中类和19个小类),详细分类情况见表5-2。

表5-2　国家旅游及相关产业统计分类简表（2018）

代码			名称	代码			名称
大类	中类	小类		大类	中类	小类	
10			**旅游业**	16			**旅游娱乐**
11			**旅游出行**		161		旅游文化娱乐
	111		旅游铁路运输			1611	文艺表演旅游服务
		1111	铁路旅客运输			1612	表演场所旅游服务
		1112	客运火车站			1613	旅游室内娱乐服务
	112		旅游道路运输			1614	旅游摄影扩印服务

代码			名称	代码			名称
大类	中类	小类		大类	中类	小类	
		1121	城市旅游公共交通服务		162		旅游健身娱乐
		1122	公路旅客运输			1621	体育场馆旅游服务
	113		旅游水上运输			1622	旅游健身服务
		1131	水上旅客运输		163		旅游休闲娱乐
		1132	客运港口			1631	洗浴旅游服务
	114		旅游空中运输			1632	保健旅游服务
		1141	航空旅客运输			1633	其他旅游休闲娱乐服务
		1142	通用航空旅游服务	17			**旅游综合服务**
		1143	机场		171	1710	旅行社及相关服务
		1144	空中交通管理			1711	旅行社服务
	115		其他旅游出行服务			1712	旅游管理服务
		1151	旅客票务代理			1713	其他旅行社相关服务
		1152	旅游交通设备租赁		172		其他旅游综合服务
12			**旅游住宿**			1721	旅游活动策划服务
	121		一般旅游住宿服务			1722	旅游电子平台服务
		1211	旅游饭店			1723	旅游企业管理服务
		1212	一般旅馆	20			**旅游相关产业**
		1213	其他旅游住宿服务	21			**旅游辅助服务**
					211		游客出行辅助服务
	122	1220	休养旅游住宿服务			2111	游客铁路出行辅助服务
13			**旅游餐饮**			2112	游客道路出行辅助服务
	131	1310	旅游正餐服务			2113	游客水上出行辅助服务
	132	1320	旅游快餐服务			2114	游客航空出行辅助服务
	133	1330	旅游饮料服务			2115	旅游搬运服务
	134	1340	旅游小吃服务		212		旅游金融服务
	135	1350	旅游餐饮配送服务			2121	旅游相关银行服务
14			**旅游游览**			2122	旅游人身保险服务
	141		公园景区游览			2123	旅游财产保险服务
		1411	公园管理			2124	其他旅游金融服务

代码			名称	代码			名称
大类	中类	小类		大类	中类	小类	
		1412	游览景区管理		213		旅游教育服务
		1413	生态旅游游览			2131	旅游中等职业教育
		1414	游乐园			2132	旅游高等教育
	142		其他旅游游览			2133	旅游培训
		1421	文物及非物质文化遗产保护		214		其他旅游辅助服务
		1422	博物馆			2141	旅游安保服务
		1423	宗教场所旅游			2142	旅游翻译服务
		1424	烈士陵园、纪念馆			2143	旅游娱乐体育设备出租
		1425	旅游会展服务			2144	旅游日用品出租
15		1426	农业观光休闲旅游			2145	旅游广告服务
			旅游购物	22			**政府旅游管理服务**
	151	1510	旅游出行工具及燃料购物		221	2210	政府旅游事务管理
	152	1520	旅游商品购物		222	2220	涉外旅游事务管理

由于旅游业的特殊性,很多问题还需要不断加强探索,如在统计实践中的可操作性问题等。同时,由于旅游业是一个快速发展变化的行业,尤其是互联网信息技术的出现对旅游行业产生了颠覆性的改变,新兴旅游企业不断崛起,因此,旅游及相关产业分类要与时俱进,体现时代特色。

(三)我国学术界有关旅游业的分类

除以上为衡量旅游业经济规模与影响,从统计角度对旅游业的分类界定,我国学术界关于旅游业的分类观点较为有代表性的有谢彦君的"五要素构成说",即从旅游者需求角度来定义广义旅游业的构成,包括旅游观赏娱乐业、餐饮住宿业、旅行社行业、交通通信业和旅游购物品经营业。其中,旅游观赏娱乐业是旅游产业的核心,旅行社行业是旅游产业中最活跃的部分。相对于旅游观赏娱乐业而言,其他产业都是提供旅游产品追加价值的产业,从旅游的角度说,它们都处于附属的地位。

此外,基于个体旅游以寻求愉悦体验为本质属性,郑世卿从产业组织的视角对中国旅游业各构成行业之间的关系进行了概括,认为旅游业的纵向结构由内而外可以分为三个层次:内层为提供核心旅游产品与服务的旅游观赏娱乐业;中层为提供组合旅游产品的旅行社、旅游饭店、餐饮和旅游交通等旅游中介行业;外层是为旅游业提供相关产品和服务支撑的旅游关联产业。

三、旅游业的特征

旅游业的细胞是各相关行业下的各类型旅游企业,均是以营利为目的并需要进行独立核算的经济组织。因此,旅游业从根本上说是一项经济性产业。经济性是旅游业的根本属性。从上述产业构成不难看出,旅游业涵盖了交通、住宿、餐饮、娱乐、购物等多个方面。这些方面相互关联,共同构成了旅游业的整体,彰显出显著的综合性、敏感性等特征。与制造业和其他服务业相比较,旅游业所提供的产品又具有明显的无形性、不可储存性以及生产和消费的同步性等特征。在经济全球化以及数字经济和体验经济的推动下,旅游业也与时俱进地呈现全球化、区域化、数字化与科技化等特征。

(一) 综合性与联动性

旅游者在每一次的旅行中,均会涉及多个行业、产品及服务,这使得旅游业具有非常强的综合性,从而也决定了其具有很强的联动性。旅游业的发展不仅带动了交通、餐饮、住宿、娱乐、购物等旅游及相关行业的发展,同时也会促进地区经济的发展,增加就业机会,对社会经济具有显著的推动作用。

(二) 敏感性与季节性

旅游业对外部环境的变化非常敏感,其发展受到多种因素的影响,如政治局势、政策环境、经济条件、自然灾害、社会事件等都可能对旅游业产生重大影响。旅游业的季节性特征是指多数区域的旅游活动受季节变化的影响较为显著。不同季节的气候、景色、环境、活动等都会有所变化,这会影响到旅游者的旅游需求和旅游业的经营状况。因此,旅游业需要关注季节变化,做好相应的市场调整和产品创新。

(三) 全球化与区域化

随着全球化进程加速,国际旅游交流范围不断拓展。世界各地的旅游景点、文化、美食等都在吸引着不同国家的旅游者,使得旅游活动超越了国界的限制。为了满足旅游者对多元文化的需求,各区域会根据地域文化的特色进行产品开发和服务设计。同时,为了促进旅游业的发展,不同地区之间会加强旅游合作,共同开发旅游资源,打造旅游品牌,提升旅游竞争力,从而实现资源共享、互利共赢,推动旅游业的区域化发展。

(四) 数字化与科技化

随着互联网的普及和移动设备的广泛应用,越来越多的旅游者选择在线预订旅游产品与服务,而旅游企业也越来越依赖通过数据分析驱动决策,在优化产品设计和服务流程的同时,利用物联网、无人机与机器人技术,借助虚拟现实(VR)、增强现实(AR)等智能化手段,为游客提供丰富的旅游体验,进而提高自身的运营效率和竞争力。在未来的发展中,旅游业的数字化和科技化趋势将更加明显,成为推动旅游业持续发展的重要动力。

模块二　旅游业的构成要素

一、旅游观赏娱乐业

旅游观赏娱乐业主要由旅游景区和娱乐经营场所构成,以提供景观观赏和休闲娱乐活动为主要职能,这是吸引旅游者前往目的地的根本因素。旅游观赏娱乐业在旅游产业构成中处于优先发展的核心地位。

(一)旅游景区的功能及服务

旅游景区作为旅游目的地的核心组成部分,通过提供丰富多样的旅游产品和优质的服务吸引游客前来体验。关于旅游景区的界定,国内外学者与机构各有其侧重点。结合我国旅游业的实际发展情况,本书采纳了旅游行业标准《旅游景区游客中心设置与服务规范》(LB/T 011—2011)中对旅游景区的定义。根据这一定义,旅游景区是一个以旅游及其相关活动为主要功能或主要功能之一的空间或地域。它涵盖了多种类型,包括但不限于风景区、文博院馆、寺庙观堂、旅游度假区、自然保护区、主题公园、森林公园、地质公园、游乐园、动物园、植物园,以及工业、农业、经贸、科教、军事、体育、文化艺术等各类旅游景区(见图5-1、图5-2)。这样的定义既体现了旅游景区的多元性,又满足了研究和工作的实际需要。

图5-1　广西北海涠洲岛风景区

(陈玲玲　供图)

图5-2　江苏常州天宁宝塔景区

（陈玲玲　供图）

1.旅游景区的多重功能

(1)从服务游客的角度来看,旅游景区具备游憩、教育和科考等多重功能。

首先,游憩功能是旅游景区的基石。一个景区若拥有优美的自然风光、丰富的文物古迹和优质的生态环境,便能吸引大量游客前来游览、度假和娱乐,从而满足游客身心放松和锻炼的需求。随着旅游在人们精神生活中的地位日益提升,旅游景区作为游憩场所的核心地位也愈发突显。

其次,旅游景区还承载着教育功能。这些区域往往独具景观特色,蕴含深厚的人文价值和历史价值。特别是在我国,旅游景区深受宗教、哲学、文学、历史、艺术等多领域的影响,保存着大量的文物古迹、摩崖石刻、古建园林等,为游客提供了丰富的自然、历史、文化教育素材。

此外,许多旅游景区,特别是风景名胜区和地质公园,还具备科考功能。这些地方拥有丰富的地形地貌、地质构造、稀有生物和古代建筑等资源,具有极高的科研价值,成为科研学者和学生进行科学研究、科普教育的理想场所。

(2)从服务旅游目的地发展的角度来看,旅游景区发挥着经济、生态和展示等多重功能。

首先,虽然景区本身不直接产生经济价值,但它通过吸引游客并提供住宿、饮食、交通等服务,间接促进了地方经济的发展和就业的增加。

其次,旅游景区通常具备良好的环境条件,特别是风景名胜区和自然保护区,它们维护着山清水秀的生态环境,对维持生态平衡具有重要意义。

最后,旅游景区还是旅游目的地形象的重要代表。景区的形象和品质直接影响到游客对目的地的整体评价和满意度,一个高品质的旅游景区对于推动当地旅游业乃至整个地区的社会、经济发展具有积极的促进作用。

2.旅游景区的服务内容

旅游景区作为游客旅游活动的核心场所,需要提供丰富多样的服务,以满足游客的需求。这些服务内容涵盖多个方面,构成了景区服务的完整体系。

第一,景区接待服务是游客体验旅程的第一步。这包括景区门票的订票、售票、验票等环节及电子门票管理系统的应用,确保游客能够顺利进入景区。此外,排队服务、咨询服务以及投诉受理服务也是接待服务的重要组成部分,旨在为游客提供便捷、舒适的入园体验。

第二,景区交通服务对于游客的游览体验至关重要。这主要指的是景区内部的交通服务,包括连接各个景区、景点的内部空间移动。景区会根据实际情况,采用环保车、电瓶车、出租车、缆车、游轮等多种交通方式,确保游客能够便捷地游览景区,同时体验地域特色风情。

第三,景区解说服务也是提升游客体验的重要一环。通过导游解说服务和自助式解说服务系统,游客可以更深入地了解景区的历史文化、自然风光等信息,增强游览的趣味性和教育性。

第四,景区商业服务也是游客在景区中不可或缺的一部分。这包括餐饮、购物、娱乐、客房等方面的服务,为游客提供全方位的休闲体验。

第五,景区管理服务则是确保景区运营顺利进行的关键。这包括基础设施、接待服务设施、娱乐活动设施的维护与管理,营销管理和服务质量管理,游客与环境管理,以及文明旅游宣传引导等。同时,对于高风险旅游项目,景区还需提供风险提示和培训管理,确保游客的安全。此外,交通疏散体系管理、突发事件应对处置和安全预警管理服务也是景区管理不可或缺的一部分。

综上所述,旅游景区的服务内容涵盖了接待、交通、解说、商业和管理等多个方面,旨在为游客提供全方位、高质量的旅游体验。

【专家剖析】

为博物馆奔赴一座城

观赏精美文物、聆听历史故事、带走文创产品……当前,优秀传统文化受到热捧,"博物馆游"热度持续攀升,"为博物馆奔赴一座城",博物馆成为假期出行重要目的地。2024年"五一"假期,"博物馆热"持续升温,故宫博物院、中国国家博物馆、三星堆博物馆新馆等场馆"一票难求",丰富多彩的展览吸引了天南海北的游客。据国家文物局不完全统计,全国

6000多家博物馆和55家国家考古遗址公园"五一"假期前三天共接待游客近4000万人次，达历史同期最高水平。

博物馆是历史的保存者和记录者，也是保护和传承人类文明的重要殿堂。目前，我国博物馆数量逐年增加，总数排名世界前列，免费开放率超过90%，多地博物馆接待量不断创下历史新高。一组组数据鲜活生动地展示着，"打卡"博物馆已经成为人民美好生活的一部分。精心策展布展、延长开放时间、上新文创产品……博物馆与观众"双向奔赴"。为了更好地满足广大游客的观展需求，多地博物馆在"五一"假期采取了追加门票、提前开馆、延长时间等举措，并提前推出服务攻略。

就此现象，中国旅游研究院院长戴斌评价认为："旅游是一种生活方式、学习方式，也是成长方式。随着人民生活水平的提高，大家有更多的预算和时间用于精神追求和文化休闲活动，不断提高自身素质，而博物馆是保护和传承人类文明的重要场所，是一本本生动的历史教科书，很多人在日常生活中就喜欢到博物馆去参观。到异地去参观能体现当地历史文化和文明的博物馆，也是观众为了满足这种精神的需求。"

在戴斌看来，从国际范围来看，博物馆本身就是传承文化、国民教育的重要组成部分。除了中国国家博物馆、故宫博物院、陕西历史博物馆等一线博物馆，我们还有一些专题博物馆、民间博物馆，共同构成了层次丰富、类型多样的博物馆教育体系，获得年轻人喜爱。2023年公布的数据显示，全国博物馆总数达6565家，排名全球前列。截至目前，我国共有世界文化遗产43项、世界文化与自然双重遗产4项，世界非物质文化遗产43项，76.7万处不可移动文物、1.08亿件（套）国有可移动文物，它们星散在锦绣大地上，绵延于岁月长河中。

"习近平总书记指出，让收藏在博物馆里的文物、陈列在广阔大地上的遗产、书写在古籍里的文字都活起来。越来越多的人愿意走进博物馆，有国家文旅深度融合发展战略的推动，也离不开各地博物馆不断创新展陈方式，用丰富多彩的活动让文物'活起来'。各类精美的展览吸引了大量观众特别是年轻人参观，'看展社交'已经成为年轻人的一种生活方式。""让文物、文化和旅游在更深程度、更广范围、更高层次上融合发展，是党中央的要求，也是人民的期盼。博物馆不仅要吸引观众走进来也要主动走出去，比如通过数字化技术让社会大众体验博物馆的历史厚度和文化深度；通过授权让文物以文创产品、表演舞剧等方式走出静态展览，以活态形式让更多人了解。希望在未来的一个时期，有更多人可以走进博物馆，让博物馆在文化传承、公民教育中发挥更重要的作用。"戴斌介绍说。

近年来，博物馆越来越多有料、有趣的"出圈"背后，数以万计的馆藏珍贵文物、重要出土文物得到抢救修复，一系列重大文物保护工程有序推进，革命文物阶段性保护利用工程圆满收官。2024年的政府工作报告提出，"开展第四次全国文物普查"，"加强文物系统性保护和合理利用"。新时代文物保护正在从重点保护向全面保护、系统保护、整体保护转变。博物馆有很多宝贵文物甚至"国宝"，它们实证了我国百万年的人类史、一万年的文化史、五千多年的文明史。随着经济社会的发展，我们正在见证中华优秀传统文化的复兴，越来越多的人通过参观博物馆深入了解博大精深的中华文明，了解中华民族的历史底蕴及其创新伟力。

（资料来源：薛鹏，《为博物馆奔赴一座城》，中国纪检监察报，2024-05-06，内容有删改。）

（二）娱乐经营场所及活动

旅游娱乐业是为满足旅游者在目的地的娱乐需求，从而提供娱乐型产品的行业。旅游娱乐业的兴起和发展与全球工业化及人们生活水平的提升紧密相连。其起源可追溯至古希腊、古罗马时期的集市杂耍，通过音乐、舞蹈等吸引顾客。随着手工业向机械工业的转变和城市化的加速，娱乐形式逐渐演变为户外游乐场所。

进入20世纪上中叶，旅游娱乐业的形式从原本轻松悠闲的草地花园式游乐，转变为以机械游乐器具为主导，追求刺激与喧哗的游乐园。第二次世界大战后，随着生活方式的日益多样化、科技的飞速发展以及经济的繁荣，主题公园这一创新的旅游景观概念应运而生。值得一提的是，1955年美国在洛杉矶建立了第一个真正意义上的现代主题公园，这标志着旅游娱乐业进入了全新的发展阶段。自此以后，以主题公园为代表的旅游娱乐业在全球范围内迅速扩展，不仅在规模上实现了巨大突破，更在科技和文化内涵上取得了显著进步。

随着现代旅游业的蓬勃发展，自20世纪90年代起，各类型目的地纷纷挖掘、提炼并包装了众多能够真正展现当地文化精髓的文娱表演节目。这些节目形式多样，包括精彩的艺术表演、壮观的大型歌舞以及独特的露天实景演出等。

此外，为优化旅游产品结构，促进旅游目的地的经济发展与形象改善，各类型目的地的旅游娱乐业均呈现出快速发展趋势，从而与旅游娱乐相关的场所、设施以及产品体系也已相当广泛，包括各种形式的娱乐活动和体验。如从满足游客需求的功能角度，对旅游娱乐产品体系进行划分，我们会发现旅游娱乐产品种类繁多，主要涵盖了康体、娱乐、文化、美食和冒险等多个方面，为游客提供了多样化的旅游体验选择。

1.康体类旅游娱乐产品

康体类旅游娱乐产品主要是指能够使旅游者身体素质和体能得到不同程度提高和改善的旅游活动，通常需要借助一定的设施、器材和场地等条件，主要包括以下形式。

(1)体育类产品:涵盖了各种体育运动和活动,如高尔夫球、滑雪、滑水、漂流、冲浪、蹦极等(见图5-3)。这些活动不仅能让旅游者体验到运动的乐趣,同时也能提升他们的身体素质和体能。

图5-3　浙江绍兴会稽山高尔夫俱乐部

(陈玲玲　供图)

(2)保健类产品:主要形式有健身旅游、温泉旅游、美容旅游、森林浴、沙疗等。这些活动主要以养生和保健为主,旨在通过特定的环境和设施,帮助旅游者提升身体素质,恢复身心健康。

2.娱乐类旅游娱乐产品

娱乐类旅游娱乐产品,如主题公园、游乐场、电影院、度假村、演艺表演、夜市、灯光秀、夜间娱乐活动以及旅游景区提供的互动体验项目,如密室逃脱、角色扮演、VR体验等。这些产品提供多样化的娱乐方式,满足游客的娱乐需求。

3.文化类旅游娱乐产品

文化类旅游娱乐产品,如博物馆、艺术展览、音乐会等,另有不同目的地提供的特色手工艺品,如陶瓷、木雕、纺织品等制作体验,以及传统音乐、舞蹈、戏剧等表演形式等。这些活动可以让游客了解当地的历史文化,提升文化素养。

4.美食类旅游娱乐产品

美食类旅游娱乐产品,如美食文化体验游、美食节庆活动、美食主题餐厅、美食工作坊等。这些产品以提供沉浸式的美食体验以及专门为美食爱好者设计的旅游线路等为主要形式,可以让游客品尝当地美食,深入了解美食背后的文化故事。

5.冒险类旅游娱乐产品

冒险类旅游娱乐产品,如徒步旅行、潜水、蹦极、攀岩、卡丁车、滑翔伞、匹特搏(一种战斗模拟游戏)、野外生存、定向运动等,这些活动可以让游客体验刺激和冒险,挑战自我。

总的来说,当前随着旅游业的快速发展,消费者对旅游娱乐的需求也越来越多样化,尤为关注体验性、互动性强的旅游娱乐项目。同时,越来越多的企业和资本进入旅游娱乐行业,导致市场竞争日益激烈。为了在市场中脱颖而出,许多企业开始注重通过科技创新推动行业发展,注重旅游娱乐行业与文化、体育、科技等其他行业的深度融合,注重提供定制化服务,以提升服务体验、产品创新以及品牌建设。

二、旅行社行业

由于旅游供应商(包括酒店、航空公司、车船公司以及景区等)与旅游者之间存在信息不对称现象,为了满足双方的需求,各种类型的旅游中介服务应运而生,从事旅游中介服务的中间商在国内通常称为旅行社或旅游公司。

(一)旅行社行业的界定与分类

关于旅行社的界定在不同国家、地区和行业组织中表述略有不同。世界旅游组织将旅行社定义为"零售代理机构向公众提供关于可能的旅行、居住和相关服务,包括服务酬金和条件的信息。旅行组织者或制作商或批发商在旅游需求提出前,以组织交通运输,预订不同的住宿和提出所有其他服务为旅行和旅居做准备"。在欧美地区,旅行社被界定为"是一个以持续盈利为目标,为旅客和游客提供有关旅行及逗留服务的企业"。在日本,旅行社常被称为旅行业。日本《旅行业法》规定,旅行业是指收取报酬,为旅客提供运输或住宿服务、代理签证等事务的行业。

我国最新颁布施行的《旅行社条例》第一章第二条规定,旅行社是指从事招徕、组织、接待旅游者等活动,为旅游者提供相关旅游服务,开展国内旅游业务、入境旅游业务或者出境旅游业务的企业法人。这里所说的相关旅游服务,主要包括安排交通、住宿、餐馆、导游及领队、观光游览或休闲度假,以及开展旅游咨询、旅游活动设计服务等。此外,旅行社还可以接受委托,提供下列旅游服务:接受旅游者的委托,代订交通客票、代订住宿以及代办出境、入境、签证手续等;接受机关、事业单位和社会团体的委托,为其差旅、考察、会议、展览等公务活动代办交通、住宿、餐饮、会务等事务;接受企业委托,为其各类商务活动、奖励旅游等代办交通、住宿、餐饮、会务、观光游览、休闲度假等事务;其他旅游服务。

综合上述定义不难看出,旅行社行业的核心业务与功能都是为旅行者提供旅行、居住和相关信息与服务。旅行社行业可以根据不同的标准进行分类。

1. 按照业务类型分类

旅游批发经营:主要经营批发业务的旅行社或旅游公司,它们通常与旅游资源供应商(如酒店、景区等)建立合作关系,采购大量的旅游产品和服务,然后以批发价格销售给旅游零售商或其他旅行社。

旅游代理商(或称为旅游零售商):主要经营零售业务的旅行社,它们从旅游批发经营商处购买旅游产品,并直接销售给最终消费者(即游客)。

2.按照经营范围分类

国际旅行社：其经营范围包括入境旅游业务、出境旅游业务和国内旅游业务。这意味着国际旅行社可以组织游客前往国外旅游，也可以接待外国游客来中国旅游，同时还可以组织国内旅游。如中国国际旅行社、中青旅、锦江旅行社等。

国内旅行社：其经营范围仅限于国内旅游业务，即主要组织游客在国内各地进行旅游活动。如一些地方性的旅行社。

3.按照行业规模与类型分类

大型旅游运营商：全国范围内数量较少，但具有强大的资源整合能力和品牌影响力，能够提供全方位的旅游服务。如全球较大的休闲旅游集团TUI Group（途易集团），全国大型旅行社集团中国旅游集团、中国康辉旅游集团等。

专业化的旅行社：这类旅行社专注于某一个市场或某一类消费群体，提供特定类型的旅游产品和服务。如全球领先的户外旅行服务商 Intrepid Travel（Intrepid 旅游公司），专注于出境旅游市场的众信旅游和凯撒旅游。

代理社：通常与大型旅游运营商建立上下游的商业关系，代理其旅游产品并销售给最终消费者。如澳大利亚旅游代理公司 Travel Group（FCTG），国内的春秋旅游、去哪儿网等。

需要指出的是，随着旅游业的发展和市场的变化，旅行社行业的分类也可能会有所调整。尽管旅行社在不同国家和地区的界定和分类有所差异，但总体上在以下几个方面存在共识：首先，它们都是专门为游客提供旅行服务的机构；其次，它们作为旅游供应商与旅游者之间的中介，通过转售旅游目的地的单项或整体旅游产品来获取利润；最后，无论是作为经济组织还是个人，它们都需要具备法人资格。

（二）国外旅行社行业的发展历程

国外旅行社行业的发展起步较早，以1845年托马斯·库克旅行社的创立为标志性起点。以下是对国外旅行社行业发展历程的简要概述。

1.萌芽诞生阶段（1845年至19世纪末）

托马斯·库克旅行社的创立：托马斯·库克在1845年成立了世界上第一家旅行社，即托马斯·库克旅行社。该旅行社开创了旅行业务的基本模式，其创新的理念和成功的实践为后世旅游业的发展奠定了坚实的基础。

其他旅行社的涌现：随着托马斯·库克旅行社的成功，其他旅行社也开始涌现。美国的运通公司和比利时的铁路卧车公司成为当时旅行社行业的另外两个巨头。这些旅行社主要提供旅行代理、票务预订等服务。

2.初步形成阶段（19世纪末至1950年）

数量与收入的快速增长：这一阶段，旅行社行业经历了快速的发展。随着交通工具的进步和旅游观念的普及，越来越多的人开始参与旅游活动，从而推动了旅行社行业的快速增长。

集约化程度的提升:随着旅行社数量的增加,行业内的竞争也日益激烈。为了提升竞争力,旅行社开始寻求规模化经营和集约化发展,通过扩大规模、增加分支机构等方式来降低成本、提高效率。

3.快速发展阶段(1950年至今)

科技的应用:随着科技的进步,旅行社行业开始广泛应用计算机技术、互联网技术等高科技手段。这些技术的应用使得旅行社能够更高效地处理业务、提供更优质的服务,同时也为旅行社行业的创新发展提供了有力支持。

旅游产品的多样化:随着旅游市场的不断扩大和消费者需求的多样化,旅行社开始推出更多样化的旅游产品。除了传统的观光旅游,还出现了文化旅游、生态旅游、主题旅游等新型旅游产品。

国际化趋势:随着全球化的加速和航空业的快速发展,旅行社行业也逐渐呈现出国际化趋势。许多大型旅行社开始在全球范围内开展业务,提供跨国旅游服务。

此外,值得一提的是,国外旅行社行业的发展还受到各国政策、经济、文化等多种因素的影响。在不同的国家和地区,旅行社行业的发展速度和特点也有所不同。但总体来说,国外旅行社行业在不断创新和发展中为全球旅游业的繁荣做出了重要贡献。

(三)国内旅行社行业的发展历程

我国旅行社行业起步于20世纪20年代。从中华人民共和国成立到改革开放的深入,旅行社行业经历了初创期、增长期、调整期,最终进入全面开放阶段。国内旅行社行业的发展历程大致可以分为以下几个阶段。

1.起步阶段(1923—1949年)

1923年8月,上海商业储蓄银行设立旅行部,为游客代售车船票,预订舱位、铺位和旅馆,承担接待等业务。上海商业储蓄银行旅行部的正式成立,标志着中国近代旅游业的萌芽。1927年6月,附设在银行中的旅行部独立出来,正式成立了"中国旅行社"。其业务范围逐渐扩大,包括客运、货运、招待所等业务,并形成了覆盖全国的服务网络。这家旅行社标志着当时中国人自营的唯一旅游服务机构,于1953年宣告结束。

2.初创阶段(1949—1978年)

中华人民共和国成立初期,厦门华侨服务社于1949年11月成立,以服务华人和侨胞为宗旨,是中华人民共和国的第一家旅行社。1957年4月,华侨旅行服务社总社在北京成立。1974年,华侨旅行服务社总社更名为中国旅行社(简称中旅CTS)。中国国际旅行社成立于1954年,主要服务于外宾。在这一阶段,旅行社数量较少,行业规模尚未形成,但为后续的发展奠定了基础。

3.行业快速发展与调整阶段(1978—2001年)

改革开放初期(1978—1989年):改革开放政策的实施为国内旅行社行业带来了

发展的契机。这一时期,旅行社数量快速增长,行业规模逐渐扩大。除了原有的中国旅行社和中国国际旅行社,中国青年旅行社也逐渐崭露头角,形成了三足鼎立的行业格局。为规范行业发展,国务院于1985年颁布了《旅行社管理暂行条例》。

快速增长期(1990—1994年):这一时期国内旅游市场逐渐发育成熟,行业规模扩大,数量增长,市场集中度降低。一批在市场竞争中成长起来并熟悉市场机制的旅行社群体成为中国旅行社行业的新兴推动力量。

行业调整期(1995—2001年):经过一段时期的快速发展,国内旅行社行业开始面临一系列问题,如服务质量参差不齐、价格竞争激烈等。为了规范行业发展,国家出台了一系列管理条例和规定。同时,随着互联网技术的发展,在线旅行社(OTA)开始兴起,如1999年,携程旅行网和艺龙旅行网相继成立,对传统旅行社业务造成了一定的冲击。

4. 转型升级与多元化发展阶段 (2001年至今)

进入21世纪后,国内旅行社行业开始面临更为复杂的市场环境和多样化的消费需求。为了应对这些挑战,旅行社纷纷开始转型升级,提升服务质量,拓展业务领域。除了传统的团队旅游业务,还开始涉足自由行、定制旅游、主题旅游等新兴领域。同时,随着互联网和移动互联网的普及,旅行社行业也逐渐向线上化、数字化方向发展。许多旅行社开始与在线旅游平台合作,整合线上线下资源,提供更为便捷、个性化的旅游服务。

总的来说,国内旅行社行业的发展历程经历了从起步到初创,再到快速发展和转型升级的多个阶段,是一个不断适应市场需求、不断创新发展的过程。在未来,随着旅游市场的不断扩大和消费者需求的多样化,国内旅行社行业将继续面临新的挑战和发展机遇。

三、餐饮住宿业

所有参与以食宿为核心内容的接待服务的商业机构,以及部分非营利机构,共同构建了一个产业体系,这一体系错综复杂,通常被称为"旅游接待业"或"餐饮住宿业"。餐饮住宿业是旅游业中至关重要的组成部分,涵盖了各种类型的餐馆、酒店、民宿等,旨在满足不同游客的需求和预算。

(一)旅游餐饮服务的类型及发展现状

旅游餐饮服务可以根据游客需求,分为三大类型:一是综合性饭店内的餐饮服务,提供多样化的餐饮体验,集住宿、餐饮等多功能于一体,服务质量和水平通常较高;二是餐馆提供的餐饮服务,以特色风味食品为主,服务质量因餐馆规模、经营方式等存在较大差异;三是旅行及休闲娱乐设施中的餐饮服务,主要满足游客的基本饮食需求,提供简单、快捷的食物,服务质量和水平要求相对较低。

此外,在旅游业蓬勃发展的背景下,游客休闲与消费观念的转变以及互联网和移动智能技术在旅游餐饮业的深入应用促使旅游餐饮配送服务业逐渐兴起并快速发展。目前,餐饮配送服务在一些热门旅游目的地的市场需求十分旺盛,且服务形式已不再局限于传统的外卖送餐形式,而是根据游客的需求和场景,提供了更加多样化的服务形式。例如,有些企业推出了定制化餐饮服务,根据游客的口味和饮食要求,提供个性化的餐饮配送服务;还有一些企业推出了自助式取餐服务,游客可以通过手机应用或自助终端选择餐品并自取,提高了服务的便捷性。因此,我国《国家旅游及相关产业统计分类(2018)》按照服务内容,将旅游餐饮业务划分为旅游正餐服务、旅游快餐服务、旅游饮料服务、旅游小吃服务、旅游餐饮配送服务五种类型。

然而,旅游餐饮配送服务业在发展过程中也面临着一些挑战。例如,市场竞争激烈,企业需要不断创新和提升服务质量以吸引和留住客户;同时,食品安全和质量控制也是企业不可忽视的重要问题,需要加强对食材采购、加工制作、配送等环节的管理和监督。

(二)住宿业的类型及发展现状

住宿业是为游客提供短期留宿场所的关键环节。承担住宿接待业务的企业类型多样,称谓各异,如宾馆、酒店、饭店、旅社、旅馆、度假村等,共同构成了住宿行业的完整体系。目前,住宿业的体系主要由以下类型构成。

1.豪华型酒店

此类酒店是旅游住宿行业中常见的类型之一,往往以高级商务客人、高收入阶层、公费旅客为主要目标市场。它们通常提供全方位的住宿服务,包括客房、餐饮、会议聚会、休闲娱乐以及交通站点接送等设施与服务。

豪华型酒店可以根据其等级评定来区分服务质量和设施水平。目前,全球存在多种酒店等级评定系统,包括星级制评级法、数字制评级法、字母制评级法及类型制评级法。饭店等级主要依据所处位置、投资规模、建筑水平、设施设备、服务项目、服务质量、管理水平及客户满意度等方面进行评价。不同国家和地区采用的等级标准与表示标志各异。我国旅游饭店目前采用的是星级等级制度,由低到高分为五个级别,即一星级、二星级、三星级、四星级、五星级(含白金五星级)。

另外,现代豪华型饭店大多采取集团化经营模式,即以连锁集团和合作集团为主要存在形式,以提高服务标准和管理水平。集团化的经营模式使得饭店集团在经营管理、资本运用、技术应用、人才储备、市场营销、集中采购以及风险抵御等方面展现出单体饭店所无法企及的优势。目前,世界著名的酒店集团有希尔顿酒店集团、万豪国际酒店集团、洲际酒店集团、香格里拉酒店集团等。

2.经济型酒店

此类酒店以提供基本的住宿与早餐服务为核心内容,又被称为"有限服务酒店",主要以一般商务人士、工薪阶层、普通自费旅游者和学生群体等为主要目标市场。

经济型酒店的基本特征主要表现在：首先，突显产品的有限性，专注于酒店的核心价值——住宿，客房产品成为其灵魂所在；其次，强调产品和服务的优质性，重视客房设施的舒适性和服务的标准化，展现出清洁卫生、舒适方便的特点；最后，价格适中、亲民，且通常采取连锁经营的方式以实现规模经济，提升品牌价值。以上方面特征与星级酒店和社会旅馆之间存在着显著区别。

美国在20世纪50年代较早出现了提供简单停车住宿服务的廉价旅馆、汽车旅馆等形式的经济型住宿设施。如国际上著名的Motel 6和Super 8等品牌，都是以诸如6美元、8美元低廉的房价起家的。这些酒店以其经济实惠的特点，迅速在市场上占据了一席之地。1996年，我国出现了首个真正意义上的经济型连锁酒店品牌——锦江之星。之后，经济型酒店行业逐渐发展壮大。

目前，我国经济型酒店已形成了三大阵营：第一大阵营由以如家快捷、锦江之星等为代表的全国性品牌构成；第二大阵营则是由诸如南京金一村、郑州中州快捷等为代表的区域性品牌组成；第三大阵营则是由国际酒店管理集团旗下的品牌构成，如法国雅高的宜必思、美国速8以及美国格林豪泰等，它们凭借国际化的管理经验和品牌影响力，在中国市场也占有一席之地。

3. 非标准住宿

有别于传统酒店，非标准住宿是由个人业主、房源承租者或商业机构为旅游度假、商务出行及其他居住需求消费者提供的除床、卫浴，还有更多个性化设施及服务的住宿选择，包括客栈、民宿、公寓、精品酒店、度假别墅、小木屋、帐篷、房车、集装箱等。非标准住宿产品具有房源更分散、单点房源量较少、单个房间产品更个性化、经营主体多元化、提供个性化设施及服务、相对依赖"互联网＋"等特征。

非标准住宿形式主要起源于美国的短租平台Airbnb，该平台颠覆了传统酒店行业的经营模式。Airbnb，中文名称为"爱彼迎"，成立于2008年8月，是一家联系旅游人士和家有空房出租的房主的服务型网站，总部设在美国加州旧金山。在Airbnb上，用户可以预订全球320多万个当地人家中的房源，包括独立公寓、经济住宿、家庭度假屋等，甚至还有树屋、城堡、房车等特色房源；房源遍布全球190多个国家65000个城市，为旅行者提供了数以百万计的入住选择。

目前，我国非标准住宿产品主要有集中式和分散式两种形式。集中式是收购或租下整栋物业改造后出租，统一管理提供服务，主要是公寓运营服务，如途家、YOU＋国际青年公寓；分散式的主要构成是个人房源，提供比传统酒店性价比更高、更有个性的住宿，且更依赖线上预订平台，如Airbnb、蚂蚁短租、小猪短租、去呼呼等。

总的来说，餐饮住宿业在旅游业中发挥着不可替代的作用，为游客提供舒适、便捷、愉悦的旅游体验。未来，随着旅游业的不断发展和人们消费水平的提高，餐饮住宿业还将继续创新和发展，为旅游业做出更大的贡献。

| 行业资讯

生活方式酒店：酒店行业发展的趋势与潮流

四、交通通信业

旅游交通通信业涵盖了为旅游者提供交通和通信服务的多个领域,是旅游业的重要组成部分。这个行业的核心在于确保旅游者在旅行过程中的顺畅移动和及时沟通,从而满足他们的交通和通信需求。随着科技的发展,旅游交通通信业也在不断融入新的技术和创新。例如,智能交通系统、无人驾驶技术、在线预订平台等都为旅游者提供了更加便捷和高效的交通服务。

(一)旅游交通系统及运输方式

在交通方面,旅游交通服务包括各种交通方式的运营和服务,如航空、铁路、公路、水路等。航空公司、铁路公司、公路运输公司以及水上运输公司等都是这个行业的关键参与者。这些公司提供各种类型的交通工具(如飞机、火车、汽车和轮船),以及相关的票务服务、旅行安排和行程规划。因此,从系统的构成角度来看,旅游交通与公共交通具有相似之处,均是由"硬件"和"软件"两大部分组成。具体而言,"硬件"部分涵盖了交通运载工具、旅行通道以及集散站场等物质载体;而"软件"部分则指的是与这些物质载体相对应的公共及私营交通服务。

其中,物质载体中交通运载工具的种类繁多,主要包括各类航空器如飞机、直升机及热气球,用于地面客运的列车尤其是火车,各类汽车如客运汽车、出租汽车、旅游汽车以及家用汽车,水上交通工具如普通轮船和游轮,以及其他形式的运载工具如自行车、畜力拉动的骑乘工具、轿子、索道、竹筏、独木舟等。旅行通道是各种搭乘工具在空间上移动的线性载体或流体空间,具体涵盖了空中航线、铁路系统、公路网络、水路航运通道,以及专为步行、骑马、骑行、直排轮滑、滑雪、越野等游憩活动建造的各种特殊类型的旅行通道(见图5-4、图5-5)。集散站场,即承担游客和其他旅客集散功能的空间,包括民航机场、火车站、汽车站以及轮船码头或游港等。此外,旅游交通服务在保障旅游交通系统有序运行中扮演着关键角色,涉及硬件运行的管理服务与旅客票务、旅游交通设备租赁等专项服务。

目前,旅游运输方式包含旅游铁路运输、旅游道路运输、旅游水上运输以及旅游空中运输等。其中,旅游铁路运输具有运输量大、运费低、速度快、连续性强、受自然条件影响小、安全可靠且环保等优点,但其建设投资大、周期长、占地多,并受资金、工期和地理条件限制,且灵活性逊于道路运输和空中运输。旅游道路运输灵活、快速,能直达景点,适应多种自然条件,投资少、占地少、建设快;但运输能力有限,长途旅行速度较慢,运费较高,且易受天气影响。旅游水上运输的优点在于运量大、耗能低、投资耗材少、占地少;然而其速度较慢,准时性、连续性和灵活性欠佳,且易受季节、气候等自然条件影响。旅游空中运输的优点在于航线直、速度快、能跨越障碍、飞行灵活且班次可调;不足在于投资大、运载有限、能耗高、成本高,且仅提供点到点服务,易受气候影响导致行程延误或取消。

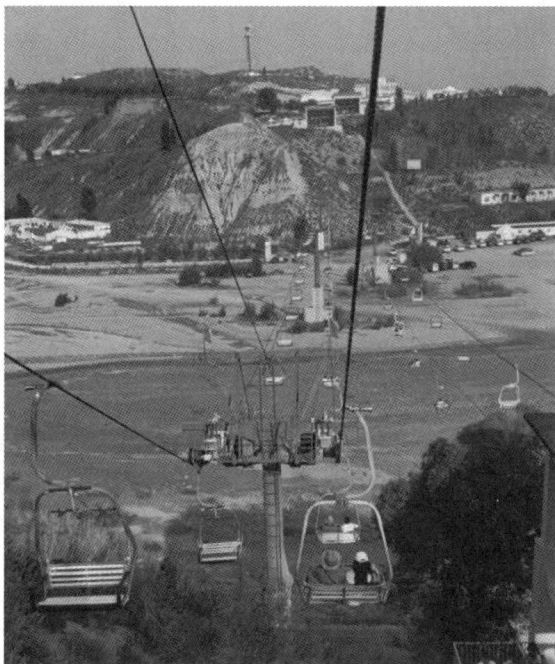

图 5-4 内蒙古响沙湾旅游景区空中索道

（陈玲玲 供图）

图 5-5 浙江常熟沙家浜景区游船

（陈玲玲 供图）

然而,在实际的旅游活动过程中,游客往往需要通过不同运输方式的组合来完成一次完整的旅行体验。这种组合式的出行方式不仅丰富了旅游的形式,也满足了游客多样化的出行需求。

（二）旅游通信服务途径及功能

旅游者在整个旅游行为发生过程中所需的信息涵盖了旅游公共信息、旅游企业信息以及旅游延伸信息几大类。旅游公共信息主要包括与旅游目的地相关的新闻、景点介绍与情报、交通运行状况、天气预报等。旅游企业信息是关于旅游服务提供商的详细信息,如酒店、旅行社以及各类旅游线路的价格、服务特色和功能等。旅游延伸信息包括会员专享服务,酒店、商场及餐馆的优惠信息,以及游客之间的交流互动信息等。

旅游通信服务即通过为旅游者提供各种通信设备和服务,如移动电话、互联网接入、卫星通信等,使得旅游者在旅行过程中不仅能够保持与家人、朋友或业务伙伴的联系,同时也能够获取上述各类旅行相关信息、预订服务或分享旅行体验。目前,旅游通信服务主要通过以下途径实现。

1. 旅游信息网站是旅游信息供给的主要渠道之一

这些网站包括门户网的旅游频道,如搜狐和新浪的旅游频道,它们为游客提供了综合性的旅游资讯。旅游企业网站则是旅游企业拓宽营销渠道、增加业务量的重要平台,如锦江在线和中国铁路客户服务中心等,游客可以在这些网站上预订酒店、机票和火车票等服务。专业旅游网站,如携程、同程等,则提供酒店、机票预订以及旅游信息和特约商户信息服务等,为游客提供丰富的旅游产品和服务选择。此外,政府旅游信息中心也发挥着重要作用,它们收集并传播旅游产品信息,同时为旅游企业提供行业趋势和市场形势的参考。

2. 旅游信息咨询中心是另一个重要的旅游信息供给渠道

这些中心为游客提供现场服务和远程服务,包括旅行咨询、旅行建议、旅游信息资料、投诉受理及旅游救助等。它们通过旅游信息咨询员、触摸屏、电脑等现场服务方式,以及电话、网络等远程服务方式,为游客提供全方位的信息服务。

3. 旅游 Web 2.0 技术应用形式也为旅游信息供给带来了新的变革

这种应用形式使得旅游网站的用户不仅是信息的接收者,更是信息的生成者和传播者。旅游 Web 2.0 的应用模式包括旅游搜索引擎、旅游网络社区、旅游博客和旅游维基等。这些应用模式通过用户生成的内容和互动,为游客提供了更加个性化和精准的旅游信息。

4. 旅游云平台及新一代移动通信技术在旅游行业的应用

其中,与旅游相关的移动 App、小程序等的普及和应用尤为显著。其主要功能表现为:第一,它们提供了 GPS 导航与地图指引,帮助旅游者轻松抵达目的地;第二,详细介绍了景点、餐饮、酒店、租车等目的地服务,包括各种攻略和游记,为旅游者提供了全面的目的地信息;第三,打分与点评功能让旅游者可以查看商家和景点的点评情况,也可以发表自己的点评,增加了旅游的互动性;第四,价格显示及预订功能则让旅游者能够直接查看门票、酒店等的价格,并进行预订,极大地提升了旅游的便利性;第五,实现了 PC 端与 App、小程序等的数据同步,使得旅游者无论使用哪种设备/方式,都能无缝切换,享受一致的产品服务。

综上所述,旅游信息网站、旅游信息咨询中心和旅游 Web 2.0 技术应用形式以及旅游云平台及新一代移动通信技术的应用是目前旅游通信服务的主要途径。它们共同为游客提供了全面、便捷和个性化的旅游信息服务，同时也为目的地营销和服务质量的提升提供了有力支持。

五、旅游购物品经营业

旅游购物品经营业是旅游业中的一个重要分支，是指在旅游目的地国家或地区专门为旅游者提供旅游日用消耗品、旅游纪念品及土特产品等各类物质产品的企业集合。这个行业涵盖了从设计、生产到销售旅游购物品的整个流程，旨在为游客提供满足旅游需要、具有地方特色和文化内涵的纪念品与其他商品。

旅游购物品经营业具有以下显著特点。

（一）经济性与季节性

旅游购物品经营业是旅游产业链的重要组成部分，对于促进当地经济发展、增加就业机会等方面具有重要意义。该行业的发展与旅游活动密切相关，旅游者的数量、旅游活动的类型等都直接影响到旅游购物品的销售情况。

（二）多样性与创新性

为了满足不同游客的需求，旅游购物品经营业提供了丰富多样的商品，从传统的工艺品、手作、特色食品到现代的创意产品、文化用品等，应有尽有。同时，随着时尚潮流和消费者喜好的变化，旅游购物品也在不断创新，以吸引更多游客。

（三）地域性与文化性

旅游购物品不仅是物质产品，更是文化的载体，通常具有特定的地域特色，反映了当地的文化、历史和传统。这些商品往往具有独特性，成为旅游者回忆旅行以及分享给亲朋好友的重要载体。

（四）设计性与功能性

旅游购物品往往注重设计感，追求美观与实用性的结合。同时，质量也是消费者关注的重点。高品质的商品往往能赢得游客的信赖和口碑，而合理的价格则有助于提升游客的购买意愿。

随着旅游业的快速发展和游客需求的日益多样化，旅游购物品经营业也面临着新的挑战和机遇。在旅游购物品经营业的发展过程中，地方政府和旅游相关部门也发挥着重要作用。它们可以通过制定产业政策、提供资金支持、举办旅游购物节等方式，在保障旅游购物品经营市场规范的同时，推动产业的创新和发展。此外，商家也需要密切关注市场动态，不断调整和优化产品线，以适应游客的需求变化。同时，还应注重提升品牌形象和产品质量，以增强市场竞争力。例如，旅游购物品的销售渠道除了传统景区内的商店、特产店、纪念品店等,同时也积极运用线上平台进行销售,满足消费者需求的同时,也有利于提升销量。

总之,旅游购物品经营业作为旅游业的重要组成部分,不仅为游客提供了丰富的购物体验,也为地方经济的发展和旅游产业的繁荣做出了积极贡献。

模块三 旅游业的转型升级

一、在线旅游快速扩张

在线旅游产业作为整个旅游产业链中的关键一环,在移动互联网时代发挥着满足广大消费者出游需求、不断促进旅游消费以及进一步带动旅游产业深层次发展的重要作用。伴随着旅游业不断地发展与整合,在线旅游业逐渐成为一系列为旅游供应商提供在线分销业务的在线旅游企业总称,主要是指通过互联网、移动互联网及电话呼叫中心等方式为消费者提供旅游相关信息、产品和服务的行业,包括在线出行、在线住宿、在线度假等领域。

(一)在线旅游发展历程

在线旅游渠道和平台的技术基础源于现代航空业,随着计算机技术的发展,逐步实现了从系统化管理到电子化在线预订的演变。20世纪90年代起,主流旅行品牌开始建立自己的网站,并推出在线预订功能。1995年,Viator系统公司(现Viator.com)成立旅行科技部门,通过互联网提供目的地旅行预订服务。1996年,微软前高管Richard Barton和Lloyd Frink创办Expedia,提供机票、酒店和租车在线预订服务。同年,Sabre推出Travelocity,为自助游客提供帮助。1998年,Jay Walker创立Priceline,采用客户反向定价模式,成为全球领先的在线旅游预订平台。同年,Ralph Bartel创建TravelZoo,推出美国在线旅游信息服务与特惠模式。

2000年后,互动、交流与分享成为在线旅游的新趋势。Stephen Kafuer创建了全球受欢迎的旅游社区TripAdvisor,提供酒店评论、比价搜索等服务。同时,Deep Kalra在印度创立了在线旅游公司MakeMyTrip。2001年,航空业制定了信息传送标准,以应对网络科技在沟通中的增长需求。随后,新型信息服务平台不断涌现,如旅游搜索引擎Kayak、度假房屋租赁平台HomeAway、P2P房屋租赁Airbnb,以及移动端的last-minute预订模式Hotel Tonight等。这些创新适应了供应商和在线旅游产品增多的趋势,推动了在线旅游的发展。

我国在线旅游起步较晚但发展迅速,紧跟世界潮流。1999年,携程旅行网成立,提供机票、酒店等预订服务;同年,艺龙定位为城市生活资讯网站。随后,同程网、去哪儿、马蜂窝、途牛等旅游平台相继成立,提供不同的在线旅游服务。至2011年,穷游网开始正式进行商业化运营,进一步推动了我国在线旅游的发展。

目前,经过20余年的发展,我国在线旅游市场呈现出一极多强的整体格局,以携程系(携程、去哪儿、同程、艺龙、途牛)、阿里系(飞猪)、新美大(美团、大众点评)三大体系为主。尤其自2014年以来,携程集团先后参股或收购了途牛、同程、艺龙、去哪儿等在线旅游企业,在行业内形成了一定的垄断趋势。

(二)在线旅游发展现状

近年来,在线旅游行业在技术创新、平台发展、市场细分以及资源整合等方面取得了显著的进步。当前,在线旅游的发展现状主要表现为以下几点。

1.技术创新推动行业发展

随着移动互联网、大数据、人工智能等技术的广泛应用,在线旅游平台能够提供更加便捷、个性化的服务。比如,利用移动互联网技术,消费者可以随时随地查询、预订旅游产品;通过大数据和人工智能技术,平台能够精准定位消费者的需求,提供定制化的旅游服务。此外,虚拟现实(VR)、增强现实(AR)等技术的逐渐成熟,也为在线旅游行业带来了新的发展机遇,用户可以获得更加沉浸式的旅游体验。

VR技术在在线旅游中的应用不仅使游客可以通过佩戴VR设备身临其境地游览世界各地的名胜古迹,同时还能为游客提供虚拟预览和规划服务,帮助其做出更明智的旅行决策。AR技术的应用则主要体现在为游客提供实时互动和信息获取方面。这些信息通常以3D模型、视频、音频等多媒体形式呈现,游客可以通过扫描二维码或使用AR眼镜、手机App等方式获取。此外,AR技术还能实现虚拟导游的功能。

2.在线平台类型较为丰富

在线旅游行业的发展推动了产业链的整合,产生协同效应,可以降低运营成本,增加盈利空间,提高服务质量。现有的在线旅游企业可以根据功能和业务模式分为四类:在线旅行代理类、垂直搜索类、团购类和用户生成内容类。

(1)在线旅行代理类。在线旅行代理(online travel agent,OTA)类,即OTA模式,是在线旅游行业的核心商业模式,扮演渠道中间商角色。它通过网络平台汇集目标客户,与供应商协商折扣,以更具竞争力的价格将产品销售给消费者,赚取差价或佣金。OTA主要服务于商务和自助游群体,提供机票、酒店、景点门票及旅游线路等产品。全球领先的Expedia和国内重要的携程旅行网,均凭借各自优势在市场中占据重要地位。

(2)垂直搜索类。这类企业通过整合网络上的旅游产品信息,以专业化、精准化和深入化的特点提供全面搜索结果。以去哪儿网、酷讯旅游网为代表的企业,运用搜索引擎技术,对旅游网站的产品进行分类比价,帮助顾客寻找最低价,它们作为媒体展示平台,不直接销售产品,而是通过点击费和品牌广告展示费用盈利。

(3)团购类。团购类在线旅游企业通过网络平台将具有共同旅游需求的消费者集中起来,与旅游企业直接或间接合作,通过集中采购,以较低的市场价格进行批量供应,为消费者提供价格更低的旅游产品,同时平台也能够获得更多的折扣。国内较有代表性的企业有美团旅行、飞猪、途牛等。

(4)用户生成内容类。用户生成内容(user generated content,UGC)类,即UGC模式,对于在线旅游行业而言表现为旅游社交和咨询网站,通过游客分享旅行见闻和经验,帮助其他游客制订旅游计划。例如,Tripadvisor以真实评论著称,马蜂窝专注于旅游攻略,驴评网注重酒店点评,到到网则提供酒店中国通服务等。这些平台通过用户分享的内容为旅游爱好者提供丰富的参考信息。

3. 旅游市场细分更加精准

首先,随着旅游市场的不断成熟和消费者需求的多样化,在线旅游平台开始注重市场细分。无论是机票、酒店住宿、旅游包装等传统服务,还是近年来兴起的定制旅游、主题旅游等新兴服务,在线旅游平台都能提供丰富的选择。比如,针对亲子游市场的崛起,一些平台推出了专门的亲子旅游产品,以满足家庭出游的需求。同时,周边游作为高频次、低价位的产品,也受到了消费者的青睐。

其次,平台通过对消费者行为、偏好和需求进行深入分析,针对不同细分领域制订个性化的营销方案。例如,针对年轻消费者群体,平台可以推出更具创意和互动性的营销活动,吸引他们的关注和参与;而针对高端消费者群体,平台则可以提供更优质、个性化的服务体验,满足他们对高品质旅游的需求。

此外,在线旅游平台还注重提升用户体验和服务质量。平台通过优化网站设计、提高交易便捷性、完善售后服务等方式,不断提升用户满意度和忠诚度。这种以用户为中心的服务理念使得在线旅游平台能够在激烈的市场竞争中脱颖而出,赢得消费者的信任和支持。

4. 行业竞争格局日趋激烈

随着在线旅游市场的不断扩大,竞争也日益激烈,主要表现为各大平台纷纷加大投入,提升服务质量,拓展业务领域,以争夺市场份额。同时,一些传统旅游企业也开始转型线上,与在线旅游平台展开竞争,形成了多元化的竞争格局。此外,一些大型在线旅游平台凭借品牌优势、技术实力和庞大的用户基础,逐渐在市场中占据主导地位。这些平台通过不断创新和优化服务,提升用户体验,进一步巩固了市场地位。

此外,新兴势力的崛起也给行业带来了新的竞争格局。一些新兴的旅游平台通过独特的定位和创新的服务模式,吸引了大量用户,迅速成为市场的新宠,加剧了市场竞争。此外,跨界合作和资源整合也成为行业竞争的重要趋势。在线旅游平台纷纷与传统旅游企业、航空公司、酒店等展开深度合作,通过资源共享和优势互补,在为消费者提供更优质、更便捷的服务体验的同时,提升整体竞争力。

二、绿色旅游发展态势

在以经济为主的发展导向下，随着旅游业的大规模快速发展，旅游过程中产生的一次性产品以及不可回收垃圾等给环境带来的问题成为旅游可持续发展的重要挑战。因此，旅游业的绿色发展理念由此提出。生态旅游、低碳旅游等产品模式逐渐受到游客的青睐。

从游客需求的角度理解绿色旅游，它主要是指涵盖了具有亲近环境或环保特征的各类旅游产品及服务，强调旅游活动对环境的友好性，是一种注重环境保护和生态平衡的旅游方式。从旅游目的地的角度来看，绿色旅游主要是指在整个旅游价值链中采用环保措施和可持续发展策略，实现经济增长和环境保护的可持续平衡发展，包括在交通、住宿、景点和活动等方面采用可再生能源、可持续交通、绿色建筑、绿色基础设施、绿色农业和信息通信技术等绿色技术与绿色理念，减少旅游业对能源、资源和环境的依赖。

微课

生态旅游

【知识关联】

负责任旅游

2002年，世界可持续发展峰会在开普敦召开，会议上"负责任旅游"一词被首次提出。《开普敦宣言》中对"负责任旅游"的定义现在已经被全世界广泛接纳，并于2007年在世界旅游交易会（World Travel Market，WTM）的"世界负责任旅游日"活动中被使用。

负责任旅游旨在"为人们提供更好的居住和旅行地"，这要求包括运营商、酒店经营者、政府、当地人民和游客在内的社会各界共同承担起责任、采取行动，使旅游业更具可持续性。

在《开普敦宣言》的描述中，负责任旅游可以体现在如下方面：

——尽量减少负面的经济、环境和社会影响；

——为当地人民创造更大的经济效益，提高旅游目的地国家相关社区的生活水平，改善当地旅游从业者的工作环境和提供更多进入该行业的机会；

——让当地人参与对其生活产生影响的决策；

——为自然遗产和文化遗产的保护、维护世界多样性做出积极贡献；

——通过为游客提供更多与当地人深度接触的机会，使游客对当地文化、社会及环境问题有更深层次的了解，进而获得更有趣的旅游体验；

——为残疾人和弱势群体提供旅行中的便利；

——保持文化敏锐度，倡导游客和旅游地居民间的相互尊重，帮当地人建立对本土的自豪感和信心。

（资料来源：负责任旅游传播公众号，《古德温博士谈负责任旅游》，2022-04-27，内容有删改。）

旅游目的地在实现旅游业绿色发展过程中，以下措施值得借鉴。

（一）政策引导、规范制度以及鼓励低碳措施尤为关键

首先，政策引导是推动旅游业绿色发展的重要手段。政府应出台相关政策，明确绿色发展的目标和原则，引导旅游企业和从业者积极参与到绿色旅游的发展中来。这些政策可以包括绿色旅游产业的扶持政策、税收优惠政策等。

其次，规范制度的建立也是促进旅游业绿色发展的关键。政府应加强对旅游企业和景区的监管，制定严格的环保标准和规范，确保旅游活动符合环保要求。同时，建立健全的旅游环境管理制度，加强对旅游环境质量的监测和评估，及时发现和解决环境问题。此外，还应加强对旅游从业人员的培训和教育，提高他们的环保意识和能力。

最后，鼓励低碳是旅游业绿色发展的重要方向。低碳旅游是指在旅游活动中尽量减少碳排放，降低对环境的负面影响。政府可以通过推广低碳旅游理念、建设低碳旅游设施、推广低碳交通方式等措施，引导游客和旅游企业减少碳排放。同时，还可以加大对低碳技术的研发和推广力度，提高旅游业的能源利用效率，降低碳排放强度。

（二）科技创新和技术应用对于减碳降耗具有至关重要的作用

首先，在可再生能源领域，科技创新为旅游业提供了更加环保的能源解决方案。例如，通过光伏发电和风力发电技术的不断创新和完善，旅游目的地可以逐步减少对化石燃料的依赖，降低碳排放。同时，太阳能热水器等设备的应用，可以在满足游客热水需求的同时，实现零排放、零耗能。

其次，在节能环保技术方面，科技创新也为旅游业带来了显著的效益。新材料、节能设备以及清洁生产技术的应用，不仅可以提高旅游设施的运行效率，还可以有效减少能源消耗和环境污染。例如，LED照明技术因其高效节能、使用寿命长、光效率高等优点，正在逐步取代传统的白炽灯和荧光灯，成为旅游设施照明的主流选择。

再次，在交通领域，科技创新同样为旅游业减碳降耗提供了有力支持。电动汽车、混合动力汽车以及轨道交通系统等绿色交通技术的发展，不仅降低了交通领域的碳排放，也为游客提供了更加舒适、环保的出行方式。

最后，智慧旅游系统的应用也是科技创新在旅游业减碳降耗中的重要体现。通过大数据、云计算、物联网等技术的应用，可以实现对旅游资源的智能调度和管理，

优化旅游行程规划,减少不必要的能源消耗和碳排放。

　　综上所述,上述措施的实施需要政府、企业和社会各界的共同努力和配合,只有这样,才能实现旅游业的可持续发展,为经济社会的繁荣做出更大的贡献。

【慎思笃行】

引领全球趋势的负责任旅行公司及其行为

　　为跟踪全球最新旅行趋势,云南云度国际旅行社有限公司调研了国外一些独特的旅行公司,精选出一些引领负责任旅游趋势的独特公司,希望从业者从中受到启迪,也希望带给旅行者更多关于旅行的思考。

　　1.Intrepid Travel

　　2023年,全球最大的探险旅游公司 Intrepid Travel 被《时代》杂志评选为全球最具影响力的100家公司之一。这家早在2010年就实现了碳中和旅行的公司,13年来一直在以科学有效的方式积极践行碳减排。30多年来,Intrepid Travel 一直以小团出行的方式带领全球各地的旅行爱好者深入各地环境和文化。Intrepid Travel 也是“负责任旅行”最坚定不移的布道者,一直以保护环境、尊重当地文化、建立公益基金会等实际行动引领行业发展。2020年,Intrepid Travel 还宣布了一项气候承诺计划,目标是在2030年将所有旅行线路中使用的能源都转换为可再生能源。

　　这次《时代》杂志的认可不是一个简单的荣誉,正如 Intrepid 的 CEO James Thornton 所说:“这证明了我们这种由当地人带领的小团队探险旅行不再小众,我们的旅行方式正在塑造旅行的未来!”

　　2.Lindblad Expeditions

　　1966年,拉尔斯-埃里克·林德布拉德(Lars-Eric Lindblad)率领探险队前往南极洲,成为第一位将民众带到这些壮阔荒野的探险家,被誉为“生态旅行之父”。他认为旅行是一个难得的可以让人们接触到世界奇迹的方式,这样人们就可以以不同的方式思考地球和我们在保护地球方面的作用。

　　之后几十年间,在他的儿子 Sven-Olof Lindblad 的领导下,Lindblad Expeditions(林德布拉德探险公司)逐步建立起世界上最先进的探险船队,开创了在许多人迹罕至之处航行的先河,并为负责任的探险旅行设定了行业标准。作为生态旅行界的翘楚,Lindblad Expeditions 也已实现100%碳中和,他们对环境的关注甚至细化到了每一餐中当地采购的食物,且成立于2008年的“林德布拉德-国家地理基金”迄今已捐赠了近2000万美元,用于保护海洋、沿海栖息地及促进环境管理等环保项目。

　　3.Experience Travel Group

　　秉承“旅行应该是互惠的”信念,亚洲旅行专家 Experience Travel

Group(ETG)以负责任旅行为核心,为客人创造与社区互动的机会,并在每次旅行中体验真正的文化沉浸。ETG致力于创造远离时尚中心和大型酒店的个性化独特体验,并将回馈社区设计成为旅行体验的重要组成部分。

在ETG遍布亚洲各地的许多行程中,客人都可以在社会企业餐厅享用美味的当地菜肴,这些餐厅通过职业培训和提供就业来支持当地的弱势群体。在柬埔寨,一场前往暹粒的法尔马戏团之旅则会将部分盈利直接捐赠给一所为贫困儿童开设的表演艺术学校。而在斯里兰卡,一段为期三天的徒步旅行,将带领客人回顾那段使用马和推车运送茶叶的历史,同时为人迹罕至的村落带来收入。

4.Joro Experiences

作为一家英国的豪华探险旅行公司,Joro Experiences为客人设计了前往世界几乎每个角落的定制旅行,从南非的狩猎,到冰岛峡湾航行,再到巴西亚马孙寻找金刚鹦鹉,他们在为客人提供极致体验的同时,也坚信旅行是一股向善的力量。

面向极具社会责任感的高净值用户,Joro Experiences不仅签署了"旅行业宣布气候紧急状态"倡议,也是英国唯一一家通过B Corp认证的豪华探险旅行公司。他们测量每次旅行的碳足迹,再以投资世界各地精心挑选的碳抵消项目来中和那些暂时无法消除的碳足迹。并且,Joro Experiences只与能够证明其支持当地经济并回馈社会和环境事业的供应商合作。他们成立了Conscious Travel Foundation(觉知旅行基金会),旨在团结旅游企业共同为各地的公益项目募集资金,以促进和鼓励旅游业对环境和社会的积极影响,帮助人们有目的和理性地探索世界。

5.Byway Travel

作为创立于2020年的一家新兴小众旅行公司,Byway Travel是全世界第一家100%无航班(100% flight-free)的旅行平台,通过鼓励并帮助人们踏上以火车、自行车、巴士、轮渡等陆路和水路交通工具为主的定制化旅行,成为一大批热爱慢旅行、对环境问题敏感的潮流人士的新选择。

与飞行相比,火车在同等距离运输中可以减少高达90%的碳足迹。近年来,各国铁路公司也都在升级服务,让火车出行更便捷、更迅速、也更酷。比如,从斯德哥尔摩到汉堡的SJ EuroNight列车内,可以享受带淋浴、枕头和羽绒被的私人睡眠舱,其他如Nightjet、European Sleeper、Midnight Trains等也都开始提供精品卧铺服务。而且,火车在中转时游客还可以下车游玩,更能触达小众目的地。越来越多的旅客开始选择这种灵活而舒适的旅行方式。为了实现"Look after the planet with every trip you take(每一趟旅途都要照顾好地球)"的宗旨,Byway Travel对从供应商、员工到旅客服务的各个环节都进行了环保评估。

（资料来源：云度旅行，《十家引领全球趋势的负责任旅行公司，你知道几家？》，2024-02-03，内容有删改。）

三、跨界旅游推陈出新

21世纪以来，高新技术的迅猛发展和广泛应用，使得原本界限分明的产业边界逐渐变得模糊，产业之间相互渗透与融合，催生出全新的产业业态，为经济增长注入了新的活力。产业融合最初在信息产业崭露头角，随后迅速波及金融、物流、传媒和服务等多个领域。旅游业，以其固有的综合性和交叉性特点，在这场融合浪潮中显得尤为活跃，已经展现出了明显的跨界发展趋势。

旅游业的跨界发展，不仅是产业发展的必然趋势和要求，也是与文化产业、农业、工业等相关产业深度融合的生动体现。旅游产业与其他产业或旅游产业内部不同行业之间发生深度的相互渗透与关联，最终催生出全新的产业，称为旅游产业融合。这种融合过程主要有三种形式。

（一）旅游业与三大产业的融合

当前，文化和旅游融合发展逐步从"更广范围"向"更深层次"和"更高质量"递进发展。这种跨产业的融合不仅打破了传统的产业界限，也推动了旅游产业的创新发展。"农文旅""文商旅"以及"文体旅"等业态的出现，为经济增长注入了新的活力。例如，农业与文化及旅游产业的融合催生了乡村旅游、农家乐等形式的兴起，让游客能够近距离感受乡村风情，体验农耕文化；工业与文化及旅游产业的融合促进了工业旅游、遗址旅游等项目的开发，让游客能够深入了解工业文明的发展历程，感受工业文化的魅力；其他服务业与文化及旅游产业的融合形成了诸如教育旅游、体育旅游、医疗旅游、奖励旅游、会展旅游、修学旅游、房地产旅游、公务旅游、节庆旅游以及文化创意旅游等一系列新型旅游业态。

（二）旅游业内部六要素之间的融合

旅游业内部要素的融合表现为诸如餐饮与旅游的跨界融合，通过在旅游景点内开设主题餐厅或者开发美食旅游产品，在为游客提供美食服务的同时，让其感受到当地的文化氛围。住宿作为旅游的重要一环，也在与其他要素的融合中不断创新。娱乐作为提升旅游体验的重要手段，与其他要素的融合也日益紧密。无论是酒店内的娱乐活动，还是景区内的文化表演，都能够让游客在轻松愉快的氛围中感受到旅游的乐趣。

（三）信息科技与旅游产业内容的融合

除了传统的行业跨界,信息技术与旅游产业内容的融合催生出的一些新兴业态也为跨界旅游带来了新的可能性。比如,利用科技手段提升旅游体验和服务水平,通过AR技术和VR技术打造虚拟游览与互动体验,让游客在旅游中获得更加丰富的感官体验。此外,文旅与游戏的融合也为跨界旅游带来了新的思路,通过打造具有地方特色的游戏产品,吸引玩家前来实地体验,实现了游戏与旅游的相互促进。

总之,跨界旅游是近年来旅游业发展的一大趋势,它通过将不同行业、领域的元素和资源整合在一起,为游客提供更加丰富多彩、深度体验的旅游产品。这种创新的旅游模式不仅为旅游业注入了新的活力,也带动了相关产业的协同发展。未来,随着科技的不断进步和市场需求的不断变化,旅游业的跨界发展将进一步深化和拓展。

专题小结

旅游业作为一个综合性产业,以满足旅游者的需求为核心。旅游业的构成要素包括旅游观赏娱乐业、旅行社行业、餐饮住宿业、交通通信业以及旅游购物品经营业等。这些要素相互支撑、相互促进,共同构成了旅游业的完整产业链。其中,旅游观赏娱乐业是旅游业的核心,为旅游者提供丰富多彩的旅游体验;旅行社行业则扮演着桥梁和纽带的角色,为旅游者提供旅游规划、组织和服务;餐饮住宿业、交通通信业为旅游者的基本生活需求提供保障;而旅游购物品经营业则进一步丰富了旅游活动的内涵,为旅游者提供了丰富的购物选择。旅游产业具有综合性与联动性、敏感性与季节性、全球化与区域性、数字化与科技化等显著特征,同时,随着信息技术的快速发展,旅游业也在不断创新和升级,智慧旅游、绿色旅游以及跨界旅游等新业态不断涌现。

专题训练

一、填空题

1.旅游业是以旅游消费者为服务对象,为其_____的开展创造便利条件并提供其所需商品和服务的产业。

2._____是旅游业的根本属性。

3.景区_____服务是游客体验旅程的第一步。

4.非标准住宿形式主要起源于美国的短租平台_____。

5.旅游餐饮服务基本上可分为_____、_____以及_____三大类型。

6.旅游交通系统主要包括交通运载工具、_____、集散站场三个物质载体以及相对应的_____。

7.在线旅游渠道和平台的技术基础源于_____。

8.目前，_____模式是在线旅游行业的核心商业模式。

二、案例分析

银发族为何会爱上专列旅游？

2024年3月18日0点37分，北京至老挝首发的跨境旅游列车——Y445次旅游列车从北京站缓缓驶出，开启了为期15天的跨境之旅。列车满载着400余名游客，其中大部分是65—75岁的老年游客。不只是Y445次，当下，一趟趟穿行在祖国大江南北的旅游专列正从青海、内蒙古、陕西等地开出，吸引了大量银发群体报名。

Y445次旅游列车上，81岁的北京市民张叔叔和他83岁的老伴正在跟家人打电话报平安。"我们选择这趟旅游列车是想去看看中老铁路，行程对于老年群体非常友好，行驶速度不快，还可以游览国内外的很多地方。相比于飞机和大巴，乘着火车去旅行感觉更方便也更舒适，我们把这里当作移动的家。列车的行程安排也合理，不赶时间，行前的签证办理很省心。"

在3月20日11点41分开行的"清新福建·遇见浙湘粤港澳"旅游专列——Y427次旅游专列发车前，已退休6年的周阿姨拎着大包小包，带着闺蜜快步向列车走去。"终于和老姐妹组团出游了，这趟行程我们最期待的就是可以近距离看到港珠澳大桥，还可以游览武夷山、南浔古镇等景点。旅游专列全程软卧，还有导游陪伴，工作人员已经提前跟我们沟通联络过，告知了一系列注意事项。行程安排得比较合理，跟着边走边玩就可以，关键是性价比还很高。"

内蒙古呼铁旅行社副经理王品日前接到了不少"老朋友"的电话。"我们刚开行了到香港的Y403次旅游专列，电话就接踵而至了——'去桂林的团什么时候发车''到河南的列车安排上了没有'……不少老年人是跟我们走过好几次的'熟人'了。有位退休多年的李叔叔已经跟我们成了朋友，他特别爱旅游，每次跟团出去都能交到新朋友，用他的话说是'年龄相仿、兴趣相投、步调一致'的中老年旅伴。每次团员们都能很快熟络起来。叔叔阿姨们舒心了，我们也就放心了。"王品说。

"旅游专列因较高的舒适性和安全性、慢节奏以及高性价比等特点，深受中老年游客的喜爱。一张车票一游到底，全程不用换车、换铺，也不存在大件行李来回搬运的问题。行程安排基本是一晚火车配合一晚落地，可以避免舟车劳顿，老年游客可以轻松游玩。"青藏集团公司青藏高原铁道国际旅行社有限公司旅游业务分公司旅游业务部部长王红欣说。

（资料来源：中国旅游报公众号，《银发族为何会爱上专列旅游？》，2024-03-31。）

思考：

（1）越来越多的中老年游客选择旅游专列的原因有哪些？

（2）旅游专列应该如何不断提升对于老年游客的服务品质？

在线答题

推荐阅读

专题六　审视旅游影响

专题概要

　　本专题介绍旅游活动所引发的种种利害后果——旅游影响。从经济、环境和社会文化三个角度讲解旅游活动可能给目的地带来的积极影响和消极影响。

学习目标

◉ 知识目标

1.理解旅游影响的定义，了解旅游影响的类型。

2.理解旅游对经济可能产生的积极影响和消极影响。

3.理解旅游对环境可能产生的积极影响和消极影响。

4.理解旅游对社会文化可能产生的积极影响和消极影响。

◉ 能力目标

1.能够辨别旅游影响的类型。

2.能够分析并归纳旅游对目的地经济产生的影响。

3.能够分析并归纳旅游对目的地环境产生的影响。

4.能够分析并归纳旅游对目的地社会文化产生的影响。

◉ 素养目标

1.通过学习旅游影响，能够辩证地看待旅游活动对经济、环境和社会文化产生的作用，培养大局观念和全局意识。

2.通过学习旅游对经济、环境和社会文化产生的积极影响，认识到旅游肩负的振兴经济、保护环境、实现美好生活的使命，提升专业自信心和职业认同感，树立"创造幸福"的职业理念。

3.通过学习旅游对经济、环境和社会文化产生的消极影响，增强危机意识，坚定旅游可持续发展理念。

知识导图

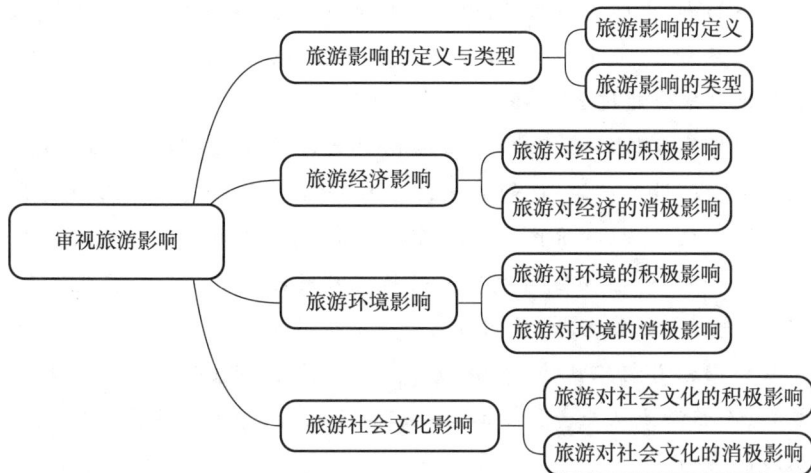

专题要点

旅游影响　旅游经济影响　旅游环境影响　旅游社会文化影响

案例导入

旅游带来的负担

工作压力大？冬天气候阴沉？对于许多现代人来说，似乎一切烦恼都能在旅途中解决。不管是在千年历史的古迹漫步，还是在艳阳高照的海滩晒太阳，都能让人短暂地忘记生活的重担。

不过对于承载旅游业的自然环境和城市来说，旅游业的兴盛也许会带来沉重的负担——当游客数量太多，对当地造成的负面影响已经大于旅游业带来的正向收益时，即成为"过度旅游"，2024年有可能成为"过度旅游"情况最糟糕的一年。

以荷兰阿姆斯特丹为例，根据数据咨询公司Statista统计，该市常住人口大约为110万人，但2023年到访此地的游客多达500万人次。游客的短租需求带动了公寓和酒店涨价的浪潮，已经影响到当地人的居住需求。

在意大利水城威尼斯，55万当地人要迎接全年460万人次的游客，该市在2023年将团队游览的最大规模限制为25人。这也是在接待能力不堪重负的情况下,当地政府临时出台的无奈之举。

最为极致的对比,要数克罗地亚著名的港口城市杜布罗夫尼克。当地人口仅有2.84万人,全年的游客数量却超过了百万大关。由于这里是《权力的游戏》里"君临城"的取景地,被称为"亚得里亚海的明珠",络绎不绝的游客甚至将粗糙岩石铺垫的老城区街道都踩得光滑圆润。

2019年,全球国际游客人数达到历史最高水平,接近15亿人次。此后受疫情影响,国际游客人数出现下滑,直到2023年全球旅游业才开始快速复苏。展望2024年,如果亚洲继续以目前的速度复苏,2024年全球游客数字很可能会超过2019年。

专门从事可持续旅行的Responsible Travel公司CEO贾斯汀·弗朗西斯表示,造成"过度旅游"问题的一大原因是,航空燃料是世界上为数不多的免税燃料之一,机票价格被打压得很便宜。此外,社交媒体博主的崛起也发挥了作用,一些网红博主发布的短视频或旅游照片有很强的示范效应,带动"粉丝"去当地实景打卡。

联合国旅游组织认为,造成"过度旅游"的主要原因在于缺乏全盘统筹规划,而旅游业从业者关心的只是旅游业收入,并不在意旅游对当地生态环境的影响。

英国曼彻斯特城市大学场域管理研究所名誉教授、高级研究员哈罗德·古德温博士建议,人们在旅行时应当避开已经饱受"过度旅游"问题困扰的地方,同时可参考淡旺季的规律实现错峰出行。古德温还建议游客考虑对当地经济的影响,尽量从当地人手里购买特色商品,将利润留在当地。

"过度旅游"带来的一大问题就是排放和污染。联合国旅游组织估算认为,全球碳排放量的8%都是由旅游业产生的。对此,弗朗西斯认为,这背后的深层次原因是,现代人的生活节奏和旅游习惯已经发生了很大改变。受短视频兴起、工作压力变大、年假稀少等因素影响,旅游变得越发"短、平、快",人们旅游的时间越来越短,但是休闲的总时段并没有缩减,是因为人们出行的次数越来越频繁。

▎案例分析

对于这个现象,弗朗西斯给出的答案是,要回到过去那种"深度休闲"的旅游状态。"人们可以降低自己出行的频率,以减少自己的碳排放,但是每一次出行可以多安排几天时间进行深度游玩。只有全身心地沉浸在假期中,才能从历史和自然风光中获得最大的享受。"

(资料来源:红星新闻。)

模块一 旅游影响的定义与类型

一、旅游影响的定义

旅游影响又称旅游效应,是指旅游活动(包括旅游者活动和旅游产业活动)引发的种种利害后果。旅游是一个涉及经济、环境及社会文化的复杂社会现象。第二次世界大战以后,西方国家将旅游视为提高国民生活水平、步入美好生活的康庄大道,在各国政府的大力推动下,旅游市场规模不断扩大,旅游产生的影响也逐渐引起学者和社会公众的关注。

在我国,旅游作为一个系统的产业出现和发展是在20世纪70年代以后。在发展旅游的初始阶段,人们主要关注旅游带来的经济效益,忽视了其他方面的影响,曾经一度认为"旅游业是无烟产业,不像其他产业那样对环境造成污染"。但从20世纪80年代开始,环境问题逐步显现出来,人们发现旅游同样会给环境带来诸多负面影响。到了20世纪90年代,社会文化影响也日益显著起来,成为旅游影响领域又一研究热点。如今,人们在谈及旅游的影响时,往往也是从经济、环境、社会文化这三个层面展开的。

二、旅游影响的类型

旅游影响除了可以划分为经济影响、环境影响、社会文化影响三种类型,还可以根据其他多个标准进行分类,这将有助于我们全面深入地认识旅游影响。

(一)按照影响的内容结构划分

按照影响的内容结构,可以将旅游影响分为旅游经济影响、旅游环境影响和旅游社会文化影响。

1. 旅游经济影响

旅游经济影响是指旅游活动对国民经济的影响,诸如增加外汇收入、促进经济发展、调整产业结构、增加就业机会等。旅游所带来的经济收益是推动旅游业发展的主要动力。

2. 旅游环境影响

旅游环境影响是指旅游活动对环境产生的种种影响。旅游开发必然会改变环境的原初状态,在一定程度上造成破坏,但也很可能会促成对自然或人文环境的保护。

3.旅游社会文化影响

旅游社会文化影响是指旅游活动对旅游目的地的社会结构、价值观念、生活方式、习俗民风和文化特征等方面的影响。旅游本身就涉及不同文化背景的人进行交流,因此旅游对社会文化的影响是不可避免的。相比国际旅游而言,国内旅游中旅游者与目的地居民的文化差异会相对小一些,但同样也会存在语言、饮食、服装、生活方式和习俗上的差异,旅游可能会放大或缩小这些差异。

(二)按照影响的社会价值的性质划分

按照影响的社会价值的性质,旅游影响可以分为旅游的积极影响和旅游的消极影响两种。

1.旅游的积极影响

旅游的积极影响也叫正效应,是指旅游活动对社会所产生的有价值的影响。例如,旅游可以创造更多的就业机会,改善家庭经济收入状况,激发当地居民对本地遗产的自豪感,这些都属于旅游的积极影响。

2.旅游的消极影响

旅游的消极影响也叫负效应,是指旅游对社会产生的有害的影响。旅游并不总是产生有益的结果,发展旅游可能还会导致当地居民和外来资本产生矛盾,引发犯罪行为以及抬高当地物价等消极结果。

(三)按照影响的表现形式划分

按照影响的表现形式,旅游影响可以分为旅游隐性影响和旅游显性影响。

1.旅游隐性影响

旅游的隐性影响是指旅游活动产生的不易观察到直观的物质形态的影响。例如,旅游改变了人们的价值观和生活方式,改变了当地居民的自我认知,这些都属于旅游的隐性影响。

2.旅游显性影响

旅游的显性影响是指外在的、具有明显的数量结构或物质形态的影响形式。例如,发展旅游改善了当地的交通状况,修建了大量服务设施,美化了居民的生活环境,增加了就业岗位等,这些都是旅游的显性影响。

(四)按照影响产生的时间划分

按照影响产生的时间,旅游影响可以分为旅游即时影响和旅游滞后影响。

1.旅游即时影响

旅游即时影响是伴随旅游活动的发生而立刻发生的。有些游客为了纪念自己曾经去过某处,将名字刻画在古建筑遗址上,这种行为当即就对古建造成了不可逆转的损坏。"黄金周"期间热门景区车水马龙,噪声污染也是在现场即刻能够感受到的一种旅游即时影响。

2.旅游滞后影响

旅游滞后影响一般是指旅游即时效应从量变到质变过程的结果,也包括一些单纯性的暂时潜伏而不发生、要在以后适当时机暴露出来的某些效应形式。例如,故宫在10年内接待游客高达2亿多人次,地面青砖在不断踩踏过程中变得伤痕累累,部分台阶上的花纹已经被踩断,这是常年累积作用产生的影响。河北野山坡发展旅游后,乡邻关系逐渐出现疏远倾向。以往,由于世代为邻、血缘关系、家庭应对有些事情能力不足等,乡邻关系比较密切,相互之间许多支援都是无偿的。但旅游业兴起后,每个家庭自立能力提高,关系逐渐变得疏远,许多协作关系不再是无偿的了。

(五)按照影响的来源划分

按照影响的来源,旅游影响可以划分为旅游者活动影响和旅游产业活动影响。

1.旅游者活动影响

旅游者活动影响是指来自旅游者的种种影响,它是旅游影响最直观的表现形式。旅游者在旅游目的地进行消费对当地居民产生的示范效应、旅游者的行为对旅游目的地环境的影响,甚至旅游者的大量集聚导致的旅游目的地拥挤现象等,都是旅游者对目的地产生的直接的影响。

2.旅游产业活动影响

旅游产业活动影响是指由旅游目的地或旅游相关企业的生产经营活动造成的影响,它是旅游发展大众化之后的必然结果。例如,外来资本在旅游发展中获利,当地居民没有享受到旅游带来的红利,有些甚至被迫搬离原有社区,逐渐被边缘化,这些都是旅游产业活动造成的影响。

(六)按照影响的作用范围划分

按照影响的作用范围,旅游影响可以划分为旅游活动内部影响和旅游活动外部影响。

1.旅游活动内部影响

旅游活动内部影响表现为对旅游活动主、客体和媒介的影响,例如对旅游者或旅游企业产生影响就属于旅游活动内部影响,它是旅游活动的动力所在。

2.旅游活动外部影响

旅游活动外部影响表现为对旅游活动主、客体和媒介以外其他人或机构团体利益的影响,是旅游活动相关集团利益纠纷的根源,也是社会需要从宏观层面加以控制和引导的对象。

模块二　旅游经济影响

一、旅游对经济的积极影响

(一)增加外汇收入

旅游业是一种无形的出口产业。旅游资源和旅游产品的不可移动性使得国外旅游者必须前往目的地国才能进行旅游消费,这是旅游产品与其他出口产品的根本差异所在。通过旅游业赚取外汇的优点在于:第一,产品价格由本国控制,不像出口初级产品(如原材料和食物)那样容易受国际市场价格和关税壁垒的控制;第二,旅游产品交易一般采用预付或现付方式结算,有利于资金快速回笼,降低经营风险;第三,旅游产品换汇成本低。旅游产品创汇无须将产品运输到国外,节省了运输费用,而且外国旅游者购买的是旅游产品的使用权而不是所有权,可重复创汇,因此旅游换汇成本要明显低于贸易出口换汇成本。

我国旅游业发展之所以最初强调"大力发展入境旅游",原因之一是旅游肩负着为国家创汇的艰巨使命。改革开放前,旅游还不是产业,而主要负责承担外事接待任务,但从那时起,创汇思想就已明确;改革开放后,入境旅游迅速增长,1979—1999年仅20年时间,我国入境游人数(从180万人次增加到了7279万人次)增加了39倍,旅游外汇收入(从2.6亿美元增加到141亿美元)增加了53倍,为我国从传统农业经济向工业经济转化做出了巨大贡献。

(二)增加政府税收

不论是发展国际旅游,还是国内旅游,都可以起到增加目的地政府税收的作用。旅游税收是一个综合的概念,里面包含有各种各样的具体税种。由于不同国家具有不同的旅游税收制度,各个旅游税种的名称也不一样。我国并未设置专门的旅游税,旅游税收实际是分散在各个行业和税种中的,其中涉及的行业有交通运输业、住宿业、餐饮业、娱乐业、邮电通信业以及批发零售业和其他服务业,主要的税种是增值税和企业所得税。旅游税不仅要对旅游商品及服务的提供单位和个人进行征税,还要对旅游者进行征税。征收的税款是旅游目的地国防、交通道路等"公共产品"的重要资金来源,有助于增加当地居民的福祉。

(三)增加就业机会

旅游业是一个劳动密集型产业,发展旅游会创造更多的就业机会,其中包含直接就业机会和间接就业机会。直接就业是由于游客的直接消费产生的,即各种旅游企业中的就业人数。间接就业是由于旅游业关联性较强,会间接带动其他行业就业人数的增加,例如建筑、园艺、法律、信息等行业。上海国际旅游度假区2023年披露的信息显示,自2016年迪士尼乐园落户上海,已创造直接就业岗位1.5万个,间接就业岗位约6万个。

| 行业资讯

WTTC:
2032年中国
将成为全球最
大旅游市场

(四)带动相关行业的发展

广义的旅游业包括旅游观赏娱乐业、餐饮住宿业、旅行社行业、交通通信业和旅游购物品经营业,涉及旅游者在旅游活动中方方面面的需求。发展旅游通常会推动建筑、房地产、互联网、汽车、金融、制造、会展、住宿、娱乐、文化、保险、园林、工艺美术等多个行业的联动发展。联合国旅游组织统计显示,旅游业能够影响、带动和促进民航、铁路、公路、餐饮、住宿等110个行业的发展。

(五)促进区域均衡发展

经济的平衡发展有助于世界各国之间以及每个国家的不同地区之间保持和平稳定的政治局面。旅游业的发展有利于促进经济发达地区的财富向欠发达地区转移,有利于促进区域间经济和社会的协调发展。区域发展不平衡一直以来是困扰我国经济、社会可持续发展的主要问题,我国当前社会的主要矛盾已经转化为"人民日益增长的美好生活需要和不平衡不充分的发展之间的矛盾",解决区域发展不平衡问题已成为主要任务,而旅游恰恰能够在改善区域发展不平衡中发挥重要价值。据2020年8月《人民日报》报道,全国通过发展旅游实现脱贫的人数占脱贫总任务的17%—20%,越来越多的贫困群众吃上旅游饭,过上好日子。

| 微课

旅游乘数

【慎思笃行】

旅游+扶贫让"穷旮旯"变"金银窝"

"淇水汤汤,渐车帷裳","淇水滺滺,桧楫松舟",我国第一部诗歌总集《诗经》里的这些诗句,生动描写了淇河两岸的美丽风光。淇河流经河南省鹤壁市淇滨区,近年来,淇滨区依托流经全境、具有"中国诗河"之称的淇河这一独特资源,加快构建"一河一带一平台"文化旅游发展新格局,以全区文化旅游高质量发展助力脱贫攻坚,走出了一条"旅游＋扶贫"的新路子。桑园小镇、龙岗人文小镇、横岭小镇等项目迅速发展为乡村旅游亮点。截至2020年10月,全区23个贫困村全部脱贫,累计脱贫近8000人,乡村旅游累计接待游客超过1000万人次,综合收入上亿元,人均年增收2万元,真正做到了既守住"绿水青山",又得到"金山银山"。

牛横岭村是淇滨区大河涧乡较为偏僻的一个村，由于大山阻隔，村民曾经吃的是"望天水"，走的是崎岖路。牛横岭村村民李某说："早些年村里吃水都困难，后来虽然修了取水的管道，但还是穷，村里不少年轻人离开了村子，剩下的大都是老年人。再后来村里进行了整体旅游开发，建设了横岭小镇，村里面貌焕然一新，年轻人看到了希望，也都回来了。"

依托金山旅游区、天然太极图旅游区、白龙庙风景区、淇河国家湿地公园等旅游资源，淇滨区不断加大旅游项目投入，高标准规划设计了26个文化旅游重点项目，相继建设了桑园小镇、横岭小镇、许沟小镇、龙岗人文小镇等特色乡村旅游项目，实施美丽乡村建设、人居环境整治、"厕所革命"等一系列工程，乡村面貌焕然一新，旅游服务功能日趋完善。

淇滨区将便利交通和周到服务作为关键要素，统筹规划建设了全区旅游交通环线，重点推进桑园至柏尖山道路贯通、桑园小镇下口至将军泉道路拓宽、淇河国家湿地公园至许沟道路绿化、南海路景观提升，综合运用人工智能、大数据等技术，高标准规划建设淇河生态旅游度假区智慧游客服务中心项目，集旅游管理、产业监测、指挥调度等功能于一体，为游客提供全程化、个性化、便利化智能服务，逐步形成完整的服务链条，将桑园、牛横岭、河口、许沟等村从封闭保守的小山村变成一个个开放包容的旅游小镇，山水自然资源变成了群众脱贫致富的"聚宝盆"。

脱贫离不开产业。除了旅游产业，淇滨区还推进高效农业、观光农业、生态农业，大力发展特色产业，以桑园小镇商业街、白龙庙五号山谷、河口柒里民宿、牛横岭生态采摘、桑园果桑采摘为代表的一批优质生态农业，脱贫成果显著提升。

淇滨区以游乐、文化和特色农产品3个特色品牌为抓手，除打造启乐尼游乐场、白龙溪森林乐园、必捷滑雪场、玻璃栈道、高山滑水、悬崖秋千等游乐项目品牌外，樱花节、采摘节、渝派火锅公园等一批文化旅游品牌也为文旅爱好者提供了交流平台。同时，通过发展乡村旅游，越来越多的农副产品变成了旅游商品，农民分享到了农业产业化发展带来的更多经济效益。

目前，淇滨区流转土地1万余亩、荒山6万余亩，相继开发的桑葚饮品、高钙小米、无公害粉条、缠丝鸭蛋等特色产品转化成了旅游商品，原本农村随处可见的"土坷垃"如今变成了农民致富的"金疙瘩"。

（资料来源：解静怡，《旅游＋扶贫让"穷旮旯"变"金银窝"》，鹤壁日报，2020年10月31日，内容有调整。）

二、旅游对经济的消极影响

（一）过度依赖旅游业造成经济结构单一

旅游目的地如果过分依赖旅游业，就会面临经济上潜在的巨大危机。因为旅游并非生活必需品，旅游业容易受到政治、经济、气候、疫情等因素的影响，具有明显的脆弱性。政变、暴乱、双边关系等事件会让旅游业受到重创，经济危机以及汇率的变化会影响旅游者决策，洪水、海啸、极寒、极热等气候异常会"劝退"旅游者，疫情的流行也会让旅游目的地热闹的景象化为乌有。

旅游业除了脆弱性之外，还具有明显的季节性。原因就在于旅游资源会受天气时令影响而发生变化，旅游者的出游时间也会因休假制度或自身工作学习情况呈现出一定的时节规律。旅游者数量的淡旺季波动会让旅游目的地的经济收入起伏不定。

希腊就是一个典型的例子。因过度依赖旅游业，经济结构中缺少实体产业支撑，经济结构单一，导致希腊经济在面临风险和危机时非常脆弱。2019年，希腊旅游业占GDP比重高达20.8％，旅游业相关就业人数占总就业人数的21.7％，旅游收入为180亿欧元，但受疫情冲击，2020年希腊旅游业收入仅为42.8亿欧元，游客人数较2019年减少76.5％，迫使众多餐馆、酒店和旅行社停业或倒闭。

（二）导致旅游目的地居民生活成本增加

一个地方一旦成为热门的旅游目的地，通常都会出现土地和住房价格上涨、商品价格偏高的现象，这会增加旅游目的地居民的生活成本，使其受到住房短缺、房租上涨、食品开支增加等问题的困扰。大量旅游者的到访会造成供求之间的结构性矛盾，导致产品价格上涨，旅游者在短暂的出游期间往往可以接受相对较高的物价水平，但长此以往，当地居民就会变得怨声载道。此外，旅游发展会增加对土地的需求，酒店、度假村以及各种旅游设施的修建会导致土地价格上涨，房地产价格和房租也会相应上涨，当地居民的生活成本也会因此增加。

（三）加剧不发达地区的财富向发达地区集中

在发展旅游的过程中，很多不发达地区利用丰富的旅游资源吸引发达地区的资本，希望通过旅游资源资本化实现社会经济的发展，使社会物质财富最大化；而发达地区投资者的主要目标则是通过寻找投资机会实现利润的最大化。各地方政府之间为争取外来资本展开了激烈的招商引资"让利竞赛"，甚至出现"门槛一降再降、成本一减再减、空间一让再让"的局面，使投资者从地方之间的相互对立冲突中获得了超额的回报。但这种由外来资本控制的旅游企业往往缺少与本地的联系。旅游所提供的就业机会也仅限于少量的直接就业。除了参与低报酬和琐碎繁杂的服务性工作外，大量的本地居民仅获得很少或几乎不能获得收益。其最终后果是，旅游发展不但不能使最初的区域差异得到调整，反而加强了社会经济不平等和空间不平衡，加剧了不发达地区的资源和财富向发达地区回流与集中。

模块三　旅游环境影响

一、旅游对环境的积极影响

（一）有助于加强目的地保护意识

旅游能够提高目的地知名度，让更多人了解目的地独特的自然或人文资源，并认识到这些资源的宝贵价值，从而提升人们对旅游资源的保护意识。此外，旅游者在旅游目的地通过导游讲解、亲身体验、与当地人交流等方式能够与自然和人文环境建立直接且密切的关联，这种具身体验是提升环保意识非常有效的途径。更重要的是，旅游的发展会让当地居民意识到，他们习以为常的生活环境、历史遗存或风俗民情正是吸引旅游者的重要资源，"绿水青山就是金山银山"，只有保护好这些资源，才能发展好旅游，带来稳定的收入和工作机会。

（二）为保护环境提供资金来源

旅游收入可以为自然和人文环境的保护与维护提供资金来源，可以促进一些旧建筑改造为新的旅游设施，还可以资助环保相关的研究、修复和管理项目。很多因缺少维护经费而面临生存危机的资源都被旅游从生死线上救了回来。西安古城墙是中国现存规模较大、保护较完整的古代城墙，是西安的标志性建筑之一。在西安城市发展进程中，因观念、交通、经济和市民生活等各种问题，古城墙曾几度面临被拆除的危险。而旅游门票收入缓解了耗资巨大的维护费用压力，为城墙能够完整地保存至今发挥了重要作用。近年来，西安城墙直接用于文物维修维护的资金年投入近亿元，而城墙景区门票收入在很大程度上保证了文物保护资金能够正常运转，让城墙始终处于安全状态。

（三）完善基础设施建设

旅游对旅游目的地基础设施建设具有积极的促进作用。基础设施建设是旅游业发展的前提条件，也是旅游服务能力的基本保障。为满足旅游者多样化的需求，营造舒适的消费环境，旅游目的地在旅游发展过程中会将完善基础设施建设作为一项重点工作去推进落实,以便为旅游者提供便利的交通道路条件、基本的卫生安全保障、良好的景观环境等。基础设施建设涵盖面广,涉及公路、铁路、机场、港口等交通系统,电力、煤炭、天然气、太阳能等能源系统,自来水生产供应、污水排放处理等水利资源及排水系统,还有邮政通信系统、环境绿化系统以及以信息网络为基础的新基建设施。

我国众多乡村的基础设施都因旅游而得到改观,杭州龙坞上城埭村就是众多实例中的一个。在开发乡村旅游前,上城埭村只是一个普通的城郊农村,卫生环境差,露天草屋粪坑比例达50%,没有污水处理设施;村内基本以石子路为主,道路硬化率只有50%左右;自来水覆盖率不70%,厕改率不到60%,有线电视网络、宽带网络、电话网络覆盖率均不到50%。2002年,上城埭村大力发展以休闲品茗度假为主题的乡村旅游,两年之内,全村厕改率、道路硬化率,以及有线电视、宽带网络、自来水等覆盖率均达100%,新建了污水和垃圾处理中心,在大、小斗山铺设游览步道6000余米,基础设施状况得到迅速提升。

(四)美化目的地居民生活环境

旅游在推进目的地基础设施不断完善的同时,还会促进目的地居民生活环境的美化程度不断提高。审美体验是旅游者追求的重要体验之一,呈现给旅游者美观整洁的环境是目的地形象工程的一部分,当地居民也会因此而受益。例如,三亚是著名的旅游城市,也是全国"无废城市"试点城市,但与主城隔海相望的三亚西岛却因居民环保知识的淡薄,存在固体废物随意丢弃的现象,不仅影响岛内环境美观度,还严重威胁到海洋生态环境。为此,西岛2020年启动了"无废岛屿"建设,为全岛居民办理"爱岛卡",居民将废纸箱、塑料瓶、玻璃瓶等废物分类运至西岛环保中心,称重后可折算积分存到"爱岛卡"里,用于兑换香皂、毛巾、电饭煲等生活用品。西岛还牵头国内外艺术家,通过"艺术进村"的"再加工",将居民交来的塑料垃圾变身为各种文创品,将废纸加工成纸质礼品或包装纸,将废布料加工成特色环保衣服,将废旧船舶彩绘后变成渔岛特色风景。通过对废物的艺术再加工,西岛打造了一道道网红风景线,吸引了大批国内外游客前来打卡,当地居民的幸福感也大大提升。

【知识关联】

什么是"无废城市"?

伴随着城镇化的进程,我国每年新增固体废物100多亿吨。面对这样一个庞大的数字,固体废物污染防治也被摆在了生态文明建设的突出位置。2018年12月,国务院办公厅印发《"无废城市"建设试点工作方案》,开始推动"无废城市"建设。那么,什么是"无废城市"呢?

> "无废城市"是一种先进的城市管理理念，"无废"并不是没有固体废物产生，也不意味着固体废物能完全资源化利用，而是通过推动形成绿色发展生产和生活方式，持续推进固体废物源头减量和资源化利用，最大限度减少填埋处置，将固体废物对环境的影响降至最低的发展模式，是较为先进的一种管理理念。
>
> （资料来源：《"无废城市"建设试点五年，如何让城市更宜居？》，央视新闻客户端。）

二、旅游对环境的消极影响

（一）旅游对自然环境的消极影响

1. 改变动植物的种群结构

旅游对植物的影响体现在植物群落、植物覆盖度、生物多样性等方面，一般表现为植物密度降低、植被破坏等。旅游开发初期往往对植物覆盖率的损害最大，随着游客数量的增加，抗性弱的植物会逐渐消失，抗性强的会生存下来，还会有其他种类的植物被引入旅游目的地，从而使植物的种群结构发生改变。

旅游对动物的影响体现在动物群落、动物迁徙、动物栖息地、动物生存状态等方面，一般表现为动物种类和数量减少、栖息地被破坏、动物活动减少、身心伤害等。例如，近年来，在加勒比海、红海、澳大利亚大堡礁、印度西海岸和马来西亚热浪岛、巴雅岛等高强度潜水地点的活珊瑚覆盖率下降，珊瑚受磨损痕迹明显，且出现大量的珊瑚断枝。

在各类旅游活动中，那些以亲近野生动物为目标的旅游活动往往会给动物造成更为严重的伤害。世界动物保护协会与牛津大学野生动物保护研究所共同完成的一项研究表明，每年全球至少有55万只野生动物因娱乐游客而遭受痛苦。全球十大残忍的野生动物娱乐项目包括大象骑乘、与老虎合影、与狮子散步、观看海豚表演、把玩海龟、参观熊园、耍猴、参观猫屎咖啡园、耍蛇以及参观鳄鱼饲养场。在世界动物保护协会一项长达10年针对亚洲旅游业使用的3837头大象进行的调研中发现，所有圈养大象都经受着痛苦的虐待，包括强行分离母象和幼象、残酷的训练方法、限制活动范围、营养不良、有限或没有兽医护理、剥夺社交需求以及惩罚措施。

2. 导致污染加剧

旅游目的地或旅游企业的旅游开发建设和经营行为，以及旅游者在旅游流动以及目的地停留期间的行为会导致固体废物污染、水污染、空气污染、噪声污染、光污染等多种污染加剧。

旅游活动产生的固体废物污染主要来自旅游者产生的垃圾，固体废物处置不得当会引发大气、水体、土壤等污染，不仅会影响生态环境，还会影响当地居民的正常生活,甚至还可能会给牛、马等家畜的安全带来潜在危害。世界上最高山峰珠穆朗玛峰也遭受着垃圾污染之痛。2023年3月至6月,尼泊尔军队派出3支登山队清扫高山,从珠穆朗玛峰和其他3座高峰清理下来的废弃物多达35吨。

旅游对水环境的影响主要在水质、水体的变化上,一般表现为水质污染、水中垃圾增多、净化能力变差等。拥有水上游憩项目的目的地,如码头、港口、水道区域可能会面临水污染问题,因为游船在这些地方会排放汽油和废料。丽江古城成为热门旅游目的地后,很多外地人来到古城租借房屋开设店铺,他们直接将垃圾和污水倾入河道,在河道里洗拖布,结果造成水体严重污染。

旅游对空气的影响主要在空气温度、湿度、成分的变化上,一般表现为二氧化碳增多、大气污染等。每年旅游业的二氧化碳排放量已占由人类活动引起的二氧化碳排放量的5%。一项有关邮轮的研究报告显示,一艘像皇家加勒比海邮轮公司的“海洋和谐号”这样体积庞大的邮轮的二氧化碳排量相当于8638辆汽车,二氧化氮排量相当于42.1万辆汽车,二氧化硫排量相当于3.76亿辆汽车。

旅游产生的噪声会使动物的内分泌系统发生紊乱,生理功能失常,免疫力下降。噪声不仅会影响到旅游目的地的野生动物,还会影响到文物古迹、当地居民的生活以及旅游者的声景体验。例如,张家界国家森林公园大鲵保护区金鞭溪流域内的大鲵因旅游活动产生的噪声而改变了昼夜活动节律以及呼吸节律。泉州市区直升机观光环游噪声干扰了周边市民的正常生活,成为他们的“心头刺”。

旅游带来的光污染主要来自活动使用的各种照明设施。人工照明会对生态环境和人体健康产生影响,例如,旅游目的地夜间的过度照明就是光污染的一种形式。海龟和候鸟原本是受月光的指引而行动,但光污染致使它们迷失方向。昆虫是鸟类和其他动物的主要食物来源,它们会被人造灯光吸引,聚集在灯光周围,直到力竭而亡。

3. 破坏原始地形地貌

旅游活动会对自然环境原始地形地貌造成破坏,表现为岩体垮塌、地表破碎化、土壤侵蚀、盐碱化、裸露化、水土流失等。

旅游开发建设必然会对原始地形地貌造成破坏。建设施工期间,各施工场内的草木会被伐除,岩石爆破、设备架设、建材运输也会破坏原有地形地貌,施工稍有不当,还可能破坏地质结构稳定性,产生崩塌、滑坡等现象。例如,2017—2018年,洛阳市新安县某公司在小浪底库区范围内峪里峡谷旅游开发过程中,为修建旅客集散中心和玻璃栈道基座,以机械、爆破等方式对山体进行破坏性挖采,造成地面岩石破碎,形成6—8米的山梁断层,大量渣土被推入峡谷河道,原有地形地貌及植被遭到严重破坏。

旅游者践踏和不文明行为同样也会对原始地形地貌造成破坏,造成土壤枯枝落叶层和腐殖层消失,地表裸露,严重时会造成土壤侵蚀。近年来,丹霞景区被破坏的事件就屡见不鲜。2020年7月,一位名叫“冒险雷探长”的网友发布了一则视频短片,视频中他带领一名外国女孩,走进了"禁止入内"的陕西榆林靖边龙洲丹霞景区,随意行走攀爬丹霞地貌。2020年8月,陕西榆林靖边龙洲丹霞地貌核心景区外被人为破坏,一对情侣将名字刻在岩石上。2023年7月,在甘肃张掖七彩丹霞旅游景区,游客翻越围栏拍照、踩踏丹霞地貌。2023年8月,游客在陕西榆林靖边波浪谷脚踏丹霞地貌违规拍照。经专家研究考证,丹霞地貌在遭受人为破坏后会加速风化和流水侵蚀,游客在地表上留下的一个脚印需要60年甚至更久才会恢复原貌。

4.加速自然资源消耗

旅游资源消耗是指在旅游开发经营过程中,因不正确地或过度使用自然资源而造成自然资源的损害和耗费。旅游开发对土地资源的占用、植被的消耗是最为直接的。在《城市用地分类与规划建设用地标准》中,在城乡用地分类和城市建设用地分类中均没有关于旅游用地的划分,这导致在旅游规划和开发过程中,旅游设施占用林地、耕地的现象时有发生,如开发主题公园和高尔夫球场等占用大片土地,导致农田、耕地面积减少。另外,由于部分旅游设施的建设需要大量的木材,在管控不严的情况下,旅游开发商可能因节约成本而就地取材,从而使当地植被不断减少。旅游者的大量涌入也会增加对旅游目的地淡水资源的消耗,长期的过度使用淡水资源可能使其面临短缺的风险。因此,要将旅游活动控制在旅游容量范围内,以避免自然资源的耗竭。旅游环境影响的"正负平衡表"如表6-1所示。

表6-1　旅游环境影响的"正负平衡表"

影响类型	负面影响	正面影响
1.生物多样性	·影响动物的繁殖、喂哺方式 ·以捕杀动物为乐或为纪念品行业提供有关原料 ·栖息地的减少和物种构成的改变 ·破坏植被	·促进动物保护,以便吸引游客 ·建立保护区,以满足游客的需求
2.自然环境的退化和破坏	·土壤退化 ·踩踏造成旅游目的地破坏 ·过度使用一些重要的基础设施（如供水系统）	·旅游收入可以用于维修和旅游目的地的维护 ·根据旅游者需要改善基础设施
3.污染	·排污和游船燃料及船上游客丢弃的垃圾造成水污染 ·空气污染（如汽车尾气排放） ·噪声污染（如汽车或旅游景点的酒吧和舞厅的噪声） ·垃圾	·为保持目的地对旅游者的吸引力而采取清洁措施
4.资源基础	·地下水和地表水的损耗 ·分流供水,以满足旅游者的需要（如高尔夫球场或游泳池用水） ·当地燃料的消耗 ·当地建筑材料的消耗	·开发新的资源供应或改善现有供应

续表

影响类型	负面影响	正面影响
5.景观/结构的改变	·土地的用途从其他行业（如农业）转向旅游 ·旅游开发对自然和非自然景观造成的不良视觉影响 ·引入新的建筑风格 ·城市功能的改变 ·城市区域的扩张	·使边缘地区或贫瘠的土地有新的用途 ·改善景观（如清理城市垃圾） ·对建筑环境进行翻修或现代装修 ·重新利用已废弃的建筑

（资料来源：Mathieson 和 Wall（1982）； Hunter 和 Green（1995）；Wall 和 Mathieson（2006）。）

（二）旅游对人居环境的消极影响

1.导致视觉污染

旅游视觉污染是指旅游目的地中不和谐的视觉元素导致旅游目的地视觉质量降低，从而引发视觉杂乱、视觉疲劳等负面视觉体验的现象。主要表现为杂乱失序、自然和人文环境的混乱、丑陋且缺少吸引力的人造建筑物等。为满足旅游者需求而修建的品位不高的建筑是旅游视觉污染的主要来源。例如，风景区内修建的用以接待旅游者的酒店、餐馆和娱乐设施，它们通常以不同的形态结构出现，其建筑特点往往不能与自然美有机地融为一体，这样就会产生视觉污染（见图6-1）。部分旅游目的地的旅游建筑缺乏特色的本土文化和深厚的历史底蕴，盲目照搬西方建筑或进行仿古，使旅游建筑与当地自然景观和人文特色格格不入，成为"建筑垃圾"。此外，大量旅游者的到访还会造成拥堵现象，使人居环境变得拥挤杂乱，降低当地居民和旅游者的视觉体验质量。

图6-1 为方便游客登山，山地表面铺装上城市里随处可见的红砖

（李淼 供图）

2.遭受磨损和破坏

虽然旅游目的地的人居环境本身也会经历自然侵蚀过程，但旅游者踩踏量的增加会加速建筑物的磨损,使原有的环境受到损害。此外,旅游者随意触摸、乱涂乱画等行为也会破坏原有的人居环境。例如,北京故宫三大殿内的地砖是采用太湖澄江泥经过复杂工艺加工而成的,"敲之有金玉之声,断之则无孔",烧制质量极为严苛,花费了大量的人力、物力、财力,因此被人们称作"金砖"。但故宫每年接待众多国内外游客,致使地砖出现明显下凹的现象。印度尼西亚爪哇岛上世界上最大的单体佛教建筑婆罗浮屠也因游客踩踏而受损。该佛塔的台阶采用当地火山石磨制而成,为避免大量游客涌入对台阶造成进一步磨损,婆罗浮屠遗址保护中心在寺庙石阶上铺设了木质楼梯,以形成保护层。世界文化遗产波兰维利奇卡盐矿内的游客"到此一游"签名如图6-2所示。

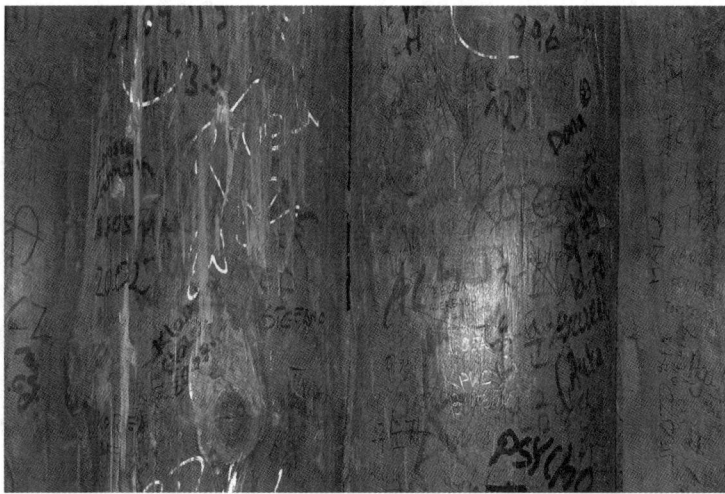

图6-2　世界文化遗产波兰维利奇卡盐矿内的游客"到此一游"签名

(李森　供图)

模块四　旅游社会文化影响

一、旅游对社会文化的积极影响

(一)有助于增进国际相互影响

国际旅游活动的开展客观上具有民间外交的作用,是旅游客源国和旅游目的地国之间友好交往的主要形式。作为官方外交的补充,"旅游外交"凭借民间交流的广泛性、灵活性和群众性等特征,往往能起到官方外交所达不到的作用。旅游作为人们之间一种普遍性社会交往活动,能够增进各国人民之间的相互了解,从而有助于加强国家之间友好关系的建立。不同文化背景的人们通过旅游了解当地的社会、经济和文化情况,面对面地与当地居民进行接触,这种直接而真实的接触可以增进相互之间的共鸣,有助于缩短不同社会性质、不同民族和不同种族之间的距离,消除偏见和误解,对于缓和政治紧张、促进社会和平有着特殊的意义。

(二)有助于促进民族文化的保护和发展

文化旅游是旅游的一种类型,体现了旅游者对文化景观的诉求。一个国家或地区的文化是重要的旅游资源,在旅游的推动下,民族文化能够得到更全面的保护和发展,主要原因就在于:一方面,民族文化是吸引旅游者前往的重要吸引物之一,为了满足和丰富旅游者的文化体验,原先淡忘久已的传统习俗和文化活动得以恢复和开发,传统的民间艺术重新受到重视和传承,毁坏的历史文物得到修复和保护;另一方面,目的地的物质文化景观也因旅游的发展而得到有效维护。例如,经济快速发展的过程中,传统建筑面临着被破坏甚至消失的风险,旅游则使传统建筑逐渐受到更多群体的关注与认识。我国文旅融合发展过程中,旅游作为非物质文化遗产保护、传承和利用的重要渠道,促成了众多非遗的回归,它们借助旅游纷纷"出圈",不仅"活"了起来,而且"火"了起来。例如,浙江廿八都古镇棕丝编制的手工艺品,这种手工技艺几近消失,但因旅游而得以保留(见图6-3)。

图6-3 浙江廿八都古镇棕丝编制的手工艺品

(李淼 供图)

(三)有助于推动科学技术的交流和发展

旅游与科技之间相辅相成。旅游的发展离不开科技的支持,而旅游也会促进科学技术的交流和发展。一方面,科技改变旅游,科技一直是推动旅游发展的重要因素。例如,蒸汽火车的出现带动了大众旅游的兴起,航空业的发展迫使邮轮转型为旅游目的地,私家车的普及带来自驾游的盛行,相机的推陈出新也促使人们走出家门。另一方面,旅游也对很多科学技术领域的发展起到了刺激和促进作用。旅游能够促进科技的传播与交流,同时也对科技提出了更高的要求。尤其是在交通运输工具、通信技术以及旅游服务设施和设备方面,要求更加快速、便利、舒适和安全,从而也推动着这些领域中科学技术的不断发展。

【知识关联】

党的二十大报告中两处提到旅游

2022年10月16日，习近平同志在中国共产党第二十次全国代表大会上作了题为《高举中国特色社会主义伟大旗帜 为全面建设社会主义现代化国家而团结奋斗》的报告。

报告中，有两处提到旅游。在第八部分"推进文化自信自强，铸就社会主义文化新辉煌"中，提出"建好用好国家文化公园。坚持以文塑旅、以旅彰文，推进文化和旅游深度融合发展"。在第十三部分"坚持和完善'一国两制'，推进祖国统一"中，提出"巩固提升香港、澳门在国际金融、贸易、航运航空、创新科技、文化旅游等领域的地位"。

二、旅游对社会文化的消极影响

(一)负面的"示范效应"

示范效应是指在旅游者与旅游目的地居民之间存在明显差距的前提下，旅游目的地居民通过观察外来旅游者而引起自身观念、价值观或行为模式发生改变的现象。当地居民持续性地耳闻目睹旅游者的种种行为表现，因此会受到潜移默化的影响。旅游产生的负面示范效应主要表现在以下几个方面。

第一，旅游者处于强势地位，他们的观念和行为能够很大程度上对当地居民的价值观念产生影响。尤其是旅游中人们往往会有消费攀高的行为倾向，这会导致当地年轻人消费观念的改变，他们会羡慕旅游者的服饰、打扮和优越的生活，而逐渐对传统生活方式产生不满或厌烦。

第二，处于弱势地位的旅游目的地居民会将西方旅游者视为发达资本主义国家经济财富力量的象征，盲目抬高西方国家而贬低自己的国家，导致崇洋思想泛滥。

第三，旅游目的地传统的道德观念会受到外来思想的冲击，改变当地社会家庭结构，带来离婚率的提高，甚至还可能会导致当地居民道德标准的下降，让原本淳朴的民风逐渐消失，人们为追求利益而坑蒙拐骗、强买强卖，从事犯罪活动。

(二)文化同化而丧失独特性

旅游会给旅游目的地居民打开通往外界的大门，从而导致本土文化与外来文化不断发生碰撞和融合。旅游者携带着自己原有的文化来到旅游目的地，在与目的地文化接触交流的过程中，双方文化相互之间学习、借鉴、模仿，彼此的差异不断缩小。这一点非常突出地体现在旅游目的地外来语言的流行和本土语言的衰落上。越南芽庄旅游业发达,这使得当地居民从普通老百姓到政府官员都会说几句外语,他们使用最多的是英文,其次是俄语,但随着近年来中国游客的增多,他们越来越频繁地使用中文。此外,外来资本不仅会给旅游目的地带来资金,同样还会带来外来文化及审美偏好,这些会不断渗透到旅游目的地文化的观念、制度以及物质层面。尤其在全球化浪潮下,国际品牌遍布世界各地,它们跟随旅游者从一个国家穿越到另一个国家,带着类似的建筑样式、装修风格、文字形态和服务方式,让旅游目的地渐渐失去独有的特色。如今,无论在主题公园、海滨浴场,还是在古镇老街、皇家园林,星巴克、肯德基、麦当劳的招牌基本随处可见。

(三)文化"商品化"而失去真实性

旅游目的地为了刺激或满足旅游需求,会出于功利性的目的而将手工艺品、生活习俗、宗教活动、传统服饰、仪式庆典等本土文化进行商品化生产,这可能导致本土文化被简化、虚构甚至捏造,出现生搬硬套、随意拼凑、粗制滥造的现象,大大降低本土文化的人文气息,使其成为一种舞台化的呈现而失去真实性。这样的例子比比皆是。例如,为满足游客对少数民族文化的想象与体验,扩大经济收入,贵州西江千户苗寨旅游社区居民的日常生产与生活场景向舞台化转变,芦笙场成为模式化的歌舞表演,长桌宴也成为常设项目。丽江发达的旅游业也导致以纳西人家为文化载体的纳西文化正面临着商业化和文化仪式等本真性消失的问题,原来作为摩梭人主要文化活动的民歌、锅庄舞成了营利的主要手段,丧失了愉悦本民族群众的功能。以前举行篝火晚会,在晚会上载歌载舞是为了结交阿夏(指亲密的朋友),现在包装成表演给游客看的商品,成为吸引游客、留住游客的主要卖点。

【专家剖析】

文化遗产的"旅游式活化"

时至今日,文化遗产的"旅游式活化"已成为普遍现实,越来越多的文化遗产以各种方式融入旅游活动、旅游消费、旅游体验、旅游运营和旅游场景之中。通过游览丰富多样的传统文物古迹和新兴文化遗产,体验多姿多彩的非物质文化遗产,人们得以更直接、更生动、更深入地了解中国文化、理解中华文明;通过旅游,文化遗产中所蕴含的中华优秀传统文化得以生动展示和充分表达,在系统性保护的前提下,实现创造性转化和创新性发展。文化遗产的"旅游式活化"就是将遗产资源转化为旅游产品而又不影响其保护传承,从而达到活态传承的目的。在实践中,这一活化过程经历了从点(建筑)到面(街区、城镇),从有形到无形再到二者兼具的演变,目前已涉及历史建筑、工业遗产、历史街区、古城古镇、无形文化遗产等所有文化遗产类型。从具体路径来看,可将文化遗产活化模式概括为客观主义的活化模式(静态博物馆模式)、建构主义的活化模式(实景再

微课

社会文化变迁

现)和述行主义的活化模式(舞台化表现)等不同类型。不管是将文化遗产直接作为旅游产品表演出来(即以遗产本身为产品),还是在文化遗产地进行旅游产品展演(即以遗产地为背景),或者利用文化遗产进行展演(即将遗产作为工具),其实质都是对文化遗产进行"可参观性生产",即将无形的、静态的、深层的文化转化为游客可见的、可感的、可知的旅游产品。这在很大程度上克服了传统文化遗产保护与传承方式的局限性——后者主要依赖实物遗产的展示和传统的口头传承方式,其受众面、吸引力、互动性等自然会受到一定限制。

六百年故宫通过生动活泼的数字化、年轻化、时尚化方式焕发出新的生机和魅力,神秘的敦煌壁画借助小程序化身为一方方瑰丽的丝巾,置身实景历史舞剧《长恨歌》现场的游客身临其境地感受到"在天愿作比翼鸟,在地愿为连理枝"的浪漫,在丽江古城感受"中华雅乐之活化石"纳西族古乐,在网红城市洛阳体验夜宿古墓博物馆……旅游者对文化遗产可参观性展示的付费体验刺激了文化遗产可参观性生产的多样化、市场化供给。文化遗产借此走出历史、融入当下,摆脱沉重、嵌入生活,成为当地人和旅游者日常生活的一部分。大量游客的审美标准和出游选择,不仅影响到传统文化的去留,也促成了现代文化的形成。

(资料来源:宋瑞,《旅游发展与文化遗产:何以相促》。)

专题小结

随着旅游业的发展,人们开始逐渐意识到旅游会对人类社会和自然环境产生诸多影响。虽然旅游影响按照影响的内容结构、社会价值的性质、表现形式、产生的时间、来源和作用范围可以划分为不同的类型,但人们通常从经济、环境和社会文化这三个维度来审视旅游影响。从经济角度来看,旅游的积极影响主要包括增加外汇收入、增加政府税收、增加就业机会、带动相关行业的发展、促进区域均衡发展,消极影响主要包括过度依赖旅游业造成经济结构单一、导致旅游目的地居民生活成本增加、加剧不发达地区的财富向发达地区集中。从环境角度来看,旅游的积极影响主要包括有助于加强目的地保护意识、为保护环境提供资金来源、完善基础设施建设、美化目的地居民生活环境,消极影响主要包括在自然环境方面会改变动植物的种群结构、导致污染加剧、破坏原始地形地貌、加速自然资源消耗,在人居环境方面会导致视觉污染、遭受磨损和破坏。从社会文化角度来看,旅游的积极影响主要包括有助于增进国际相互影响、有助于促进民族文化的保护和发展、有助于推动科学技术的交流和发展,消极影响主要包括负面的"示范效应"、文化同化而丧失独特性、文化"商品化"而失去真实性。旅游的大众化使得旅游产生的影响愈发广泛且深远，只有深入了解旅游可能产生的种种影响，才能在工作中防微杜渐、趋利避害，运用好旅游这把"双刃剑"。

专题训练

在线答题

一、项目实训

选择学校周边的某一旅游目的地，例如古镇、街道或海滨度假区，通过现场观察以及与当地居民或旅游从业者进行交谈，了解旅游给该地带来哪些方面的影响，然后把这些影响归类进行详述。

二、案例分析

阿者科计划

阿者科村位于云南省红河州元阳县哈尼梯田世界文化遗产核心保护区，至今已有160余年历史，因其独特的梯田景观、保存完好的哈尼族传统民居和悠久的哈尼传统文化底蕴，成为哈尼梯田世界文化遗产区5个申遗重点村落之一，也是第三批国家级传统村落。

近年来，阿者科村依托特殊的地理区位、丰富的自然资源和独特的民族文化，以保护自然生态和传统文化为基础，以发展"内源式村集体主导"旅游产业为重点，在保护中开发、在开发中保护，把优质生态产品的综合效益转化为高质量发展的持续动力，走出了一条生态保护、文化传承、经济发展、村民受益的人与自然和谐共生之路。

一、坚持人与自然和谐共生，筑牢自然生态和人文根基

千百年来，哈尼族根据生产生活实践，探索出了独特的土地利用方式，在哈尼梯田世界文化遗产区内形成了森林、村寨、梯田、水系"四素同构"的自然生态循环系统：山顶的森林涵养水源，汇成溪流、泉水流入沟渠，为山腰的村寨生活用水和村寨下方的梯田灌溉提供水源；山顶与山脚有近2千米的海拔差，山底的河流因高温蒸发产生的大量水蒸气，随热气团层层上升至森林上空，再形成雨水降落，水顺着梯田层层下注、不断净化，最终汇入河流，形成了周而复始、循环无尽的自然生态系统。

阿者科村总面积1993.65亩，拥有水田1426.16亩、林地498.62亩，农村宅基地面积22.88亩，森林和水田是自然生态系统的重要组成部分，也是村民赖以生存和发展的基石，村民们一直保留着尊重山水和梯田的自然理念和风俗习惯：坚持对梯田进行传统"三犁三耙"式精耕细作，每年的播种和收获季节，外出务工村民赶回家乡，完成基础的劳作后再出门；坚持将森林划分为柴火林、水土涵养林和寨神林三类，只有柴火林才能被采伐；村内推选护林员，专门承担巡山护林、防火防盗伐、防无关人员意外闯入的责任，像保护眼睛一样守护大山。

同时，当地政府不断加强自然资源保护和管控力度，将村内所属梯田划入永久基本农田，《云南省红河哈尼族彝族自治州哈尼梯田保护管理条例》严禁弃耕抛

荒和使用高毒性农药进行梯田耕作；通过移土培肥、梯田建设等措施，提升梯田质量，加大地质灾害治理和防护力度。人与自然和谐共生理念的坚持和践行，让阿者科村筑牢了"绿水青山"的自然本底和人文根基。

二、坚持自然保护和文化传承，发展生态旅游产业，促进"两山"转化

为解决乡村人口空心化、文化传承断档和旅游无序开发等问题，平衡好保护与发展之间的关系，2018年1月，中山大学旅游学院保继刚教授团队应元阳县政府邀请，为阿者科村专门编制了"阿者科计划"，实施"内源式村集体企业主导"的旅游开发模式，通过与当地政府合作、外部技术援助，鼓励村民居住在村里，保持原有生产生活方式和村内核心人文景观，把村民作为"自然生态—社会—文化"系统的重要组成部分，防止社会资本入村无序开发和大拆大建；整体保护村寨并统一向游客收取费用，收入归全体村民所有，让村民成为自然生态的拥有者、保护者和受益者。主要开展了四方面工作。

1.成立公司

元阳县政府与村集体联合成立阿者科村集体旅游公司，由政府出资30％建设游客中心、厕所等旅游基础设施，村民以房屋、梯田等旅游吸引物和资源入股70％，政府持股部分不参与分红；向上级政府申请村集体经济发展资金100万元作为启动资金，由公司统一组织村民整治村寨，经营旅游接待，村民对公司经营进行监管。

2.严格保护

为旅游开发划定四条底线：不租不售农房和梯田、不引进社会资本、不放任本村农户无序经营、不破坏传统。公司与村民签订的旅游合作协议将"保护管理梯田"作为重要内容，规定"村民负责景区内梯田的正常维护，并按季节耕种、管理、收割；崩塌的梯田要及时修护，保持梯田原有景观；不得随意撂荒梯田，不得随意在梯田里种植水稻以外的作物"。同时，政府每年投入专项资金用于森林和水源保护、基础设施维护，开展传统村落保护和民居修缮。

3.开发产品

为了不破坏村内自然环境和文化遗产的原真性，阿者科村将产品定位为"小团定制产品、深度体验产品"，将纺织染布、插秧除草、捉鱼赶沟等哈尼族传统生产生活活动进行重新设计，推出了自然野趣、传统工艺、哈尼文化等主题性体验产品，受益范围覆盖全村，各家根据自身条件参与旅游接待，缺乏劳动能力的老人也可以通过演示传统工艺增加收入；培育"稻鱼鸭"综合生态种养模式，实现"一水多用、一田多收、一户多业"。同时，旅游公司为贫困村民提供售票、清洁、向导等9类岗位，其余农户则经营餐馆、织染布艺体验、野菜采摘、梯田捉鱼等文化旅游项目。

4.营销推广

驻村团队通过拍摄阿者科优美的人文与自然美景小视频，在短视频社交平台

上定期更新，吸引大量游客前来观光"打卡"。同时，元阳县通过政策引导、持续培育和立体推介等措施，打造"元阳红"等优质品牌，形成了梯田红米、梯田鱼、梯田鸭、梯田茶等一批标准化的元阳梯田生态产品，提升了综合竞争力。

三、坚持维护村民利益，创新利益联结机制，增进民生福祉

为了增强阿者科村发展的内生动力，让村民在坚持传统文化和自然保护中获得可持续的收益，"阿者科计划"创新构建了以保护自然生态、传承哈尼文化、维护村民利益为导向的分配机制，旅游发展所得收入30%归村集体旅游公司，用于日常运营和后续开发建设，70%归村民分配。

在村民分配的利润中，再按四个部分执行：传统民居保护分红40%，鼓励村民保护蘑菇房等传统民居；梯田保护分红30%，鼓励村民持续耕种、保护梯田景观；居住分红20%，鼓励村民继续居住在村内，保留阿者科村原住民核心人文环境；户籍分红10%，鼓励村民保留村籍，共同参与村集体事务。

以自然资源入股和鼓励村民保护自然、传承文化的分红机制，盘活了自然资源资产，打通了生态产品价值实现的渠道，促进了村民增收致富，也极大地激发了村民保护梯田、传统民居的积极性，实现了保护与发展的良性循环。

借助"阿者科计划"的实施和政府的帮扶投入，阿者科村自然生态环境持续向好，人居环境不断改善，村内顺利完成了公厕改建、水渠疏通、房屋宜居化改造等工作，共修复梯田12亩，栽种林木2730棵，水质监测指标达到地表水Ⅱ类标准。

通过打造旅游产品，哈尼族以祭水、祭田和祭神林为代表的传统祭祀活动，以木刻分水为代表的传统生产制度，以摩批和咪咕为代表的活态文化传承，以乡土建筑工艺、服饰制作和刺绣为代表的传统手工艺等，都通过游客体验和市场传播等方式得以长久保护和传承。原本"远在深山无人识"的阿者科村变成了远近闻名的"网红村"，并入选了"世界旅游联盟旅游减贫案例100"和央视纪录片《告别贫困》《中国减贫密码》。

截止2023年8月，阿者科村已进行了8次分红，分工金额共计517080元。2023年户均分红达10022元，首次突破了年户均分红万元大关。从户均分红一千多元到一万多元，从普通村庄到闻名中外的旅游景区，一系列变化得益于全体村民参与的"内源式村集体企业主导"发展模式的"阿者科计划"。

（资料来源：根据网络相关资料整理而成。）

思考：

（1）"阿者科计划"对阿者科村产生了哪些影响？

（2）思考一下，"阿者科计划"为何要采用"内源式村集体企业主导"的旅游开发模式？

推荐阅读

专题七 旅游发展保障

专题概要

　　本专题主要介绍促进旅游业健康、可持续发展的重要保障——旅游组织。根据旅游组织的分类，按模块对国际旅游组织、旅游行政组织、旅游行业组织进行概述，同时挑选其中影响力较大的旅游组织进行详细介绍。

学习目标

　　通过对本专题的学习，学习者能对旅游组织有一定的了解，掌握不同类型的旅游组织的主要职能，提升对旅游组织存在必要性的认知。

● 知识目标

1.了解旅游组织的概念、分类。

2.掌握旅游行政组织、旅游行业组织的作用及职能。

● 能力目标

1.简要分析旅游组织的职能。

2.不同类型旅游组织的举例。

● 素养目标

　　以旅游组织的职能为切入口，提升学习者的全局思维，使其认识到旅游组织存在的必要性，思考我国的旅游组织如何坚持以人民为中心的工作导向，如何更好地着眼于满足人民日益增长的美好生活需要。

知识导图

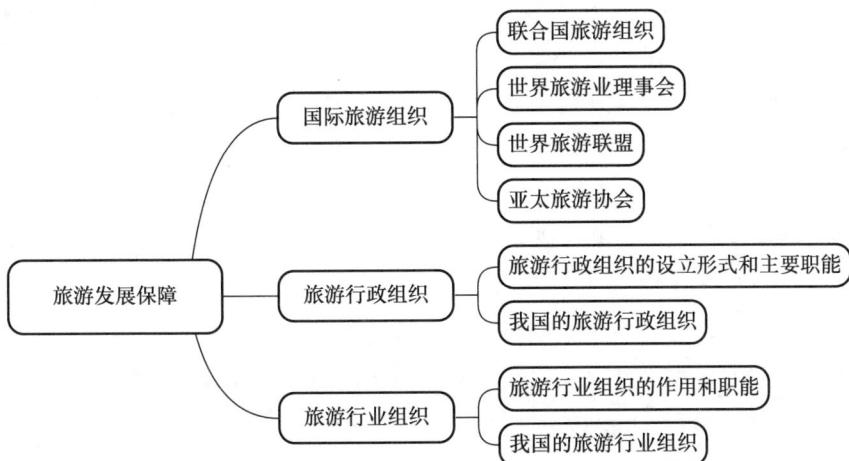

旅游发展保障
- 国际旅游组织
  - 联合国旅游组织
  - 世界旅游业理事会
  - 世界旅游联盟
  - 亚太旅游协会
- 旅游行政组织
  - 旅游行政组织的设立形式和主要职能
  - 我国的旅游行政组织
- 旅游行业组织
  - 旅游行业组织的作用和职能
  - 我国的旅游行业组织

专题要点

旅游组织　　旅游行政组织　　旅游行业组织

案例导入

2023中国（郑州）国际旅游城市市长论坛成功举行

2023年9月4日，由文化和旅游部、河南省人民政府共同主办的2023中国（郑州）国际旅游城市市长论坛在郑州国际会展中心开幕。河南省省长王凯，文化和旅游部党组成员、副部长杜江，埃及地方发展部部长希沙姆·阿姆纳共同启幕。世界旅游联盟主席张旭，联合国旅游组织大使祝善忠，河南省委常委、宣传部部长王战营，河南省委常委、郑州市委书记安伟等出席开幕式。

杜江对本届论坛的成功举办表示祝贺并指出："中国（郑州）国际旅游城市市长论坛已经走过了15个年头，成为交流先进理念、互鉴发展经验、共谋发展路径的重要平台。我们愿与世界各国同仁一道，依托市长论坛合作平台，加强旅游城市之间的互联互通、互信互利，共同打造面向世界、面向未来的旅游城市共同体，共同开创新时代全球旅游发展的新局面。"

祝善忠代表联合国旅游组织秘书长祖拉布向论坛举办致贺词中表示，中国对国际旅游业的重新开放，是对旅游行业和旅游经济的重大推动。联合国旅游组织将充分发挥专业优势，当好各国政府与联合国之间的桥梁，与各成员国一道，努力塑造一个更好的旅游行业，推动城市旅游行稳致远、可持续发展。

王战营代表河南省委、省政府向各界嘉宾表示热烈欢迎。他说，自

2008年创办以来,中国(郑州)国际旅游城市市长论坛已成功举办7届,近千位旅游城市市长共襄盛举,构建起世界旅游城市高端交流和共谋发展的合作平台。诚邀国内外嘉宾更多走进河南、亲近河南,共同感受文明之源、人文之盛、山水之韵、风俗之醇、古今之变,深化交流合作,共促旅游繁荣。

本届论坛以"发现新动能 促进旅游城市可持续发展"为主题,吸引了43个海外城市、59个国内城市的市长或代表参加,还首次发布了《全球旅游城市郑州倡议》等成果。

（资料来源:文化和旅游部门户网站,《2023中国(郑州)国际旅游城市市长论坛成功举行》,http://www.mct.gov.cn/whzx/whyw/202309/t20230906_947073.htm。）

案例分析

从世界范围来看,自第二次世界大战以来,旅游业蓬勃发展,旅游者人数、旅游收入增长迅速,旅游业推动经济发展的作用更加明显。此外,旅游业对社会、环境等的积极影响也逐渐被关注到,因而,越来越多的地方都开始重视并支持旅游业的发展。与此同时,旅游产品质量参差不齐、旅游资源频遭破坏、发展旅游业带来的负面示范效应等,也开始催生对如何促进旅游业健康、可持续发展的思考。

无论是要制定政策支持旅游业的发展,还是要推动解决旅游业发展中的各种问题,亦或是要组织协调各方,都需要专门的机构或组织,所以,第二次世界大战以后,几乎所有的国家和地区都建立了相应的旅游组织,这些组织的存在为旅游业的健康有序发展提供了重要保障。

一般而言,旅游组织是指为了加强对旅游业的引导和管理,促进其健康、可持续发展而组建的专门机构。旅游组织的类型多种多样,划分标准也有很多:以旅游组织的职能范围划分,可以分为国际旅游组织、国家旅游组织和地方旅游组织;以旅游组织的职能性质划分,可以分为旅游行政组织、旅游行业组织和旅游学术组织。

模块一　国际旅游组织

在经济全球化的背景下,越来越多的旅游者走出国门,旅游业也走向国际化,各国、各地区的人们因为旅游业的发展增进了相互之间的了解,但也难免存在冲突和矛盾,国家之间、地区之间也有众多的旅游及相关事务需要沟通协调,这些都需要相关的组织或机构来解决,这就是国际旅游组织存在的意义。当然,国际旅游组织的作用远不止这些,后文还会涉及,这里不再赘述。

国际旅游组织有广义和狭义之分。广义的国际旅游组织是指其工作内容涉及旅游事务的国际性组织,也就是说这类国际性组织的工作内容可以仅限于旅游事务,也可以同时还涵盖其他事务;而狭义的国际旅游组织是指其工作内容仅限于旅游事务的国际性旅游组织,一般其成员由多个国家(地区)的政府、代表政府的旅游行政组织(旅游行政管理机构)、旅游行业组织、旅游企业或个人等构成。

国际旅游组织一般可以按区域、成员类型、地位、工作内容等进行分类。

按区域划分,国际旅游组织可以分为全球性的国际旅游组织和地区性的国际旅游组织等。

按成员类型划分,国际旅游组织可以分为以个人为成员的国际旅游组织、以企业为成员的国际旅游组织、以机构团体为成员的国际旅游组织、以国家政府或其代表为成员的国际旅游组织等。

按地位划分,国际旅游组织可以分为政府间的国际旅游组织、非政府间的国际旅游组织等。

按工作内容划分,国际旅游组织可以分为部分涉及旅游事务的一般性国际组织、全面涉及旅游事务的专门性国际组织、专门涉及旅游事务的某一方面的专业性国际组织等。

接下来,我们将为大家介绍四个在全球或一定区域范围内具有较大影响力的国际旅游组织。

一、联合国旅游组织

联合国旅游组织(UN Tourism),是目前世界上唯一全面涉及国际旅游事务的全球性政府间组织,是旅游领域的领导性国际组织,成立于1975年1月,总部设在西班牙马德里,2003年11月成为联合国的专门机构。

联合国旅游组织的成员分为:正式成员(主权国家政府旅游部门)、准成员或联系成员(无外交实权的领地)、观察员、附属成员(直接从事旅游业或与旅游业有关的组织、企业和机构)。准成员、观察员和附属成员对联合国旅游组织的事务无决策权。截至2024年4月,联合国旅游组织有160个正式成员、6个准成员、2个观察员、500多个附属成员,中国于1983年成为其第106个正式成员。

联合国旅游组织的宗旨是:促进和发展旅游事业,使之有利于经济发展、国际间相互了解、和平与繁荣以及不分种族、性别、语言或宗教信仰,尊重人权和人的基本自由,并强调在贯彻这一宗旨时要特别注意发展中国家在旅游事业方面的利益。

联合国旅游组织的组织机构主要为全体大会、执行委员会、秘书处和地区委员会。

联合国旅游组织的主要活动有:负责制定国际性旅游公约、规则;研究全球旅游政策;收集和分析旅游数据,定期向成员国提供统计资料;参与旅游领域的经济活动,倡导以旅游促进经济发展、消除贫困、解决就业、与各国开展合作项目;为旅游经济活动提供咨询、援助,开展技术合作等。

联合国旅游组织的工作任务主要包括:援助发展中国家发展旅游事业,如为各个国家旅游计划提供援助,援助内容包括旅游发展战略规划、物质技术和干部保障、制订和落实旅游计划、职业培训和干部培训等;促进各成员国旅游教育发展;解决旅游者和旅游项目有关的安全保障,简化旅游、旅行和访问有关的手续问题,促进政治经济一体化和国际人文合作的加强;帮助各个国家政府筹建旅游管理机构,发挥政府的职能和作用;促进旅游电子技术的发展,收集、整理和传播旅游统计资料。

联合国旅游组织于2004年启动全球旅游可持续发展观测点(站)监测项目,在全球范围内选择典型目的地,对其旅游的社会文化、经济发展、环境保护等多个方面进行旅游影响监测,以评估旅游目的地现存问题及其严重程度、潜在问题、风险及应对措施,为目的地旅游管理和可持续发展提供决策依据,促进地方和全球可持续旅游实践的繁荣,发挥旅游业推进可持续发展目标实现的效能。截至2024年4月,联合国旅游组织在中国设立有9个观测点,分别在四川成都、广西桂林阳朔、安徽黄山

图7-1 联合国旅游组织Logo

(包含黄山风景区以及黟县的西递宏村)、湖南张家界、新疆喀纳斯、河南(包含洛阳、焦作、开封)、云南西双版纳、江苏常熟、广东江门。

联合国旅游组织官网:https://www.un-wto.org/。

联合国旅游组织Logo如图7-1所示。

【知识关联】
联合国旅游组织发展历程

1898年,设立旅游协会的国际联盟。

1919年,改称国际旅游同盟。

1925年5月,在荷兰海牙召开了国际官方旅游协会大会。

1934年,在海牙正式成立国际官方旅游宣传组织联盟。

1946年10月,在伦敦召开了首届国家旅游组织国际大会。

1947年10月,在巴黎举行的第二届国家旅游组织国际大会上,决定正式成立官方旅游组织国际联盟,成为联合国附属机构,其总部设在伦敦。

1951年,总部迁至日内瓦。

1969年,联合国大会批准将其改为政府间国际组织。

1975年,正式改名为"世界旅游组织"(WTO),总部设在西班牙马德里。

1977年,经联合国大会和世界旅游组织大会批准,世界旅游组织和联

合国建立了联系。

1976年,成为联合国开发计划署在旅游方面的一个执行机构,并在此身份下在全球实施了它所资助的大部分旅游项目。

1996年,世界旅游组织参加了联合国雇员统一养老基金。

2003年,成为联合国专门机构。

2024年,世界旅游组织开启新时代,更名为"联合国旅游组织"(UN Tourism),旨在通过这一崭新名称和品牌重申其作为联合国旅游专门机构和促进旅游业发展的全球领导者地位,意在持续推动社会和经济变革,确保"人类和地球"始终处于舞台中心。

（资料来源：百度百科,https://baike.baidu.com/item/%E4%B8%96%E7%95%8C%　E6%97%85%E6%B8%B8%E7%BB%　84%E7%BB%87/470768?fr=ge_ala。）

世界旅游日

联合国旅游组织将每年的9月27日定为"世界旅游日"。

1970年9月27日,国际官方旅游联盟在墨西哥城举行的特别代表大会上通过了世界旅游组织章程。为纪念这个日子,1979年9月,世界旅游组织第三次代表大会正式把9月27日定为"世界旅游日"。

此外,这一天又恰好是北半球旅游旺季刚过去,而南半球旅游季节刚到来之际,即这正是世界各国人民度假的好时节。

确定世界旅游日的意义在于:发展国际、国内旅游,促进各国文化、艺术、经济、贸易的交流,增进各国人民的相互了解,推动社会进步。

为了阐明旅游的作用和意义,加深世界各国人民对旅游的认识和理解,促进旅游业的发展,联合国旅游组织从1980年起每年都为世界旅游日确定一个主题,各国旅游组织根据主题和要求开展一系列庆祝活动。

（资料来源：百度百科,https://baike.baidu.com/item/%E4%B8%96%E7%95%8C%E6%97%85%E6%B8%B8%E6%97%A5/1078997?fr=ge_ala。）

二、世界旅游业理事会

世界旅游业理事会(World Travel & Tourism Council,WTTC),也译作世界旅游及旅行理事会,是全球旅游业的商业领袖论坛组织,属于非政府间组织,作为全球范围内代表世界旅游业界企业们的唯一机构,对全球旅游业有着其独特的影响力和见解。

世界旅游业理事会成立于1990年,总部设在英国伦敦。理事会成员是来自全球各个地区和行业的知名旅游公司,包括酒店、航空公司、机场、旅游运营商、邮轮、汽车租赁、旅行社、铁路公司以及新兴的共享经济企业等的总裁、董事长或首席执行官。目前,成员有200多家公司的代表,这些公司的营业额占全球旅游业营业额的30%左右。

世界旅游业理事会的使命是通过与政府、目的地、社区和其他利益相关者合作,最大限度地发挥旅游业的包容性和可持续发展的潜力,推动经济发展,创造就业机会,减少贫困,促进世界的和平、安全和理解。成立30余年来,世界旅游业理事会始终坚持执行其"提高公众对发展旅游业重要性的认知"的核心使命,同时重点关注以下三个目标:政府以旅游业的发展和利益作为政府工作重点之一;在追逐商业利益的同时要保持与人文自然环境的平衡;共同追求长期的繁荣与增长。

世界旅游业理事会每年都会和牛津经济研究院一起编制旅游经济影响报告。截至2024年8月,该报告已涵盖世界上185个国家或经济体、28个区域,报告主要聚焦旅游业对经济和就业的影响。这些报告向有关政府和各类机构、企业展示了旅游业为经济带来巨大价值的确凿证据,也将促使他们出台支持旅游业发展的政策或加大对旅游业的投资。此外,理事会还致力于进行旅游业与其他经济部门的比较研究,同时,还会分析政府政策,如就业政策和签证便利化措施等对旅游业的影响。

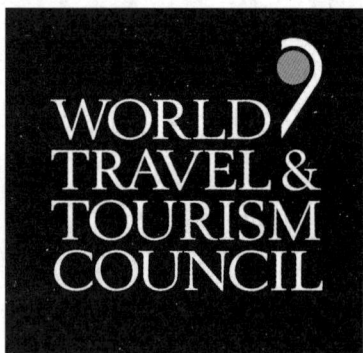

图7-2　世界旅游业理事会Logo

世界旅游业理事会于2023年初发布的《城市经济影响报告》对全球82个城市进行了调查分析,其中包括中国的北京、成都、广州、上海四个城市。报告显示,未来十年内,北京或将超过巴黎成为全球最大的旅游城市目的地。

世界旅游业理事会官网：https://wttc.org/。

世界旅游业理事会Logo如图7-2所示。

三、世界旅游联盟

世界旅游联盟(World Tourism Alliance,WTA),由中国发起成立,是致力于促进国际交流与合作的旅游机构与有关人士间协商合作的非政府、非营利性国际组织,成立于2017年,总部设在中国浙江杭州。

世界旅游联盟的会员包括单位会员和个人会员:单位会员包括各国全国性旅游协会、有影响力的旅游企业、智库和研究院所等;个人会员包括旅游领域专家学者等。截止2024年8月,联盟共有62个协会/社会组织类会员、127个企业类会员、25

个城市类会员、19个学术类会员、2个媒体类会员、4个个人类会员、1个特别会员类会员(杭州市萧山区人民政府)。

世界旅游联盟以"旅游让世界和生活更美好"(Better Tourism Better Life Better World)为宗旨,以旅游促进和平、旅游促进发展、旅游促进减贫为使命,致力于在非政府层面推动全球旅游业的互联互通和共享共治。"旅游促进减贫"是世界旅游联盟的重要使命,自成立以来,世界旅游联盟就将自身定位为旅游减贫事业的倡导者和推动者,持续加强与中国国际扶贫中心、世界银行在旅游减贫事业中的合作,探索联合建立旅游减贫案例库,开展旅游减贫研究、非遗保护等公益类活动,并发布了一系列报告。

世界旅游联盟"对话"系列活动是联盟的主活动品牌,以"湘湖对话"为代表,旨在通过与各类权威机构合作,以旅游为核心,探讨热点及趋势话题,以旅游为纽带,连接世界与中国。"湘湖对话"自2018年开始举办,每年举办一次(2021年停办一年),每年确定一个对话主题,围绕该主题设置不同的环节进行研讨,对话现场还会发布联盟的研究报告和工作成果。

世界旅游联盟官网:https://www.wta-web.org/。

世界旅游联盟Logo如图7-3所示。

图 7-3　世界旅游联盟 Logo

四、亚太旅游协会

亚太旅游协会(Pacific Asia Travel Association,PATA),也译作太平洋亚洲旅游协会,是一个民间性、行业性、地区性的、非政府间的国际旅游组织,成立于1951年,最初用名为太平洋地区旅游协会(Pacific Area Travel Association),1986年更名为亚太旅游协会。亚太旅游协会总部设在泰国曼谷,设有两个分部:一个在菲律宾马尼拉,分管东亚地区事务;一个在澳大利亚悉尼,分管南太平洋地区事务。

亚太旅游协会的会员有国家旅游组织、各种旅游协会和旅游企业,还有青年旅游专家等。我国于1993年3月正式加入该组织,成为其官方会员。

亚太旅游协会的宗旨是发展、促进和便利世界各国的旅游者到本地区的旅游以及本地区各国居民在本区内的旅游。

亚太旅游协会每年都会举办旅游交易会（PTM），这是亚太地区的顶级国际旅游贸易展览，具有无与伦比的网络和签约机会，帮助旅游机构接触业界决策者，认识新客户，扩大商业网络，建立新的合作伙伴，巩固现有的业务伙伴关系，因此受到亚太地区旅游界的普遍重视。

2007年6月，首届联合国旅游组织和亚太旅游协会旅游趋势与研究大会在桂林召开。2009年，亚洲旅游趋势与展望国际论坛（简称桂林论坛）永久落户桂林。该论坛为业界的决策者、高级官员、研究人员与行业代表提供了一个泛亚太的沟通和交流平台，以促进各方把握全球性和区域性的旅游业发展趋势，从而精准判断旅游业发展的潜在影响。来自联合国旅游组织和亚太旅游协会的专家将与参会嘉宾分享业界前沿信息，分析当前旅游形势，并为未来行业的发展制订行动计划。

亚太旅游协会对亚太地区旅行与旅游业的可持续发展和成功持续贡献力量，被公认为亚太地区旅游业的权威机构。

亚太旅游协会官网：https://www.pata.org/。

亚太旅游协会Logo如图7-4所示。

图7-4　亚太旅游协会Logo

【教学互动】

联合国旅游组织、世界旅游业理事会、亚太旅游协会，这三个国际组织有哪些区别？

模块二　旅游行政组织

随着旅游业的发展，许多国家都将旅游业纳入经济发展的整体规划中。而一个国家对旅游业的管理则是通过设立相应的组织或管理机构来实现的，这类组织被称为旅游行政组织或旅游行政管理机构。为了不混淆概念，接下来我们将统一用旅游行政组织进行表述。

旅游行政组织是指通过对旅游进行组织、领导、控制、协调和监督等一系列活动，行使旅游管理职能，实现对旅游发展进行宏观管理和调控目的的组织。

一、旅游行政组织的设立形式和主要职能

（一）旅游行政组织的设立形式

不同国家政治经济制度、旅游业发展水平、旅游业在国民经济中的地位和作用等均不同,世界各国的国家级旅游行政组织的设立形式有较大差别,一般有以下三种。

1.由国家政府设立,且为国家政府的一个职能部门

虽然这种形式的旅游行政组织都是由国家政府设立的,在编制上属于国家的一个部门或机构,但也因为各国国情不同,具体的设立方式也不同:有些国家会设立成旅游委员会,有些会设立独立的旅游部、旅游局,有些会设立一个混合部,有些会设为某个部门的下辖机构。

2.经国家政府承认,代表政府执行具体旅游行政事务的半官方组织

这种形式的旅游行政组织常见于欧洲的一些国家。在这些国家中,有关国家旅游发展的重大决策虽然划归国家政府的某个部门负责,但该部门并不承担具体的旅游行政事务,而是另设一个非政府机构的组织来代表政府执行这些具体的事务,其负责人一般由政府中分管旅游的部门任命,其部分经费由国家政府拨款。

3.经国家政府承认,代表政府行使旅游行政管理职能的民间组织

因为各种原因,有些国家并未在政府中设立专门的旅游行政组织,而是挑选影响力较大的、由民间自发组成的全国性旅游协会代表政府来行使旅游行政管理职能,这些组织的负责人一般由其会员按章程选举产生,政府通常会定期提供一定的财政拨款。

（二）旅游行政组织的主要职能

尽管不同国家的旅游行政组织的设立形式不同,但作为行使旅游管理职能的机构,一般都具有以下职能。

（1）起草旅游法规,拟定旅游业发展方针、政策和规章制度。

（2）做好旅游发展的长期规划,编制中短期规划。

（3）制定相关标准,进行市场秩序和服务质量管理。

（4）做好管理监督,规范市场。

（5）监督和协调旅游资源开发工作。

（6）推广国家形象,进行旅游促销。

（7）开展多边合作和沟通协调工作。

（8）加强人员培训和教育,培养和储备旅游人才。

二、我国的旅游行政组织

我国的旅游行政组织一般分为三个层级,即国家级、省(自治区、直辖市)级、县(市)级,一般都是由相应级别的政府设立的,是政府的一个职能部门。

(一)中华人民共和国文化和旅游部

2018年3月,根据第十三届全国人民代表大会第一次会议批准的国务院机构改革方案,将原来单一的局(国家旅游局)改制,变为混合部(文化和旅游部)。

文化和旅游部是国务院的组成部门,为正部级单位,由于机构精简、合并和管理理念的变化,与原国家旅游局相比,新组建的文化和旅游部的旅游管理职能已经大为弱化,主要从事旅游业的宏观管理。目前,文化和旅游部的主要职责如下。

(1)贯彻落实党的文化工作方针政策,研究拟订文化和旅游政策措施,起草文化和旅游法律法规草案。

(2)统筹规划文化事业、文化产业和旅游业发展,拟订发展规划并组织实施,推进文化和旅游融合发展,推进文化和旅游体制机制改革。

(3)管理全国性重大文化活动,指导国家重点文化设施建设,组织国家旅游整体形象推广,促进文化产业和旅游产业对外合作和国际市场推广,制定旅游市场开发战略并组织实施,指导、推进全域旅游。

(4)指导、管理文艺事业,指导艺术创作生产,扶持体现社会主义核心价值观、具有导向性代表性示范性的文艺作品,推动各门类艺术、各艺术品种发展。

(5)负责公共文化事业发展,推进国家公共文化服务体系建设和旅游公共服务建设,深入实施文化惠民工程,统筹推进基本公共文化服务标准化、均等化。

(6)指导、推进文化和旅游科技创新发展,推进文化和旅游行业信息化、标准化建设。

(7)负责非物质文化遗产保护,推动非物质文化遗产的保护、传承、普及、弘扬和振兴。

(8)统筹规划文化产业和旅游产业,组织实施文化和旅游资源普查、挖掘、保护和利用工作,促进文化产业和旅游产业发展。

(9)指导文化和旅游市场发展,对文化和旅游市场经营进行行业监管,推进文化和旅游行业信用体系建设,依法规范文化和旅游市场。

(10)指导全国文化市场综合执法,组织查处全国性、跨区域文化、文物、出版、广播电视、电影、旅游等市场的违法行为,督查督办大案要案,维护市场秩序。

(11)指导、管理文化和旅游对外及对港澳台交流、合作和宣传、推广工作,指导驻外及驻港澳台文化和旅游机构工作,代表国家签订中外文化和旅游合作协定,组织大型文化和旅游对外及对港澳台交流活动,推动中华文化走出去。

（12）管理国家文物局。

（13）完成党中央、国务院交办的其他任务。

中华人民共和国文化和旅游部官方网站:https://www.mct.gov.cn/。

【慎思笃行】

"岁时节令 自在乡村"82条精品线路开启"乡村四时好风光"

岁时节令,是农耕文化的传世智慧,是乡村生活的诗意注脚。每一个寒来暑往、每一轮春耕秋收,草木鱼虫传递季节讯息,风雨雷电指引农耕节奏。如今,文旅融合的创新创意,让二十四节气融入美好生活,让传统节日焕发时代价值。"五一"假期将至,文化和旅游部推出82条"岁时节令 自在乡村"全国乡村旅游精品线路,开启新一年"乡村四时好风光"线路之旅,带游客走进不同时节的乡土家园,感悟历久弥新的文化魅力,领略四季更迭的生活美学。

"迟日江山丽,春风花草香",春天开启一年的美好和希望。立春日到浙江衢州,"访春神故里 赴春日之约",祭春神、鞭春牛、迎春接福,在农耕文化展馆参观二十四节气民俗器物,在春糕风物馆体验春糕制作。惊蛰"喊山祭茶"、谷雨"开山采茶",在武夷山"喊山采茶"民俗体验之旅中,感受茶农在春天与茶山的约定。江西"赣南农耕精品研学之旅"中,客家人舞起三节龙、唱起客家山歌、举行敬田仪式来祈福一年丰收,丫山春笋节开展竹林汉服秀、非遗竹编展、竹风美食宴、笋王争霸赛等主题活动,农文旅融合成就意趣盎然的春季盛会。

"夏条绿已密,朱萼缀明鲜",夏日风景格外明丽,更是暑假出游的好时节。立夏时节,在乌镇有戏FUN参加"四时四景·风雅桐乡"2024"中国旅游日"活动,吃一碗当地特色的立夏野火饭。小满时节,到湖北宜昌体验"泥仓子"小满节气活动,热烈的劳作娱乐中寄托稻谷满仓的祈盼。时雨及芒种,四野皆插秧,芒种前后,湖北"芒种开田垄 乡情韵阳新"线路中,激流龙舟竞渡、田野开垄正忙。在广西桂林,不仅有漓江风光可赏,大暑时节,柘木镇柘漓村将举办"柘漓问稻"艺术节,非遗工坊、柘漓民俗博物馆、二十四节气厨房、6号仓库咖啡屋,丰富业态让游客感受农耕文化的时代魅力。

"一年好景君须记,最是橙黄橘绿时",人们在秋日里采摘垂钓、研学体验,尽情享受丰收的愉悦。湖北潜江以节气为线索,巧妙地将中国虾谷、莫岭村、红色红垦小镇、万亩虾稻共作基地、拖船埠村等地串联起来,带来充满趣味的"湖北·节气研趣 解密虾稻"之旅。"吉林·赏枫沐秋韵 行摄吉311"充满诗意与秋韵,沿途绚烂的自然风光、深厚的人文历史、温馨

知行合一

的小城烟火,如画卷般在眼前缓缓铺陈开来。"福建·畅游永定土楼 体验非遗民俗之旅"中,客家先民围绕重阳节,创造性地发展出了大鼓凉伞舞、十番音乐、提线木偶戏等一系列丰富多彩的民俗节庆活动。

"晨起开门雪满山,雪晴云淡日光寒",冬季的乡村别有韵致。"黑龙江·嫩江左岸水乡 杜尔伯特游牧时光"线路中,可以参与那达慕大会,感受游牧文化氛围,领略冬捕渔猎节的独特魅力。冬至时节,"贵州·数九过寒冬 尽享冬日雪趣"旅程,不仅可以在玉舍滑雪场尽情体验激情飞扬的滑雪乐趣,还可以在千户海坪彝寨,领略火把节的热情奔放。年关将至,可以到湖南祁阳,迎新春、品年味,加入瑶族同胞筹办年货的热烈氛围。

"岁时节令 自在乡村"全国乡村旅游精品线路专题已在文化和旅游部官网上线。文化和旅游部将通过相关媒体和市场平台加强宣传推广,通过丰富形式提升乡村节气文化、传统节日的观赏性和体验感。抖音将搭建"岁时节令 自在乡村"专属话题页,欢迎更多创作者记录乡村美景、传播乡村文化。小红书将开展"乡村漫游"专题活动,通过图文笔记、短视频、直播等方式推介乡村文旅。腾讯将通过微信视频号发动用户参与乡村文旅内容共建传播,深入挖掘乡村旅游文化内涵和多元价值。美团将推出"没有围栏的春天"活动,并在端午期间面向重点地区商户和消费者发放定向补贴,吸引更多人尝鲜、赏景、踏青,打造消费"新场景"。飞猪、去哪儿、途家民宿、木鸟民宿等OTA平台将开展形式丰富的乡村"吃、住、行、游、购、娱"产品推广,推荐更多优质乡村旅游产品、线路和目的地,共同打造岁时节令里的"自在乡村"。

(资料来源:文化和旅游部政府门户网站,《"岁时节令 自在乡村"82条精品线路开启"乡村四时好风光"》,https://www.mct.gov.cn/whzx/whyw/202404/t20240430_952648.htm。)

(二)省、自治区、直辖市的旅游行政组织

我国国家旅游行政管理体制改革后,各省、自治区、直辖市也相应进行了旅游管理体制改革,各地的做法不尽相同,命名方式也不大一样。

各省、自治区的旅游行政组织一般命名为文化和旅游厅,有两个地方例外:海南省命名为"海南省旅游和文化广电体育厅";西藏自治区则分别设立文化厅和旅游厅,其旅游行政组织命名为"西藏自治区旅游发展厅"。

我国直辖市的旅游行政组织一般命名为文化和旅游局,有一个地方例外:重庆市命名为"重庆市文化和旅游发展委员会"。

此外,新疆生产建设兵团也设立了自己的旅游行政组织,命名为"新疆生产建设兵团文化体育广电和旅游局"。

【知识关联】

旅游发展规划

旅游发展规划,是指在一定范围(地域)内和一定时期中对旅游发展所做的谋划或筹划。

无论一个国家,还是一个地区,发展旅游业,必须制定旅游发展规划,只有这样,才能确保旅游业的发展取得最大的社会、经济效益,才能少走弯路,避免对社会、环境可能造成的破坏,从而实现旅游业的健康和可持续发展。

国务院于2021年12月22日印发《"十四五"旅游业发展规划》(以下简称《规划》)。

《规划》指出,"十四五"时期要以习近平新时代中国特色社会主义思想为指导,坚持稳中求进工作总基调,以推动旅游业高质量发展为主题,以深化旅游业供给侧结构性改革为主线,注重需求侧管理,以改革创新为根本动力,以满足人民日益增长的美好生活需要为根本目的,坚持系统观念,统筹发展和安全、统筹保护和利用,立足构建新发展格局,在疫情防控常态化条件下创新提升国内旅游,在国际疫情得到有效控制前提下分步有序促进入境旅游、稳步发展出境旅游,着力推动文化和旅游深度融合,着力完善现代旅游业体系,加快旅游强国建设,努力实现旅游业更高质量、更有效率、更加公平、更可持续、更为安全的发展。

《规划》明确"以文塑旅、以旅彰文,系统观念、筑牢防线,旅游为民、旅游带动,创新驱动、优质发展,生态优先、科学利用"的原则。到2025年,旅游业发展水平不断提升,现代旅游业体系更加健全,旅游有效供给、优质供给、弹性供给更为丰富,大众旅游消费需求得到更好满足。国内旅游蓬勃发展,出入境旅游有序推进,旅游业国际影响力、竞争力明显增强,旅游强国建设取得重大进展。文化和旅游深度融合,建设一批富有文化底蕴的世界级旅游景区和度假区,打造一批文化特色鲜明的国家级旅游休闲城市和街区,红色旅游、乡村旅游等加快发展。

《规划》提出七项重点任务。一是坚持创新驱动发展,深化"互联网＋旅游",推进智慧旅游发展;二是优化旅游空间布局,促进城乡、区域协调发展,建设一批旅游城市和特色旅游目的地;三是构建科学保护利用体系,保护传承好人文资源,保护利用好自然资源;四是完善旅游产品供给体系,激发旅游市场主体活力,推动"旅游＋"和"＋旅游",形成多产业融合发展新局面;五是拓展大众旅游消费体系,提升旅游消费服务,更好满足人民群众多层次、多样化需求;六是建立现代旅游治理体系,加强旅游信用体系建设,推进文明旅游;七是完善旅游开放合作体系,加强政策储备,持续推进旅游交流合作。

《规划》从加强组织领导、强化政策支撑、加强旅游理论和人才支撑等方面保障实施,要求各地区结合本地区实际制定旅游业发展规划或具体实施方案,明确工作分工,落实工作责任。各部门要按照职责分工,加强协调配合,明确具体举措和工作进度,抓紧推进。

(资料来源:https://www.gov.cn/xinwen/2022‐01/20/content_5669507.htm?eqid=d5d2d14600022682000000006645ba146。)

中国旅游日

1985年,中国确定每年都有一个省、自治区或直辖市作为世界旅游日庆祝活动的主会场。自那以来,旅游学界和业界就有了是不是也应该有个"中国旅游日"的议论。

2000年,浙江宁海县以宁海徐霞客旅游俱乐部的名义,发出了《徐霞客旅游俱乐部宣言》,以书面形式提出将"5•19"设为"中国旅游日"的倡议。

2009年,国务院下发了《关于加快发展旅游业的意见》,明确提出要设立"中国旅游日"。

2011年,国务院正式批复,同意自2011年起,每年的5月19日(即《徐霞客游记》开篇日)为"中国旅游日"。

2011—2024年中国旅游日活动主题

年份	活动主题	主会场
2011年	读万卷书、行万里路	宁波
2012年	健康生活、欢乐旅游	无锡
2013年	休闲惠民,美丽中国	重庆
2014年	文明旅游,智慧旅游	广安
2015年	新常态、新旅游	武汉
2016年	旅游促进发展 旅游促进扶贫 旅游促进和平	黑河
2017年	旅游让生活更幸福	—
2018年	全域旅游,美好生活	北京
2019年	文旅融合 美好生活	黄山
2020年	—	—
2021年	绿色发展,美好生活	武汉
2022年	感悟中华文化 享受美好旅程	平遥
2023年	美好中国,幸福旅程	腾冲
2024年	畅游中国,幸福生活	—

"中国旅游日"标志如下图所示。

标志的主体创意造型来源于甲骨文的"旅"字及传统的印鉴艺术。甲骨文"旅"字的变形与方形的印鉴外轮廓,突显了中国传统文化与现代旅游发展"根"与"植"的关系,为"中国旅游日"注入了更加鲜明的文化色彩,在延续传承了中国传统文化精髓的同时,创造了新的视觉意象,符合现代人日益发展的审美需求,体现了社会文明的不断进步。变形的"旅"字形象地描绘出一幅欣欣向荣的旅游场景:一面旗帜下的一队游人正秩序井然、兴致勃勃地游走于美妙的旅途中。这有着强烈的具象化意义和象征,突显了"中国旅游日"的主旨与核心,引导鼓励民众积极参与旅游,体现了"中国旅游日"的号召力、影响力。同时,变形的甲骨文"旅"字暗含了"5.19"这组数字,进一步强调了"中国旅游日"的日期,让"中国旅游日"更加深入人心。

蓝绿颜色的运用,不仅色彩鲜明,视觉冲击力强,而且渐变的过渡处理让两个主体色彩自然融合,和谐大气。蓝色代表天空,绿色代表自然,象征着中国旅游蓬勃发展的朝气和生命力,以及中国旅游所倡导的绿色、环保、和谐、文明发展的主旨和理念。同时,变形的"旅"字演化的游人们行走在蓝天绿地中,也体现了中国人自古追求的天人合一、人与自然和谐共生的人生境界,在注重环保与和谐的当下,显得尤为珍贵。

标注字体上采用了中国传统隶书的"中国旅游日"及英文Arial体"China Tourism Day"的中英文双语对照,在突显"中国旅游日"源于中国传统文化内涵的同时,也彰显了中国旅游的国际化视野与现代发展理念。

"中国旅游日"整个标志造型稳重,创意巧妙,色彩明快,旅游主题鲜明,印记深刻,具有着浓厚的文化韵味和鲜明的感召力。

(资料来源:https://baike.baidu.com/item/%E4%B8%AD%E5%9B%BD%E6%97%85%E6%B8%B8%E6%97%A5/5582563。)

【教学互动】

我国的国家级旅游行政组织的设立形式属于哪种?查阅资料,看看还有哪些国家的国家级旅游行政组织的设立形式与我国一样。

模块三　旅游行业组织

旅游行业组织,是指为加强行业间及旅游行业内部的沟通与协作,实现行业自律,保护消费者权益,同时促进旅游行业及行业内部各单位的发展而形成的各类组织。

一、旅游行业组织的作用和职能

旅游行业组织是对旅游行政组织的有力补充,为了实现对旅游业全行业的管理,必须成立旅游行业组织。现实中,旅游行业组织在旅游行业管理中发挥着重要作用:加强行业管理和协作,增强行业活力;提高行业经营管理水平和效益;扩大行业影响;促进行业研究,并向国家旅游行政主管部门提供意见和咨询。

总的来说,旅游行业组织具有服务和管理两种职能。需要说明的是,因为旅游行业组织通常是一种非官方组织,并不拥有行政权力,其管理职能的实现程度主要取决于组织本身的权威性,而其权威性主要由组织自身的完善程度和凝聚力决定。

具体而言,旅游行业组织具有以下基本职能。

(1)制定行业公约,督促会员共同遵守,营造良好的行业氛围。

(2)作为行业代表,与政府相关部门或其他行业组织商谈有关事宜。

(3)建立行业标准和规范,并据此进行必要的仲裁与调解。

(4)开展联合营销和进行旅游市场开拓活动。

(5)根据行业发展需要,组织业务培训、技术交流、专业研讨等活动。

(6)经常性开展调研活动,定期发布行业发展的有关统计分析资料。

(7)研究分析行业内各类问题,为政府决策和行业发展提供意见与建议。

(8)禁止行业内部的不正当竞争,协调解决行业内相关问题。

二、我国的旅游行业组织

在我国,旅游行业组织多是由有关的社团组织和企事业单位在平等自愿的基础上组织成立的各种行业协会。就其性质而言,这些旅游行业协会都属于非营利性社团组织,具有独立的社团法人资格。

(一)中国旅游协会

中国旅游协会(China Tourism Association,CTA),是由中国旅游行业相关的企事业单位、社会团体自愿结成的全国性、行业性社会团体,是非营利性社团组织,具有独立的社团法人资格。1986年经国务院批准正式成立,是第一个旅游全行业组织,会址设在北京,下设十余个分支机构。

中国旅游协会以"依法设立、自主办会、服务为本、治理规范、行业自律"为宗旨。遵守国家的宪法、法律、法规和有关政策,遵守社会道德风尚,代表和维护全行业的共同利益和会员的合法权益;致力于为会员服务,为行业服务,为政府服务,充分发挥桥梁纽带作用。与政府相关部门、其他社会团体以及会员单位协作,为促进我国旅游市场的繁荣、稳定,旅游业高质量发展做出积极贡献。

中国旅游协会的业务范围如下。

(1)经政府有关部门批准,参与制定相关立法、政府规划、公共政策、行业标准和行业数据统计等事务;参与制订、修订行业标准和行业指南,承担行业资质认证、行业人才培养、共性技术平台建设、第三方咨询评估等工作。

(2)向会员宣传、介绍政府的有关法律法规政策,向有关政府部门反映会员的诉求,发挥对会员的行为引导、规则约束和权益维护作用。

(3)收集国内外与本行业有关的基础资料,开展行业规划、投资开发、市场动态等方面的调研,为政府决策和旅游行业的发展提供建议或咨询。

(4)利用互联网等现代科技手段,建立旅游经济信息技术平台,进行有关国内外的市场信息、先进管理方式、应用技术以及统计数据的采集、分析和交流工作。

(5)接受政府部门转移的相关职能和委托的购买服务;参与有利于行业发展的公共服务。

(6)参与行业信用建设,建立健全会员企业信用档案,开展会员企业信用评价,加强会员企业信用信息共享和应用;建立健全行业自律机制,健全行业自律规约,制定行业职业道德准则,规范行业发展秩序;维护旅游行业公平竞争的市场环境。

(7)开展有关旅游产品和服务质量的咨询服务,组织有关业务技能培训和人才培养;受政府有关部门委托或根据市场和行业的需要,举办展览会、交易会,组织经验交流,推广新经验、新标准和科研成果的应用。

(8)加强与行业内外的有关组织、社团的联系、合作与沟通,促进互利互惠的利益平衡。

(9)以中国旅游业的民间代表身份开展对外和对港澳台的交流与合作,搭建促进旅游业对外贸易和投资服务平台,帮助旅游企业开拓国际市场;在对外经济交流,旅游企业"走出去"过程中,发挥协调、指导、咨询、服务作用。

(10)依照有关规定编辑有关行业情况介绍的信息资料、出版发行相关刊物,设立下属机构或专门机构。

(11)依法从事促进行业发展或有利于广大会员利益的其他工作。

中国旅游协会官网:http://www.chinata.com.cn/。

中国旅游协会Logo如图7-5所示。

图7-5　中国旅游协会Logo

（二）中国旅行社协会

中国旅行社协会（China Association of Travel Services，CATS），是由中国境内的旅行社、各地区性旅行社协会或其他同类协会等单位，按照平等自愿的原则结成的全国旅行社行业的专业性协会，是经民政部正式登记注册的全国性社团组织，具有独立的社团法人资格。中国旅行社协会成立于1997年，会址设在北京。

中国旅行社协会实行团体会员制，协会的会员单位涵盖了中国知名度高、影响力大的大中型旅行社企业，各省级及重点城市旅行社协会（分会）组织，以及主要的旅行社相关业务单位。

中国旅行社协会代表和维护旅行社行业的共同利益和会员的合法权益，努力为会员服务，为行业服务，在政府和会员之间发挥桥梁和纽带作用，为中国旅行社行业的健康发展做出积极贡献。

中国旅行社协会自成立以来，在中央和国家机关工委、文化和旅游部以及民政部的监督指导下，在全体会员的大力支持下，组织会员单位开展了调研、培训、学习、研讨、交流、考察等一系列活动。宣传贯彻国家旅游业的发展方针和旅行社行业的政策法规，积极反映行业诉求，总结交流旅行社的工作经验，组织开展国际交流合作。

中国旅行社协会的主要任务如下。

（1）宣传贯彻国家旅游业的发展方针和旅行社行业的政策法规。

（2）总结交流旅行社的工作经验，开展与旅行社行业相关的调研，为旅行社行业的发展提出积极并切实可行的建议。

（3）向主管单位及有关单位反映会员的愿望和要求，为会员提供法律咨询服务，保护会员的共同利益，维护会员的合法权益。

（4）制定行规行约，发挥行业自律作用，督促会员单位提高经营管理水平和接待服务质量，维护旅游行业的市场经营秩序。

（5）加强会员之间的交流与合作，组织开展各项培训、学习、研讨、交流和考察等活动。

（6）加强与行业内外的有关组织、社团的联系、协调与合作。

（7）开展与海外旅行社协会及相关行业组织之间的交流与合作。

（8）编印会刊和信息资料，为会员提供信息服务。

中国旅行社协会官网：http://www.cats.org.cn/。

中国旅行社协会Logo如图7-6所示。

图7-6　中国旅行社协会Logo

(三) 中国旅游饭店业协会

中国旅游饭店业协会(China Tourist Hotel Association, CTHA),是由中国境内的旅游饭店、饭店管理公司(集团)、饭店业主公司、为饭店提供服务或与饭店主营业务紧密相关的企事业单位及各级相关社会团体自愿结成的全国性、行业性社会团体,是非营利性社会组织。协会成立于1986年2月,会址设在北京,协会的会刊是《中国旅游饭店》。

中国旅游饭店业协会会员聚集了全国饭店业中知名度高、影响力大、服务规范、信誉良好的星级饭店、主题精品饭店、民宿、国际饭店管理公司等各类住宿业态。

中国旅游饭店业协会的宗旨是:代表和维护中国旅游饭店行业的共同利益,维护会员的合法权益,为会员服务,为行业服务,在政府与会员之间发挥桥梁和纽带作用,为促进我国旅游饭店业的健康发展作出积极贡献。

中国旅游饭店业协会的主要任务是:维护旅游饭店的合法权益;研究交流旅游饭店管理经验;举办专业讲座,提高旅游饭店管理人员的业务水平;开展饭店经营管理方面的咨询服务;组织与国外饭店业之间经验交流与合作;向旅游饭店的行政管理部门提出建议,以及出版有关旅游饭店经营管理的刊物。

中国旅游饭店业协会成立以来,组织机构逐渐健全,会员队伍逐渐扩大,具有越来越大的凝聚力,在中国旅游饭店行业的发展和壮大中,发挥着越来越重要的作用。中国旅游饭店业协会于1994年正式加入国际饭店与餐馆协会(IH&RA),并进入其董事会成为五位常务董事之一。自2009年6月起,中国旅游饭店业协会秘书处承担全国旅游星级饭店评定委员会办公室职能。

中国旅游饭店业协会官网:http://www.ctha.com.cn/。

中国旅游饭店业协会Logo如图7-7所示。

图7-7　中国旅游饭店业协会Logo

(四) 中国旅游车船协会

中国旅游车船协会(China Tourism Automobile & Cruise Association,CTACA),

是由中国旅游车船运营企业、旅游车船及零部件生产企业、旅游车船租赁企业、旅游车船俱乐部企业、地方旅游车船协会、与旅游车船业务有关的其他组织以及旅游车船行业资深管理人员和知名研究人员自愿结成的行业性、全国性、非营利性的社会组织,具有独立的社团法人资格。中国旅游车船协会于1991年经批准正式成立,会址设在北京,协会的会刊是《中国旅游车船》。

中国旅游车船协会的会员种类分为个人会员和单位会员。

中国旅游车船协会的宗旨是:遵守国家的宪法、法律法规和有关政策,遵守社会道德风尚,广泛团结和联系旅游车船业界人士,代表并维护中国旅游车船行业的共同利益与会员的合法权益,在业务主管单位的指导下,努力为会员服务、为行业服务、为政府服务,在政府和会员之间发挥桥梁和纽带作用,为促进我国旅游车船行业的持续、快速、健康发展作出积极贡献。

中国旅游车船协会的业务范围如下。

(1)向会员宣传政府的有关政策、法律法规并协助贯彻执行。

(2)向政府反映会员的愿望和要求,并争取政策支持,保护会员的共同利益,维护会员的合法权益。

(3)收集国内外旅游车船行业的基础资料,开展旅游车船行业规划、投资开发、市场动态等方面的调研,为政府决策和旅游车船行业发展提出建议,协助推动旅游车船行业内部相关方面的协调发展。

(4)协助业务主管单位建立旅游车船经济信息网络,进行有关国内外的旅游车船市场信息、先进管理方式和应用技术的采集、分析和交流工作,开展旅游车船市场的调研和预测。

(5)受业务主管单位委托,协助业务主管单位搞好旅游车船行业质量管理工作,参与相关法规和政策的研究制定,参与制定、修订旅游车船行业标准和行业发展规划、行业准入条件。经政府有关部门批准,参与和开展旅游车船行业资质认证工作,推动和督促会员提高服务质量。

(6)开展行业自律,建立完善行业自律性管理约束机制,健全相关制度,协助业务主管单位制定并组织实施旅游车船行业职业道德准则,推动旅游车船行业诚信建设,规范旅游车船行业行为,维护旅游车船行业公平竞争的市场环境。

(7)开展有关旅游车船业产品和服务质量的咨询服务,组织有关业务培训。经政府有关部门委托,根据市场和行业发展需要,举办展览会、交易会。组织旅游车船行业经验交流,推广新经验、新标准和科研成果的应用。

(8)加强与国内外旅游车船行业有关组织、社团的交流、协调与业务合作。

(9)依照有关规定,建立网站,编辑本团体刊物。

(10)承办业务主管单位委托的其他工作。

中国旅游车船协会于1991年经外交部批准,代表中国旅游车船行业加入国际旅游联盟(AIT),现为国际汽车联合会(FIA)的国家级会员单位。

中国旅游车船协会官网:http://www.ctaca.com/。

中国旅游车船协会Logo如图7-8所示。

图7-8　中国旅游车船协会Logo

【教学互动】

除了上述旅游行业组织外,我国还有哪些旅游行业组织?

专题小结

本专题从国际旅游组织、旅游行政组织、旅游行业组织等三个模块介绍了不同类型的旅游组织,着重介绍了其职能以及不同类型旅游组织的代表。

专题训练

一、项目实训

查询相关资料,了解近5年我国出台的加强旅游业管理及促进旅游业健康发展的法律、法规、政策等。

二、案例分析

丝绸之路旅游城市联盟成立系列活动在江西省景德镇市举办

2023年9月1日,丝绸之路旅游城市联盟成立系列活动在江西省景德镇市成功举办。活动内容包括丝绸之路旅游城市联盟成立仪式、2023"丝绸之路城市文化和旅游发展国际论坛"以及"魅力丝路 连通世界——丝绸之路旅游城市联合推介展"。

文化和旅游部党组成员、副部长卢映川,江西省人大常委会副主任王少玄,南非驻华大使谢胜文,联盟首届主席会员城市代表、景德镇市委书记刘锋,海外会员城市代表、缅甸内比都市长吴丹吞乌出席联盟成立仪式并致辞,伊朗文化遗产、旅游和手工业部副部长沙勒巴菲扬,巴西前旅游部长卢梅兹发表主旨演讲。活动现场签署并发布了《景德镇宣言》。驻华使节代表、海内外联盟会员城市代表、专家学者、行业协会、文化产业和旅游业代表等350余人出席活动。

卢映川对丝绸之路旅游城市联盟成立表示诚挚祝贺。他指出,十年前,中国国家主席习近平提出共建"一带一路"重大倡议。"和平合作、开放包容、互学互鉴、互利共赢"的丝绸之路精神历久弥新，值得我们学习传承和发扬光大。中方愿与各方加强旅游领域交流合作，并以此带动科技、教育、卫生、体育等各领域人文交流，为践行全球文明倡议作出新贡献。

王少玄表示，在共建"一带一路"倡议提出十周年之际，丝绸之路旅游城市联盟在江西省景德镇市正式成立，不但将为丝绸之路旅游城市合作注入新动能，也将为江西全面扩大对外开放和人文交流格局提供新平台。江西愿与丝绸之路沿线国家和城市加强交流与合作，共创丝绸之路旅游品牌，共享丝绸之路旅游市场。

刘锋表示，景德镇是知名国际瓷都、海上丝绸之路重要货源地，自古以来是促进世界文明交流互鉴的重要桥梁。作为联盟首届轮值主席城市，景德镇将牢记习近平总书记"要建好景德镇国家陶瓷文化传承创新试验区，打造对外文化交流新平台"的嘱托，深度融入"一带一路"建设，与联盟其他会员城市一道，谱写国际城市合作与发展的新篇章。

丝绸之路旅游城市联盟由文化和旅游部中外文化交流中心联合国内外旅游城市共同发起，旨在以丝绸之路精神为指引，以共商共建共享为原则，为包括丝绸之路沿线在内的中外城市旅游领域交流合作建立长效合作机制。联盟拟通过国际论坛、联合推介、产业对接等一系列主题活动，助推会员城市旅游业可持续发展。截至2023年9月，已有包括中国和来自亚洲、欧洲、非洲、美洲等地区26个国家的58个海内外城市作为创始会员加入联盟。

丝绸之路旅游城市联盟成立系列活动由文化和旅游部国际交流与合作局指导，中外文化交流中心、江西省文化和旅游厅、景德镇市人民政府共同主办，景德镇市文化广电新闻出版旅游局承办。

（资料来源：文化和旅游部政府门户网站，《丝绸之路旅游城市联盟成立系列活动在江西省景德镇市举办》，https://www.mct.gov.cn/whzx/whyw/202309/t20230904_947002.htm。）

推荐阅读

思考：

丝绸之路旅游城市联盟的建立会对相关国家、城市的旅游业发展带来了哪些积极影响？

主要参考文献

[1] 保继刚，楚义芳.旅游地理学[M].3版.北京：高等教育出版社，2012.

[2] 保继刚，左冰.旅游招商引资中的制度性机会主义行为解析——西部A地 旅游招商引资个案研究[J].人文地理，2008（3）.

[3] 曹诗图，许黎.对商务旅游概念的质疑与澄清[J].地理与地理信息科学，2016（2）.

[4] 曹诗图.旅游哲学研究基本问题与理论体系探讨——与张斌先生商榷[J].旅游学刊，2013（9）.

[5] 理查德·沙普利.旅游社会学[M].谢彦君，孙佼佼，郭英，译.北京：商务印书馆，2016.

[6] 党宁，代希，吴必虎.中国旅游学术领域的网络、学缘与流派：1979—2021[J].旅游学刊，2023（1）.

[7] 邓爱民，任斐.旅游学概论[M].2版.武汉：华中科技大学出版社，2022.

[8] 邓勇勇.旅游本质的探讨——回顾、共识与展望[J].旅游学刊，2019（4）.

[9] 范可.在野的全球化：旅行、迁徙、旅游[J].中南民族大学学报（人文社会科学版），2013（1）.

[10] 黄安民.休闲与旅游学概论[M].2版.北京：机械工业出版社，2021.

[11] 克里斯·库珀，艾伦·法伊奥，约翰·弗莱彻.旅游学原理与实践[M].4版.大连：东北财经大学出版社，2010.

[12] 丹尼斯·库恩.心理学导论——思想与行为的认识之路[M].13版.郑钢，译.北京：中国轻工业出版社，2014.

[13] 李晓义，许威，李春晓.非惯常理论新构：基于具身认知与双系统视角[J].旅游学刊，2024（2）.

[14] 刘伟.旅游学概论[M].广州：广东旅游出版社，2021.

[15] 斯蒂芬·威廉斯，刘德龄.旅游地理学——地域、空间和体验的批判性解读[M].3版.张凌云，译.北京：商务印书馆，2018.

[16] 苏生文，赵爽.铁路与中国近代的旅游业(一)[J].文史知识，2009（2）.

[17] 唐代剑，过伟炯.论乡村旅游对农村基础设施建设的促进作用——以浙江藤头、诸葛、上城埭村为例[J].特区经济，2009（11）.

[18] 王静，李辅斌.国内旅游环境承载力研究综述[J].河北旅游职业学院学报，2008（4）.

[19] 王淑良.中国现代旅游史[M].南京：东南大学出版社，2005.

[20] 王涛.清驿站历史文化旅游意义与作用之广义研究——从历史文化旅游宣传

教育功能角度[J].黑河学刊,2018(5).

[21] 王专,吕晓玲.陈光甫与20世纪30年代商业银行的农村放款[J].苏州大学学报(哲学社会科学版),2008(4).

[22] 王玉海."旅游"概念新探——兼与谢彦君、张凌云两位教授商榷[J].旅游学刊,2010(12).

[23] 谢彦君,基础旅游学[M].4版.北京:商务印书馆,2015.

[24] 徐红罡,郑海燕,保继刚.城市旅游地生命周期的系统动态模型[J].人文地理,2005(5).

[25] 徐京.联合国世界旅游组织的国际游客统计[J].旅游学刊,2024(2).

[26] 许义.新旅游:重新理解未来10年的中国旅游[M].北京:中国旅游出版社,2021.

[27] 易伟新.中国近代旅游业兴起的背景透视——兼析中国第一家旅行社诞生的条件[J].求索,2004(3).

[28] 易伟新.西学东渐与中国近代旅游业的发展——以中国旅行社为例[J].长沙大学学报,2007(6).

[29] 张帆,何雨.旅游概论[M].上海:上海交通大学出版社,2020.

[30] 张高军,吴晋峰.再论旅游愉悦性:反思与解读[J].四川师范大学学报(社会科学版),2016(1).

[31] 张凌云.可持续发展:旅游业高质量发展的新议程[J].旅游学刊,2023(1).

[32] 朱华.旅游学概论[M].北京:北京大学出版社,2014.

[33] 朱璇.漂移的旅行者——关于背包旅游者的演进轨迹[J].旅游学刊,2007(2).

[34] Boorstin D J. The Image: A Guide to Pseudo−Events in America[M]. New York: Harper & Row, 1992.

[35] Cohen E. Who is a Tourist? A Conceptual Classification[J]. Social Review, 1974(4).

[36] Cohen E. A Phenomenology of Tourist Experiences[J]. Sociology, 1979(2).

[37] Crompton J. Structure Of Vacation Destination Choice Sets[J]. Annals of Tourism Research, 1992(3).

[38] Getz D. Tourism Planning and Destination Life Cycle [J]. Annals of Tourism Research, 1992(4).

[39] Iso-Ahola S E. Toward a Social Psychological Theory of Tourism Motivation: A Rejoinder [J]. Annals of Tourism Research, 1982(2).

[40] Kim J H, Ritchie J R B, McCormick B. Development of a Scale to Measure Memorable Tourism Experiences[J]. Journal of Travel Research, 2012(1).

[41] MacCannell D. The Tourist: A New Theory of the Leisure Class [M]. 2nd Ed.

New York: Shocken Books, 1989.

[42] MacInnes S, Ong F, Dolnicar S. Travel Career or Childhood Travel Habit?: Which Better Explains Adult Travel Behaviour? [J]. Annals of Tourism Research, 2022 (95).

[43] Mannell R C, Iso-ahola S E. Psychological Nature of Leisure and Tourism Experience[J]. Annals of Tourism Research, 1987 (3).

[44] Pearce P L. Motivation: The Travel Career Pattern Approach[C]//Tourist Behaviour: Themes and Conceptual Schemes. Bristol: Multilingual Matters, 2019.

[45] Pearce P L, Lee U. Developing the Travel Career Approach to Tourist Motivation[J]. Journal of Travel Research, 2005 (3).

[46] Plog S. Why Destination Areas Rise and Fall in Popularity: An Update of a Cornell Quarterly Classic[J]. Cornell Hotel and Restaurant Administration Quarterly, 2001 (3).

[47] Maslow A H. Motivation and Personality [M]. New York: Harper & Row, 1970.

[48] Maslow A H. Religions, Values, and Peak-Experiences [M]. London: Penguin Books Limited, 1964.

[49] Butler R W. The Concept of a Tourist Area Cycle of Evolution: Implication for Management of Resources[J]. Canadian Geographer, 1980 (1).

[50] Uysal M, Jurowski C. Testing the Push and Pull Factors[J]. Annals of Tourism Research, 1994 (4).

教学支持说明

为了改善教学效果，提高教材的使用效率，满足高校授课教师的教学需求，本套教材备有与纸质教材配套的教学课件和拓展资源（案例库、习题库等）。

为保证本教学课件及相关教学资料仅为教材使用者所得，我们将向使用本套教材的高校授课教师赠送教学课件或者相关教学资料，烦请授课教师通过加入旅游专家俱乐部QQ群或公众号等方式与我们联系，获取"电子资源申请表"文档并认真准确填写后发给我们，我们的联系方式如下：

地址：湖北省武汉市东湖新技术开发区华工科技园华工园六路

邮编：430223

旅游专家俱乐部QQ群号：758712998

旅游专家俱乐部QQ群二维码：

群名称:旅游专家俱乐部5群
群　号:758712998

扫码关注
柚书公众号

电子资源申请表

填表时间：_____ 年____ 月____ 日

1. 以下内容请教师按实际情况写，★为必填项。
2. 根据个人情况如实填写，相关内容可以酌情调整提交。

★姓名		★性别	□男 □女	出生年月		★职务	
						★职称	□教授 □副教授 □讲师 □助教
★学校				★院/系			
★教研室				★专业			
★办公电话			家庭电话			★移动电话	
★E-mail（请填写清晰）						★QQ号/微信号	
★联系地址						★邮编	

★现在主授课程情况		学生人数	教材所属出版社	教材满意度
课程一				□满意 □一般 □不满意
课程二				□满意 □一般 □不满意
课程三				□满意 □一般 □不满意
其 他				□满意 □一般 □不满意

教 材 出 版 信 息			
方向一		□准备写 □写作中 □已成稿 □已出版待修订 □有讲义	
方向二		□准备写 □写作中 □已成稿 □已出版待修订 □有讲义	
方向三		□准备写 □写作中 □已成稿 □已出版待修订 □有讲义	

请教师认真填写表格下列内容，提供索取课件配套教材的相关信息，我社根据每位教师填表信息的完整性、授课情况与索取课件的相关性，以及教材使用的情况赠送教材的配套课件及相关教学资源。

ISBN（书号）	书名	作者	索取课件简要说明	学生人数（如选作教材）
			□教学 □参考	
			□教学 □参考	

★您对与课件配套的纸质教材的意见和建议，希望提供哪些配套教学资源：